창조
진화

창조와 진화에 관한
소소한 묵상

| **강철** 지음 |

쿰란출판사

머리말

　매스컴에서 진화를 기정사실로 단정하고 과학기사를 내보냅니다. 과학 서적은 말할 것도 없고 인문학 서적 같은 것도 인간이 진화되어 온 존재라는 걸 전제로 논리를 전개하지요. 그런 것을 읽고 들으면 믿음이 생겨납니다. 바로 창조주 하나님은 없다는 믿음입니다. 학교에서 배우고 익히는 것이 그런 기초에서 생겨난 학문들입니다. 새로운 세대는 일주일에 한 시간 예배드리고 나머지 시간을 그런 학문을 익히고 암기합니다. 그래서 창조주 이야기를 들으면 어딘지 어색하고 거리감이 느껴지죠. 창세기의 내용을 이야기하면 재미있는 설화 정도로 받아들이게 됩니다. 신앙은 그저 착하게 살자는 도덕 타령을 벗어나지 못하게 됩니다. 가랑비에 자신도 모르게 옷이 흠뻑 젖어버린 셈입니다.

　하지만 현대는 혼돈과 불안, 그리고 조용한 비극이 넘치는 시대입니다. 무신론은 아무런 기준점도 주지 못하는 공허한 신념입니다. 거기서부터 생겨난 철학들은 삶의 진실을 밝혀 주지 못합니다. 하나님 없이 자유를 찾을 줄 알았지만 사실은 죄의 종노릇만 하고 있습니다. 죄의 결과는 사망입니다. 우연을 숭배하는 진화론을 인류가 받아들였습니다. 그 결과는 비극과 죽음이었습니다. 제국주의의 악행, 세계대전이 그것이었습니다. 스스로 불러들인 저주가 지금도 지구상에 유령처럼 배회합니다. 안타까운 일입니다. 해결 방법은 창조주 하나님께로 돌아가는 것뿐입니다. 성경은 이스라엘을 통해서 그것을 분명히 보여줍니다. 우리 시대라고 다를 바 없습니다. 예수 그리스도의 구원을 믿고 창조주 하나님께로 돌아가야 합니다.

그러려면 과학은 유물론, 혹은 과학은 진화론이라는 비틀어진 명제를 깨야 합니다. 하지만 나에게는 너무나 크고 단단합니다. 내 손에는 작은 조약돌 몇 개뿐입니다. 그래서 매일 조금씩 읽고 생각하면서 페이스북에 올렸습니다. 읽는 분들이 깨닫기를 바라는 마음으로요. 그러다가 좀 더 많은 분들이 볼 수 있도록 책으로 만들어 봤습니다. 내용이라고 해봐야 대단한 깊이를 가진 것은 아닙니다. 소소한 내용들을 담아서 가능하면 쉽게 말하고 싶었습니다. 거대한 둑에 작은 구멍을 내고 싶은 마음을 담았습니다.

창조주 하나님을 찾는 것은 인생의 축복이고 행복입니다. 이 책이 진리 되신 예수님께로 인도하는 몽학선생 역할을 하게 되기를 기도합니다.

2022년 2월 15일
강 철

목차

머리말 • 2

|제1장| 왜 창조일까?

- 01 그냥 믿으면 되지 — 10
- 02 창조에 대한 믿음이 중요한 이유 — 14
- 03 창조 신앙과 과학 — 19
- 04 《오래된 미래》(노르베리 호지) — 21
- 05 《존재하는 신》(앤터니 플류) — 27
- 06 특별한 존재 — 29
- 07 성경은 사실의 기록 — 31
- 08 〈인류멸망보고서〉 — 35
- 09 태초에 하나님이 천지를 창조하시니라 — 39
- 10 꽃은 왜 아름다운가 — 41
- 11 하나님의 의지, 인간의 행위 — 47
- 12 별들에게 물어봐 — 50
- 13 선교사들이 보았던 조선 말기의 모습 — 58
- 14 유신 진화론은 과학적이지도 않고, 신앙적이지도 않다 — 60
- 15 《노아 홍수 콘서트》 — 68
- 16 고인돌이 말하는 것 — 72
- 17 과학에 등장하는 아담과 이브 — 74

| 제2장 | 진화론은 가설이다

01	시작이 안 되는 가설	78
02	보이지 않는 증거	86
03	적자생존 맞아?	93
04	반증되지 못하는 진화론	100
05	창조주의 계심	106
06	돌연변이는 좋은 것일까?(아먼드 르로이, 《돌연변이》)	114
07	정보에 대하여	124
08	확률의 문제	128
09	신문기사들	130
10	베린스키라는 수학자	135
11	정말로 진화가 되고 있다고 가정해 봅시다	137
12	진화론자가 비판하는 다윈	142
13	린 마굴리스의 발언	144
14	칼 베르너의 발견	147
15	성경과 맞아떨어지는 과학의 발견들	149
16	인류의 계보에 대한 혼란	154
17	생명 탄생이 우연히 가능하다고?	157
18	지층이 말하는 진실	159
19	하나님이 없으면 행복할까?	162
20	실험으로 입증되지 못한 가설	166

| 제3장 | 믿기 힘든 연대 측정

01 지질학적 연대 측정의 모순   172
02 비양도의 진실   179
03 바다와 물의 기원   184
04 네팔 절벽의 비밀   189
05 지르콘 연대 측정   191
06 화석 속의 방사성 탄소동위원소   195
07 연대의 수정   201
08 화석 속의 유기물   204
09 아담의 나이   208
10 성경이 말하는 연대(오래된 연대를 받아들이면 안 되는 이유)   211
11 멋진 동굴 벽화들   216

| 제4장 | 잘못된 상식

01 알아야 할 상식   222
02 《장하석의 과학, 철학을 만나다》에서   232
03 용에 대해서   235
04 마르코 폴로가 보았던 용   240
05 구석기, 신석기…진짜?   242

06	이카의 돌	247
07	전문성과 창조과학	251
08	부끄러운 역사, 그리고 타협의 바람	256
09	믿기 힘든 사람의 뇌	266
10	바뀌는 한국의 교과서	270

제5장 | 창조의 기록들

01	벌들의 언어	274
02	알비도(albedo)	280
03	예수님의 부활	284
04	젖과 꿀이 흐르는 땅	292
05	보석이 말해주는 진실	298
06	북편 하늘을 허공에 펴시고	301
07	우연의 겹침은 우연이 아니다	303
08	송골매에 담긴 놀라운 설계	310
09	조롱박벌에 담긴 놀라운 설계	313
10	장수거북에 담긴 놀라운 설계	318
11	자가격리를 명하신 하나님	320
12	세포와 다윈	322

창조/진화

제1장

왜 창조일까

01

그냥 믿으면 되지

아내는 가끔 저에게 묻습니다
"왜 자꾸 창조론 이야기를 하는데? 성경대로 믿으면 그만이잖아."
아내는 제가 자꾸 창조를 강조하는 게 부담스러운 듯합니다. 아내 말대로 그냥 성경대로 믿으면 그만입니다. 저는 이런 신앙을 부러워합니다. 저도 그런 신앙이었으면 창조과학에 관심을 갖지 않았을 겁니다. 과거 창조주 신앙이 당연했던 시절에는 창조주의 존재 여부는 논란거리가 아니었죠.

하지만 이제 창조를 믿는 사람이 자꾸 줄어가고 있습니다. 교회에서조차 진화가 대세인 것 같습니다. 젊은 목회자들의 절반 이상은 유신 진화론자들인 것 같습니다. 진화를 인정하지 않는 믿음 좋은 사람들조차도 자기도 모르게 오염되어 있기도 합니다. 친구인 장로들도 무의식적으로 지구 나이가 45억 년이라는 소리를 합니다. 그것을 지적하면 미안해합니다. 지구 나이를 6천 년이라고 믿는 장로들, 교역자들은 얼마 안 되는 것 같습니다. 45억 년을 믿으면 세계관이 달라집니다. 그러면 믿음도 비틀어지게 되죠. 하지만 그들도 다 잘 믿고 교회의 모범으로 교회를 잘 섬기려는 사람들입니다. 그런데 굳이 창조 이야기를 하고 진화론을 이야기해야 할까요?

기도와 찬양과 예배, 그리고 선행과 구제와 서로 돌보고 사랑의 매는 띠로 함께하고 전도하고 선교도 해야지요. 날마다 하나님을 아는 지식에서 자라가기 위해 성경공부와 교제를 해야 하고, 모이기를 힘쓰며 서로를 격려해야 합니다. 네, 그런 것은 매우 중요합니다. 그런데 어째서 요즘 교회는 힘이 없을까요? 젊은이들이 줄어들고 노인들만 예배당에 남았습니다. 1980년대에는 교회마다 주일학교가 넘치고 중·고·대학부의 숫자가 대예배 인원에 맞먹기도 했습니다.

지금은 어떤가요? 그때보다 훨씬 좋아진 환경과 전문화된 인력들이 있건만 사람들은 줄어들고 있습니다. 특히나 젊은 세대가 그러합니다. 향후 20~30년 뒤의 교회 모습이 안타까울 따름입니다. 더욱 분발해서 기도와 찬양과 예배, 그리고 선행과 구제와 서로 돌보고 사랑의 매는 띠로 함께하고 전도하고 선교도 해야지요. 날마다 하나님을 지식에서 자라가기 위해 성경공부와 교제를 해야 하고, 모이기를 힘쓰며 서로를 격려해야겠지요? 그런데 그게 전부인가요? 뭔가 빠진 것 같지 않나요?

크리스찬 신문에서 한국교회가 망해가지 않기 위해서 투표를 잘하자는 글을 읽었습니다. 어처구니없더군요. 투표는 잘해야 합니다. 누가 하나님의 뜻에 가까운 정치 세력인지를 잘 판단해야죠. 가난한 자와 약자를 잘 보호하고 대변하는 정치인을 선택하면 됩니다. 그런데 한국 언론은 자기들 입맛에 맞는 정치인을 추켜세우고, 그렇지 않은 자는 부도덕하고 뭔가 나쁜 이미지를 조작합니다. 기자들 중에 양심을 갖춘 기독교인이 한 명도 없는 것은 아닐까 하는 생각이 들 때가 많습니다.

한국교회의 양상을 살펴보겠습니다

2021년까지 8년 이상 신도가 감소하고 있습니다. 1,200만을 자랑하던 한국교회의 교세는 2015년 인구주택총조사에서 967만으로 줄었습니다. 현재는 출석신도를 따지면 500만 명이 안 될 것이라는 것이 내부 중론입니다. 5천만 중에 10퍼센트뿐입니다. 대한민국 교회는 위기입니다. 교회를 떠나는 이유를 조사했더니 '교회 운영에 대한 실망'(27.3%), '교역자에 대한 실망'(20.3%), '과다한 헌신 요구'(19.6%) 등이었습니다. 이런 것을 해소하기 위해서 무엇을 해야 할까요? 대대적인 교역자 세미나를 통해서 개혁을 해야 할까요? 교역자가 교회 운영 전문가가 되면 좋아질까요? 물론 그런 것도 필요합니다. 하지만 그런 것은 부차적이죠. 부차적인 것만 강조되면 교회는 망합니다.

더 중요한 것은 성경으로 돌아가는 것 아닐까요? 구약에서 전쟁의 승패는 늘 이스라엘과 하나님과의 관계에서 결정이 났습니다. 이스라엘이 죄를 회개하고 하나님을 의지할 때 하나님은 전쟁에 이기게 하셨습니다. 그렇지 않을 때는 하나님의 언약궤를 짊어지고 가도 전쟁에 패했습니다. 한국교회가 비실거리며 가라앉을 때 우리가 돌아봐야 할 지점은 그런 표피적인 것은 아닌 것 같습니다.

성경으로 돌아가는 것, 오직 성경(Sola Scriptura)만이 우리의 살길이라고 믿습니다. 참고로 지금 아프리카 같은 지역에서는 엄청난 기독교의 부흥이 일어나고 있습니다. 마지막 시대에 성령께서 늦은 비의 축복을 주시는 느낌입니다. 성경대로 믿고 전하는 곳에서 부흥이 일어나는 것을 봅니다.

그런데 창세기 1장 1절로 돌아가는 것부터 그리 만만하지 않습니다. 지구 나이가 45억 년이라고 믿고 있기 때문입니다. 창세기는 사실의 기록이 아닌 것이 되어버린 것입니다. 그러면 시작부터 몽롱한 안개에 싸이게 됩니다. 기초가 튼튼하지 않은 집은 점점 기울어지고 균열이 생기고 물도 새고 심하면 무너집니다. 신앙도 마찬가지입니다.

지난 시절의 100만 촛불을 우리는 경험했습니다. 장엄한 광경이었습니다. 그런데 거기에 등장하는 인상 깊은 구호가 있었습니다. "대한민국은 민주 공화국이다. 모든 권력은 국민으로부터 나온다." 이 문장은 헌법에 처음 나오는 문장입니다. 성경으로 치면 창세기 1장 1절과 같습니다. 대한민국이 바로 서려면 헌법 첫 문장으로 우리 시대의 제도와 권력 관계를 돌아봐야 합니다. 신앙은 어떤가요? 기도와 찬양과 예배, 그리고 선행과 구제와 서로 돌보고 사랑의 매는 띠로 함께하고 전도하고 선교도 해야지요. 그런데 기초가 약하면 어떻게 될까요? 문제는 기초입니다. 신앙의 기초는 누가 뭐래도 창조에 대한 믿음입니다. 창조는 세계관의 기초가 됩니다. 세계관은 믿음을 좌우합니다. 창조라는 사실이 흐리고 흔들리면 그 뒤의 것은 아무리 잘해도 소용이 없습니다.

그래서 저는 자꾸 아내에게, 그리고 페이스북에서, 친구들에게 하나님의 창조를 이야기합니다. 창조를 믿게 되면 다음 단계는 자연스럽게 열리게 되니까요. 하지만 귀를 기울여 주는 사람은 별로 없습니다. 신앙이 좀 있는 사람들은 너무나 당연하다고 생각합니다. 진화를 믿는 분들은 제 이야기를 단순한 종교 이야기로 단정합니다. 과학으로 이야기를 해도 마찬가지입니다. 필요한 것만 뽑아내어 조합했다고 생각하고 마음의 문을 단단히 닫아걸어 버립니다. 심지어 분노하는 사람들도 많습니다. 정치 이야기 못지않게 논쟁거리가 될 뿐입니다. 저는 그게 안타깝습니다.

02
창조에 대한 믿음이 중요한 이유

　인류는 진화해 왔든지, 아니면 창조된 존재이든지 둘 중 하나입니다. 그리고 어떤 쪽을 믿는가에 따라 삶의 방향과 방법이 180도 달라질 것입니다. 세계관이기 때문입니다. 올바른 세계관에서 올바른 믿음이 태어납니다. 믿음은 가치를 바꿉니다. 그리고 가치는 행동을 만들어냅니다. 하지만 대개는 창조에 별 관심이 없습니다. 왜냐하면 사람들의 주요 관심사가 아니기 때문입니다. 노아의 때와 같이 그저 먹고 마시고 시집가고 장가가고, 밭도 사야 하고 소도 사야 하는 일이 최고의 관심사입니다. "나이가 들면 내일 죽으리니 오늘 먹자" 하고 다들 맛집 탐방 자랑, 여행지 자랑에 열을 올립니다.
　모든 관심은 이 땅의 것들에 집중되어 있습니다. 자기가 어떤 존재로 살아야 하는지 알려고 하지 않습니다. 그래서 언론은 늘 경제 이야기를 다룹니다. 정치인들의 성패도 경제문제로 귀결됩니다. 자본주의 국가이니 자본주의 시스템을 유지하고 지키는 게 신앙적이라고 착각하는 기독교인도 많습니다. 그러나 성경은 인간들이 만든 제도에 큰 의미를 두고 있지 않습니다. 성경은 예수 그리스도가 주제니까요.

　요한복음 5:39 너희가 성경에서 영생을 얻는 줄 생각하고 성경을 연구하거니와 이 성경이 곧 내게 대하여 증언하는 것이니라 진화라는 세계관에서는 먹고 살기 위한 투쟁이 최고의 가치가 되는 것이 맞습니다. 살기 위해 살아야 하는 것이지요. 자기 DNA가 번성하도록 재물을 물려주고 제도를 강화하는 게 맞습니다. 그러니 경제에 대한 극단의 관심으로 산다고 해서 잘못된 것이 아닌 게 됩니다. 그런 이들에게 예수는 마음의 위안이나 혹은 착하게 사는 양심을 위한 상징으로서 족합니다.
　하지만 창조주 하나님께서 창조하신 존재라면 다릅니다. 냉장고에는 냉장고의 목적과 기능이 있고, 진공청소기도 자기 존재 이유가 있습니다. 인공지능을 탑재한 AI 로봇이 출연할 날이 올 것입니다. 그 로봇을 만들 때 로봇 스스로 잘 먹고 잘살라고 만들까요? 절대 그럴 리 없습니다. 숱한 연구와 엄청난 자금 투자의 이유는 로봇의 자유 때문이 아닙니다. 그것을 설계한 사람들은 그에 합당한 기능을 수행할 것을 기대하고 한 것입니다. 하나님께서 인간의 생명과 자연을 설계하시고 창조했을 때도 그러하셨습니다. 사명을 주신 거지요. 성경은 분명히 말합니다.

　　창세기 9:7 너희는 생육하고 번성하며 땅에 기득하여 그중에서 빈성하라 하셨더라

　　여호수아 4:24 이는 땅의 모든 백성에게 여호와의 손이 강하신 것을 알게 하며 너희가 너희의 하나님 여호와를 항상 경외하게 하려 하심이라 하라

　　이사야 43:21 이 백성은 내가 나를 위하여 지었나니 나를 찬송하게 하려 함이니라

이렇게 확고한 목적을 갖고 창조하신 것입니다. 생육하고 번성하며, 결국에는 하나님의 영광을 드러내고 하나님의 영광을 찬송하고 예배하도록 하신 것이지요. 그것을 위해 하나님께서는 자연의 많은 것들을 준비하셨습니다. 지구의 모든 것은 생명을 유지하기 위해 섬세하게 준비되었습니다. 지구는 말할 것도 없고 태양의 거리와 크기, 달의 크기와 위치까지 하나님의 손길로 친히 만드셨습니다. 과학으로 그런 사실을 알아갈수록 놀랍기만 합니다. 그래서 그런 사실을 알게 되면 시편 저자와 같이 노래할 수밖에 없게 됩니다.

> **시편 8:3-5** 주의 손가락으로 만드신 주의 하늘과 주께서 베풀어 두신 달과 별들을 내가 보오니 사람이 무엇이기에 주께서 그를 생각하시며 인자가 무엇이기에 주께서 그를 돌보시나이까 그를 하나님보다 조금 못하게 하시고 영화와 존귀로 관을 씌우셨나이다

어마어마한 우주에 인간은 먼지 같은 존재로 보입니다. 하지만 그런 존재를 창조주 하나님께서 돌보시고, 예수 그리스도로 인해 영화와 존귀로 관을 쓴 존재로 살게 하십니다. 인간은 하나님으로 인해 영화롭고 존귀한 존재가 됩니다. 하나님을 떠나면 자신의 것으로 겨우 먹고 살다가 스러지게 되지요.

진화론은 어떨까요?

진화론에 기반한 사고의 결과는 허무이고 무목적이며 혼돈입니다. 사실 살아야 할 이유가 없습니다. 굳이 목적을 찾는다면 유전자를 퍼뜨리기 위한 것뿐입니다(도킨스). 삶의 주체가 인간의 유전자이며, 인간은 유전자 보존을 위해 맹목적으로 프로그램된 기계에 불과하다고 그는 주장합니다(이기적인 유전자). 인간의 모든 행동과 생각

과 의지는 결국 DNA가 자기를 확산하려는 전술의 한 표현일 뿐이라 주장합니다. 인간의 몸과 생각은 유전자를 퍼뜨리기 위한 수단에 불과하다고 말합니다. 그냥 존재하니까 존재하고, 더 많이 존재하려 할 뿐입니다. 이것은 인간을 심하게 모독하는 주장입니다. 인간의 모든 숭고한 행위도 그저 반사적인 반응에 불과하다고 말합니다. 선을 행하거나 심오한 철학을 말하는 것도 사실은 스스로 주관하고 판단한 결과가 아니라고 합니다. 유전자의 전략에 따르고 있을 뿐이라는 것이죠. 실제는 좀비 같은 존재라는 것입니다. 세련된 좀비. 엄청난 인간 모독이 아닐 수 없습니다.

그리고 진화론에서는 인간을 우연히 생겨난 존재라고 주장합니다. 실존주의 철학자 하이데거(Martin Heidegger, 1889~1976)는 그의 저서 《존재와 시간》에서 인간의 모습을 이렇게 표현합니다. 내던져진 존재라구요.

> 청탁 없이 이 세계로 내던져진, 유한한, 태어남과 죽음이라는 어두운 극 사이에 처박혀진, 해명될 수 없는 상황에 처해진, 불안으로 가득 채워져 있는, 주위세계를 배려하고 동료 인간들을 심려하고, 자기 자신에는 염려로 처신하는, 아무것도 아닌 피조물.

내던져진 존재, 절망의 존재입니다. 오래 산다는 것은 오래 절망을 끌어안고 사는 고통일 뿐입니다. 그런 절망에서 탈출할 해법이 있을까요? 없습니다. 살아서 잘 먹고 잘사는 것만이 유일한 목적이 되어, 내일 죽으리니 오늘 먹고 마시자고 할 뿐입니다(사 22:13 - 너희가 기뻐하며 즐거워하여 소를 죽이고 양을 잡아 고기를 먹고 포도주를 마시면서 내일 죽으리니 먹고 마시자 하는도다). 하나님 없이 자기의 존재를 아무리 탐구해도 결국 내던져진 존재라는 것만 드러날 뿐입니다.

그러니 하나님의 계획에 의해 창조된 존재인 것을 아는 것은 아주 중요합니다. 근본적인 문제에 대한 답이 되기 때문이죠. 그러니 힘써 하나님을 알아야 합니다. 성경을 통해서, 그리고 그가 창조하신 자연을 통해서 힘써 알아야 합니다. 하나님은 자신을 힘써 알라고 명령하고 계십니다.

호세아 6:3 그러므로 우리가 여호와를 알자 힘써 여호와를 알자 그의 나타나심은 새벽빛같이 어김없나니 비와 같이, 땅을 적시는 늦은 비와 같이 우리에게 임하시리라 하니라

03

창조 신앙과 과학

"자연이 법칙의 지배를 받는다는 생각은 고대 그리스인이나 로마인 또는 아시아인들의 관념과 부합하는 것으로 보기 어렵다. 이는 기독교의 창조론 내용을 반영하는 유대, 기독교 전통을 토대로 한다."

– 알리스터 맥그로스

과학이나 합리성 같은 문제가 그리스, 로마, 그리고 계몽주의에 그 근거가 있다고 생각하는 경향이 있는데, 한번쯤 재고해 보길 바랍니다. 자연에 존재하는 것들에 신성을 부여하는 순간부터 과학이나 합리성은 한계를 갖게 됩니다. 그리스, 로마가 자연을 신과 연관시켰다고 하면(태양신, 천둥신, 미의 여신 등), 유대 기독교는 그런 것을 부인하고 그것들은 오로지 주어진 질서(법칙)를 따른다고 믿었습니다. 과연 어느 쪽이 더 과학연구에 있어서 올바른 결과를 찾을 수 있도록 할까요? 천둥의 신을 까발려 보고 찔러 보고 맛보는 불경한 짓을 하려고 할 바보가 있을까요? 미의 여신이 진짜인지 가짜인지 탐구하려는 자가 있을 리 없죠. 자연탐구는 방향을 제대로 잡지 못하게 됩니다.

자연 만물에는 하나님께서 부여하신 질서가 있고 설계가 있음을 인지하고, 연구할 때 당연히 합당한 결과를 찾을 수 있을 것입니다. 이미 그렇게 찾아내고 있습니다. 과학은 자연에 어떤 신성도 인정하지 않습니다. 그래서 연구와 진전이 가능했죠. 창조와 과학은 대립 관계가 아닙니다.

알리스터 맥그로스는 무신론자인 도킨스의 무지(만들어진 신)를 꾸짖었습니다. 무지한 말을 뱉어내는 자들이 너무 많습니다. 그리고 무지를 상식이나 팩트로 생각하는 자들이 모여서 문화가 되고, 신앙인들은 그 안에서 살아갑니다. 자기도 모르게 오염된 생각을 갖기 쉽습니다. 잘못된 가설(진화론)에 기반한 사고를 하는 사람들과 그들이 오늘도 매일 뿜어대는 문화라는 공기 속에 사는 우리는 주의해야 합니다. 세속적 사고가 교회 안에조차 만연해 있는 것 같습니다. 생존경쟁의 원리에서 나오는 효율성, 경제성 같은 것들이 교회를 지배합니다. 성공주의, 영웅주의가 공기처럼 흐릅니다. 이런 원리들은 결코 성경적이지 않습니다. 안타까운 일입니다. 신앙인들이 정신을 바짝 차려야 합니다. 하나님을 더 의지하고, 성경 말씀에 비추어 늘 자신을 돌아봐야 합니다.

시편 119:105 주의 말씀은 내 발에 등이요 내 길에 빛이니이다

04

《오래된 미래》 (노르베리 호지)

오래전 인류의 모습은 어떠했을까요?

동물과 비슷한 성품으로 먹이를 사냥하고 승자가 독식하던 모습이었을까요? 원숭이나 늑대 무리처럼 서열 1위가 있어서 가장 좋은 먹이를 먼저 차지하고 여러 여자를 거느렸을까요? 자기에게 도전하는 상대를 무자비하게 죽이고 내어 쫓았을까요? 늙고 힘이 없어지면 새로운 지배자에게 밀려났을까요?

그런데 문명과 떨어진 오지 부족들의 삶에서는 그런 폭력이 잘 보이지 않습니다. 인디언도 그렇고, 아프리카 오지 부족들의 삶도 대체로 단순한 평화와 질서가 깃들어 있습니다. 그들의 윤리의식은 의외로 현대인들 이상입니다. 생명을 함부로 하지 않았고, 부부간에 적절한 윤리가 존재합니다. 명예를 소중히 여기고, 창조주에 대해서 감사하며 욕심을 부리지 않고 살아갑니다. 사냥을 해도 사냥감의 생명에 미안해합니다. 필요한 만큼만 수확하고 더 욕심을 부리지 않습니다. 경쟁보다는 함께 공존하는 것을 중요시합니다. 필요 이상으로 비축하거나 소유하려 하지 않습니다. 마치 들의 백합화처럼, 공중 나는 새처럼 무엇을 먹을까, 무엇을 입을까 고민하지 않는 것 같습니다. 그들에게는 짐승 같은 폭력이나 야만적 탐욕의 모습이 의외로 잘 보이지 않습니다. 야만과 폭력의 모습은 진화론적 필터로 왜곡한 그림이었습니다.

《오래된 미래》(노르베리 호지)를 오래전에 읽었습니다. 그때 큰 울림을 준 책인지라 다시 읽고 있습니다. 라다크는 히말라야 고산지대로, 문명과의 접촉이 최소화된 고립된 지역이었습니다. 그곳에 언어학자인 노르베리 호지가 탐사를 위해 들어갑니다. 그곳에서 그녀는 큰 충격을 받습니다. 원숭이 떼 비슷한 야만인의 모습을 볼 수 없었기 때문입니다. 대신에 서구 문명이 갈구하는 어떤 원형이 그곳 사람들에게 있는 것을 보았습니다. 그래서 그녀는 책 제목을《오래된 미래》라고 한 것 같습니다. 히말라야 오지 부족들의 삶을 통해서 저자는 우리가 잃어버린 것을 보여주고 싶었던 것입니다.

라다크 사람들은 개인 소유의 개념이 희박합니다. 소유개념이 없는 것은 아니지만 공존과 나눔을 더 큰 개념으로 여깁니다. 그들은 온유한 심성으로 자유롭고 유연하게 살아갑니다. 우리는 이해하지 못할 상황에서도 도리어 상대를 인정하고 이해해 주는 모습을 보여줍니다. 모이면 즐겁게 이야기하고 노래하면서 힘든 일들을(농사) 함께합니다. 그들은 누구와도 쉽게 친해지고, 노래하기를 즐깁니다. 물자가 부족해서 외모는 거지꼴인데 항상 웃음이 떠나는 법이 없습니다. 과거 중국인들의 기록에도 티벳 지역 사람들은 화를 내지 않는 바보처럼 묘사되어 있을 정도입니다. 일부러 발을 걸어 넘어뜨려도 언제나 웃으며 털고 일어섭니다. 그런 선한 모습이 비정상, 즉 바보처럼 보였을 것입니다.

라다크 사람들은 누구나 어떤 그룹에 가도 환영받고 존중받습니다. 지나가다가도 모여 있는 무리가 있으면 끼어들어서 함께 이야기합니다. 텃세나 주류 그룹 같은 것은 없습니다. 가난하지만 지혜롭게 물자 부족을 견딜 줄 압니다. 할머니의 옷이 낡아지면 손주의 옷을 만들고, 그 옷이 떨어지면 걸레로 활용합니다. 걸레로 기능을 다하면 밭둑의 물막이용으로 씁니다. 모든 것을 재활용할 줄 압니다.

대화와 양보를 통해서 서로 간의 문제를 해결할 줄 아는 너그러움과 지혜가 있습니다. 어린아이로부터 노인에 이르기까지 모두가 가사에 참여합니다. 재산이 많아서 빈둥거리는 사람은 없습니다. 남녀 차별이 없고, 도리어 성인 남자들이 차별을 받는 듯한 느낌을 주기도 합니다. 모두에게 할 일이 있고, 각자의 이야기가 있습니다. 어린아이도, 노인도 다 함께 참여하는 공동체에는 청소년 문제나 고독한 노인 문제는 없었습니다.

저자인 노르베리 호지는 충격을 받았습니다. 이들은 그야말로 들의 백합화처럼 살아가고 있었습니다. 인류는 진화해서 더 도덕적이 되었다고 믿었는데 그렇지 않았습니다. 알고 보니 인간의 본래 심성 안에 서구 문명이 갈구하는 것이 있었습니다. 과학기술과 이성으로 물질문명이 진보된 것은 맞지만 본성 자체는 타락해 왔다는 것을 느낀 것입니다.

대한민국의 경제는 세계 10위권 안에 들었습니다. 하지만 여전히 자살은 30분마다 한 건씩 발생합니다. 하루 평균 1,300여 건의 강력 범죄(살인, 강도, 폭력, 절도)가 발생합니다. 하루 평균 교통사고 사망자 수는 8.4명입니다. 그나마 낮아진 통계값입니다(2020년). 하루 이혼 건수는 290건을 넘습니다. 매일 600여 명의 남녀가 남남이 되어 헤어지는 셈입니다. 청소년 문제, 노인 문제, 성추행, 주변 사람들과의 갈등 등 대한민국은 평온한 지옥이 아닐까 하는 생각이 듭니다. 우리가 라다크인들의 남루한 삶을 비웃을 수 있을까요?

성경은 하나님의 뜻에 순종하라고 말씀합니다. 인간들은 그것에 거부감을 느낍니다. 그래서 자신이 삶의 주인인 것처럼 행동합니다. 그리고 그렇게 하는 것이 자유이며 행복의 길이라고 주장합니다. 죄성에 물든 인간에게 그런 소리는 가려운 귀를 긁어 주는 소리입니다. 자아를 찾는다는 둥 하면서 멋진 말로 하나님에 대한 반역을 미화합니다. 필요한 것은 돈과 권력이라 생각해서 그것을 추구하기 바쁩니다. 하나님의 무한한 자원을 버리고 자기 손아귀에 있는 것으로 모든 것을 해결하려 하니 그럴 수밖에 없게 된 것이죠. 신문과 언론은 성공한 사람을 미화해 줍니다. 하지만 그 발아래 흘려진 피는 없는 것처럼 감춰 줍니다. 모두들 최고, 1등만 사랑하고, 그렇게 되려고 안간힘을 씁니다. 그래서 무엇을 얻었을까요? 통계에서 보았듯이 우리 삶은 행복과는 거리가 멀어졌습니다. 예수님께서는 먼저 하나님 나라와 그의 의를 구하며 공중 나는 새처럼, 들의 백합화처럼 살라고 하셨습니다. 하지만 교회조차도 그런 말씀에 귀를 기울이지 않는 것 같습니다.

누가복음 12:15 그들에게 이르시되 삼가 모든 탐심을 물리치라 사람의 생명이 그 소유의 넉넉한 데 있지 아니하니라 하시고

그렇게 말씀하셨습니다. 하지만 자본주의는 탐심을 인정하는 제도입니다. 그리고 그것을 더욱 강화하자는 것이 미국식 신자유주의입니다. 무차별 경쟁을 선이라고 합니다. 그렇게 하면 다들 부자가 되고 행복해진다고 믿고 있습니다. 레위기의 기본 정신이 "네 이웃을 네 자신과 같이 사랑하라"입니다. 이런 정신 속에 자본주의 정신이 스며들 여지가 있을까요? 자본주의는 선이 아닙니다. 성경으로 돌아가야 합니다.

지금은 그들의 소박한 삶도 바뀌었습니다. 그곳에 철도가 놓이면서 빠르게 새로운 문물이 유입되었기 때문입니다. 젊은이들은 도시로 나가고, 시골에는 노인들만 남았습니다. 돈을 벌고 문명의 이기

가 늘어나자 성공하는 사람들이 나타났습니다. 부자가 되어 거들먹거리는 이가 생겼고, 동시에 가난한 사람들도 생겼습니다. 가정이 깨지고, 청소년들은 마약과 술로 병들었고, 노인들은 고독하게 죽어갑니다. 일부는 벌어들인 돈으로 멋진 자동차를 사고 명품 옷을 걸치며 과시했지만, 대다수는 힘든 삶을 살게 되었다고 합니다. 즐거운 대화나 노래가 사라졌습니다. 자유경쟁, 능력주의, 생존경쟁 같은 단어는 공존과 나눔에 기반하지 않습니다. 인간의 탐욕을 인정한 단어들입니다.

하나님은 당신의 형상으로 인간을 창조하셨습니다. 원래 인간에게는 선함, 성실, 도덕성, 너그러움 같은 하나님의 성품이 존재했습니다. 그런데 인간은 그런 하나님의 성품을 잊거나 버렸습니다. 진화론의 예측과는 반대로 나아간 것입니다. 진화론은 인간이 점점 더 선해지고 이성적이 될 것으로 예측했지만, 사실은 그 반대로 가는 것 같습니다.

호주 사막지대에 살면서 자신들의 멸종을 준비하는 부족도 있습니다. 이들은 자연 속에 살면서 현대인들을 뮤탄트(돌연변이)라고 합니다. 소유에 집착하고 싸우고 죽이고 자연과 창조주를 떠난 돌연변이 집단이라고 생각합니다. 그들 안에는 창조주의 형상이 우리보다 풍부하게 남아 있는 것 같습니다. 그들은 아이를 낳지 않습니다. 스스로 멸종을 선택한 겁니다. 이유는 탐욕스러운 현대 문명에 적응하지 못하기 때문이라고 스스로 평가합니다. 혹시 그들이 불쌍하다고 생각한다면 오해입니다. 그들이 보기에 현대 문명은 그만큼 절망적이고 치명적인 상태가 되었다고 하는 게 맞습니다. 현대인은 늘 미래를 걱정하고 미래를 위해 투자하지만 미래가 유토피아가 아닐 수도 있습니다.

발전과 진보도 좋지만 우리가 돌아보아야 할 지점은 하나님의 말씀입니다. 특별히 창조주에 대한 올바른 믿음이 필요하다고 생각합니다. 역사와 삶의 주인으로서 그분을 인정하고 우리의 자리를 내어 드리면 그분의 의지와 우리를 위한 계획이 실현되어 가리라고 믿습니다.

> **마태복음 6:24-30** 한 사람이 두 주인을 섬기지 못할 것이니 혹 이를 미워하고 저를 사랑하거나 혹 이를 중히 여기고 저를 경히 여김이라 너희가 하나님과 재물을 겸하여 섬기지 못하느니라 그러므로 내가 너희에게 이르노니 목숨을 위하여 무엇을 먹을까 무엇을 마실까 몸을 위하여 무엇을 입을까 염려하지 말라 목숨이 음식보다 중하지 아니하며 몸이 의복보다 중하지 아니하냐 공중의 새를 보라 심지도 않고 거두지도 않고 창고에 모아들이지도 아니하되 너희 하늘 아버지께서 기르시나니 너희는 이것들보다 귀하지 아니하냐 너희 중에 누가 염려함으로 그 키를 한 자라도 더할 수 있겠느냐 또 너희가 어찌 의복을 위하여 염려하느냐 들의 백합화가 어떻게 자라는가 생각하여 보라 수고도 아니하고 길쌈도 아니하느니라 그러나 내가 너희에게 말하노니 솔로몬의 모든 영광으로도 입은 것이 이 꽃 하나만 같지 못하였느니라 오늘 있다가 내일 아궁이에 던져지는 들풀도 하나님이 이렇게 입히시거든 하물며 너희일까 보냐 믿음이 작은 자들아

아 참, 그리고 라다크 사람들은 '오빠' 그리고 '아빠' 또는 '아버지'라는 호칭을 쓴다고 합니다. 재미있죠? 라다크는 우리와 전혀 교류하기 어려운 지역인데 어떻게 그런 호칭이 같을까요? 성경으로 보면 이해가 될 수 있는 현상입니다.

05

《존재하는 신》 (앤터니 플루)

신앙을 아무런 대책 없이(증거 없이) 그저 마음의 위안이나 찾기 위한 행위라고 생각하는 분들이 있습니다. 신을 인간 욕망의 투사 정도로 단정하기도 하는데, 그런 사고의 선두를 달리던 분이(앤터니 플루) 자신의 생각을 바꾸었답니다. 그는 "신은 너무 모호한 개념"이라며 "신이 볼 수 없고, 만질 수 없고, 알 수 없는 대상이라면, 신이 없다는 것을 증명할 순 없다. 그러나 신이 있다는 것도 증명할 수 없다"라는 주장을 펼쳤습니다. 그는 확실한 무신론자로서 《무신론 추정》(*The Presumption of Atheism*) 등 30권이 넘는 책을 출간하기도 했습니다.

그런데 세계 최고로 악명을 떨치는 무신론 철학자로 통하던 그가, 자기 스스로의 이성적 탐구와 과학의 발견을 근거로 유신론자로 돌아섰습니다. 세계가 깜짝 놀랐습니다. 그의 회심 때문에 멘붕에 빠진 사람들도 꽤 많았던 모양입니다. 진화론자인 리처드 도킨스는 한 강연에서 "그는 한때 훌륭한 철학자였다. 슬프다"라고 말했습니다. 무신론자에게는 슬픈 일이지만 믿음 안에 있는 자들에게는 좋은 소식입니다. 그의 말을 들어볼까요?

"내가 신을 발견한 것은 순수하게 자연주의적 수준에서이며, 어떤 초자연적 현상도 염두에 두지 않았다는 것을 강조하고자 한다. 그것은 전통적으로 자연신학이라 부르는 영역에서의 작업이었다. 어면 계시종교(revealed religion)와도 관련이 없는 것이었다. 신의 실재에 대한 개인적인 체험이나 초자연적 또는 기적이라 부르는 경험을 했다고 주장하는 것이 아니다. 간단히 말하자면, 내가 신을 발견한 것은 믿음(faith)이 아니라, 이성(理性: reason)의 여정(旅程: pilgrimage)을 통해서였다."

병 고침이나 수상쩍은 기적을 통해 하나님을 발견한 게 아니라는 것입니다. 이성으로 더듬어서 하나님이 계심을 알게 된 것이죠. 그의 말에서 로마서의 말씀이 느껴집니다. 성경이 아니더라도 자연 속에 하나님을 알 만한 것을 보여주셨다고 말합니다.

> **로마서 1:19-20(KRV)** 이는 하나님을 알 만한 것이 저희 속에 보임이라 하나님께서 이를 저희에게 보이셨느니라 창세로부터 그의 보이지 아니하는 것들 곧 그의 영원하신 능력과 신성이 그 만드신 만물에 분명히 보여 알게 되나니…

이 무신론 철학자는 '어디든 증거가 이끄는 곳으로 따라간다'는 주관에 충실했던 사람입니다. 그랬던 그가 과학에 대한 통찰로부터 신을 인정한 것입니다. 그는 "이제 나는 우주가 무한한 지성에 의해 존재하게 되었다고 믿는다. 나는 이 우주의 정교한 법칙들이 과학자들이 신의 마음(mind of God)이라 부른 것을 드러낸다고 믿는다. 나는 생명과 생식이 신적 근원에서 나온다고 믿는다"라고 했습니다.

그는 적어도 증거가 말하는 것을 따라 마음을 바꾸었습니다. 마음에 하나님 두기를 싫어해서 증거를 보면서도 고집부리는 사람들과는 달랐습니다. 관심 있는 분들의 일독을 권합니다.

06

특별한 존재

　우리 세포 속에는 1.8미터 정도의 아주 얇은 실 같은 것이 있습니다. 그것을 DNA라고 부릅니다. 이것은 두 가닥으로 꼬여 있는데, 이는 일종의 생물학 암호와 같습니다. 그 암호 속에 우리의 얼굴, 키, 눈 색깔, 피부색과 심지어 목소리까지 다 들어 있습니다. 이 두 가닥의 실이 풀려서 거기에 담긴 정보가 해독되어 우리 몸을 구성하거나 필요한 단백질을 생산하게 됩니다. 지금 이 순간에도 우리 몸에는 이런 일들이 활발히 벌어지고 있습니다. 60조, 혹은 100조 개에 달하는 세포마다 이런 끈이 있다니 놀랍습니다.

　그런데 DNA의 98퍼센트를 차지하는 부위에는 단백질을 만드는 암호가 들어 있지 않습니다(Non-coding DNA라고 합니다). 거의 2퍼센트만 단백질을 만드는 데 유용한 암호가 들어 있을 뿐입니다. 진화론자들이 보기에 이것은 아주 훌륭한 진화의 증거였습니다. 단세포에서 지금에 이르기까지 누적된 폐기물처럼 보였으니까요. 하지만 연구가 거듭될수록 이것은 쓰레기더미가 아니라는 것이 밝혀지게 되었습니다. 단백질 발현과 끊을 수 없는 관계를 갖고 있는 것으로 밝혀졌습니다. 쓰레기처럼 보인 것은 연구자들이 그 유용성을 몰랐기 때문이었습니다. 즉, 무지했던 겁니다. 자신들의 무지를 진화의 증거로 착각한 것입니다. DNA 속에 진화의 흔적 같은 것은 없었습니다. DNA는 풀려서 단순히 직선적으로 암호가 읽히는 것으로 끝나지 않습니다. 일부끼리 조합이 되기도 하고, 거꾸로 읽히도록 된 곳도 있습니다. DNA는 알아갈수록 놀랍게 정교하고 완벽한 설계를 느끼게 합니다. 설계된 것에는 쓰레기가 없습니다. 모두가 명품인 것입니다. 그 하나하나가 하나님 보시기에 심히 좋았을 뿐입니다.

> **시편 139:15-16(새번역)** 은밀한 곳에서 나를 지으셨고, 땅속 깊은 곳 같은 저 모태에서 나를 조립하셨으니 내 뼈 하나하나도, 주님 앞에서는 숨길 수 없습니다. 나의 형질이 갖추어지기도 전부터, 주님께서는 나를 보고 계셨으며, 나에게 정하여진 날들이 아직 시작되기도 전에 이미 주님의 책에 다 기록되었습니다.

인간은 모두 특별히 설계된 존재들입니다. 60조 개의 세포 속에 하나님의 뜻이 담겨 있는 걸 보십시오. 창조주께서 세밀하게 설계하셔서 생겨난 존재들입니다.

뭐, 특별하다니까 세상적인 VIP를 의미하는 것은 아닙니다. 남들보다 특별히 운동을 잘하거나 잘생기거나 인기가 많거나 돈과 권력이 많아서 VIP인 사람들을 의미하는 것이 아닙니다. 그런 것들은 하나님 앞에서 별 의미가 없습니다. 그런 사람들은 대중들 앞에서나 특별합니다.

주 예수 그리스도 안에서 우리는 모두 특별한 존재입니다. 자신의 아들을 죽음으로 대속해 주시기까지, 그만큼 우리는 특별한 존재입니다. 믿는 이들의 생명은 그 아들 예수 그리스도의 핏값을 주고 산 것입니다. 귀한 것은 귀한 대가를 지불하고 사들입니다. 하나님께서는 아들의 생명을 주고 대신 우리를 소유하셨습니다. 우리는 그 정도로 귀한 존재들입니다. 육체도 그분의 특별한 설계로 이루어졌기 때문에 소중합니다. 그러므로 방탕으로 병들게 해서는 안 되는 것입니다. 이것을 태초로부터 계획하셨고, 우리들을 그렇게 설계하셨습니다.

07
성경은 사실의 기록

혹시 성경 읽기를 하다가 답답하다고 느낀 적은 없었나요? 저는 자주 그런 곳을 만납니다. 대표적인 곳이 족보입니다. 그러면 읽다가 대충 건너뛰기도 하지요. 창세기는 재미있지만 레위기에서 뒤통수가 답답함을 느끼게 됩니다. 창세기 노아 홍수의 기록도 세부적인 내용이 많습니다. 방주의 크기, 재료, 설계부터 며칠 동안 비가 오다 그치고 등등이 그렇지요. 그런 내용을 알아봐야 신앙에 무슨 도움이 될지 모르겠습니다. 눈에 잘 들어오지도 않습니다. 왜 이렇게 답답하게 기록을 하셨을까요? 그냥 '큰 배를 만들었다, 엄청난 비가 왔다, 온통 물이 뒤덮었다', 뭐 그런 식으로 쓰면 좋았을 것 같습니다. 그냥 재미있는 옛날이야기처럼 썼으면 성경 읽기 부담이 덜하고, 그러면 오히려 신앙에 도움이 되지 않을까요? 그래서 제가 하나님께 여쭈었습니다. 그랬더니 답을 주시더군요

나: "하나님, 왜 이렇게 디테일하게 기록하셨어요? 성경 읽기 귀찮게끔…."

주님: "사실의 기록이라 그런 거다."

나: "사실의 기록이라구요?"

주님: "그래, 사실의 기록은 디테일할 수밖에 없단다. 그런데 너 어제 ○○구청 다녀왔지?"

나: "네, 그랬지요. 업무가 있었으니까요."

주님: "만약 제3의 누군가에게 네가 진짜로 ○○구청을 다녀왔다고 알려주려면 어떻게 하겠니?"

나: "그거야 뭐 건물의 크기나 느낌, 색깔과 민원실의 분위기…그리고 제가 사는 곳으로부터의 거리라든가, 심지어 다녀온 시간 같은 것들을 말해야겠지요. 육하원칙 플러스 알파…."

주님: "바로 그거다. 노아 방주의 크기, 사용 재료, 비가 온 날짜 등등 이야기해야 진짜라고 믿을 수 있다는 거란다. 그러니까 노아 방주는 그냥 옛날이야기가 아니라 진짜 사건의 기록이라는 걸 너에게 알려주고 싶었던 거야."

나: "아하! 그렇군요. 듣고 보니 그럴싸하네요."

주님: "그럴싸한 게 아니고 그런 거야."

나: "아 네, 알겠습니다. 답변 감사합니다."

그냥 교훈을 위한 이야기 같았으면 달랐겠지요. 막연한 때, 막연히 큰 배, 막연히 엄청난 홍수, 그런 식으로 말이죠. 읽기는 편했겠지만 신뢰성은 떨어졌을 것입니다. 노아 방주의 기록이 사실의 기록이다 보니 선박 공학자들은 그 수치로 실험도 할 수가 있습니다. 실험 결과를 통해 노아 방주의 최적설계를 확인까지 했습니다(《국민일보》 (1993-02-17). 노아 방주는 매우 안전한 선박 / 해사기술연 홍석원 박사팀 "입증"). 저도 제 분야(구조공학) 부분에 대해 직접 검토를 해보았습니다. 직접 3차원 모델링을 해본 결과 놀랍게도 목재로 그 규모의 방주를 만드는 것은 충분히 가능하다는 결론을 내렸습니다. 아주 넉넉하게요. 사실을 기록한 것의 특징은 바로 재현이 가능하다는 점입니다. 다음은 제가 직접 검토한 것을 요약한 것입니다. 창세기 기록을 가지고 간단히 '목재로 만든 135미터 배가 안전할까?' 하는 생각으로 검토를 해봤습니다. 국가 공인 구조(structure) 엔지니어로서 경험을 이용했습니다. 뭐, 굳이 읽지 않으셔도 됩니다. 그냥 그렇구나 하고 넘어가셔도 됩니다. 하지만 이것도 사실의 기록이기 때문에 어쩔 수 없이 디테일하게 기록했습니다.

135미터 목재 방주는 약해서 깨진다고 하는데 다른 건 모르겠고 구조적 안정성에서 노아 방주는 충분히 가능하다고 본다.
(5미터 간격 트러스 구조, 양쪽 끝이 파도의 끝에 걸린 단순 보라고 가정함, 길이/높이=9.5임)
그냥 단순화된 것이기 때문에 정해는 아니지만, 과거에 트러스 모델로 컴퓨터 해석해 본 바도 있음.
목재 하중: $100kg/m^2$
적재 하중(추정): $400kg/m^2$(지하주차장 하중보다 $100kg/m^2$ 더 큰 값)
3개층이므로 $0.5 \times 3 = 1.5t/m^2$.
양쪽 끝이 파도에 걸렸다고 가정하면
최대 moment=$1.5 \times 135^2/8 = 3417tm/m$
5미터 간격의 트러스 뼈대라고 가정하면
최대 moment=$5 \times 3417 = 17850tm$
상하층 최대 압축(인장)=$1274t$
목재의 허용강도를 $90kg/cm^2$으로 가정하면
필요한 단면적은 $14166.7cm^2$ → $119cm \times 119cm$ → 120각 목재로 가능.
적재 하중을 $300kg/m^2$으로 하면(주차장 하중) 105각짜리 목재로 가능.
성경에는 이미 금속이 사용된 것으로 나오므로 단면결손에 대해서도 나름 고려가 가능할 듯함, 이 모델은 상하 각재가 5미터 간격으로 있다는 가정이지만 만약 바닥과 천장을 1미터 각재로 만들었을 경우라면 훨씬 더 큰 하중도 견딜 수 있음.
컴퓨터로 3D 모델로 검토한 결과 아무 문제 없음.

가만히 살펴보니 성경에는 디테일한 기록이 아주 많습니다. 민수기에는 지파별로 인구수가 자세히 기록되어 있습니다. 솔로몬의 궁전과 성막의 치수 같은 것도 그렇습니다. 대체 이런 게 무슨 의미가 있나 하고 의아하게 생각했는데 이제는 고개가 끄덕여집니다. 이유가 있었습니다. 기록하신 분은 역사적 사실을 전해주고 싶었던 것이 분명합니다. 물론 그래서 성경 읽기는 재미가 없긴 하죠.(주여! 재미있는 성경을 만들어 주시지 그랬나요!) 하나님께서는 노아 홍수가 분명히 발생했던 역사적 사건이었음을 알려주시려 하신 겁니다. 임진왜란이나 만주를 누비던 고구려가 있었던 것처럼, 노아 홍수도 진짜 사실이었다는 것입니다. 그래서 굳이 세세하게 기록하신 것입니다.
노아 방주가 진짜 사실이면 그로 인한 흔적도 엄청나겠지요? 물론입니다! 그리고 이제 물로 심판하지 않고 불로써 심판하신다는 말씀도 이루어질 것입니다. 주님이 다시 오시는 날까지도 사람들은 노아의 때와 같이 그저 먹고 놀고 소유하고 시집가고 장가가고 물건을 사고파는 일 따위에만 몰두할 것입니다. 우리는 어떻게 살아야 할까요?

08

〈인류멸망보고서〉

　〈인류멸망보고서〉는 김지운, 임필성 감독이 2012년에 제작한 대한민국 SF 옴니버스 영화입니다. 이 영화에서 고장 난 인공지능 로봇 이야기가 나옵니다. 인공지능 로봇은 그 고장 덕에 정체성에 대한 고민을 할 수 있게 됩니다. '내가 누구인가?' 하는 고민 말입니다. 원래 인간을 위해 만들어진 기계였으니 그의 정체성은 애초에 만든 목적에 있었습니다. 즉, 인간을 위한 존재라는 것이지요. 이렇듯 아주 쉽고도 명백한 정답이 있었습니다. 그런데 고장이 나버리니까 자신의 존재 목적을 잊어버리게 된 것입니다. '내가 왜 존재하지? 나는 누구야?' 등등이 헷갈려버린 것입니다. 진공청소기가 자신이 왜 존재하는지를 잊는다면 고장이 나도 한참 고장이 난 것이죠. 청소기는 청소를 위해 존재합니다. 그게 존재의 이유이고 목적이며 정체성이 됩니다. 그 이상 고민할 것이 없습니다. 영화 속에서 로봇은 왜 자기가 여기 있어야 하는가에 대한 당위성을 찾을 수가 없었습니다. 그래서 이 로봇은 참선을 하게 됩니다. 그러다 대단한 깨달음에 이르게 되어 부처가 됩니다. 참신한 발상이죠?
　그 로봇이 깨달은 것이 무엇인지 모르겠지만 제가 볼 때는 고장 난 로봇에 지나지 않습니다. 고장 난 상태를 고장이 아니고 정상으로 믿고 의문을 풀어보자니 답이 없습니다. 그 AI 로봇이 찾아간 참자아의 탐구는 길 없는 길이었습니다. 닫힌 병 속에 새도 되고, 모든 것이 공이고 색입니다. 색즉시공이기도 하고 공즉시색이기도 합니다. 한마디로 말해서 혼란이라는 것이죠. 존재의 가장 첫 줄이 삭제된 프로그램이 제대로 작동할 리 없습니다. 아무것도 모른다는 걸 깊이 이해하지 않았을까 싶습니다. 그런데 영화에서 고장 난 AI 로봇은 부처 대접을 받게 됩니다. 놀라운 반전입니다.

인간이 하나님처럼 되어보겠다고 선악과를 먹는 순간, 인간은 고장난 AI 로봇처럼 되어버렸습니다. 신(神)의식 대신 자아의식으로 가득해졌습니다. 원래 인간들은 하나님이 주신 자연을 돌보기 위해, 그리고 창조주를 찬양하고 교제하기 위해 만들어졌습니다. 하지만 인간은 고장이 나버렸습니다. 사탄의 유혹에 솔깃해서 넘어진 것입니다(창 3:5 - 너희가 그것을 먹는 날에는 너희 눈이 밝아져 하나님과 같이 되어 선악을 알 줄 하나님이 아심이니라). 인공지능 로봇이 설계자인 사람이 되려는 의지를 갖는다거나 청소하기 위해 만든 진공청소기가 스스로 사람이 되려는 의지를 갖는다는 것은 심각한 고장입니다. 그런데 더 심각한 것은 고장을 고장이라고 느끼지 못한다는 점입니다. '나 고장 난 것 같아, 그러니 고쳐야겠어…'라고 생각한다면 그 로봇은 고칠 수 있습니다. 사람도 그렇습니다. 고장 난 것을 알면 쉽게 고치는데, 고장이 아니라고 생각합니다.

인간이 에덴에서 쫓겨난 후, 6천여 년밖에 안 되었습니다. 초기에는 창조주 하나님 대신 가짜 신을 만들고 숭배하는 것이 이슈가 되었습니다. 그때는 그래도 창조주가 없다고 하지는 않았던 것 같습니다. 6천 년 후에는 이슈가 달라졌습니다. 현대인들은 창조주가 있다는 사실을 잊어가고 있습니다. 진화론은 적극적으로 하나님을 부인하고 있습니다.

선교사들이 처음 우리나라에 도착했을 때 깜짝 놀란 것이 있었습니다. 온갖 미신들이 난무하고 있었지만 하나님이라는 창조주 신앙이 기본적으로 깔려 있었습니다. 그래서 선교사들이 유일하신 창조주 하나님을 가르치는 데 아무런 어려움이 없었다고 합니다.

노아 홍수 후에 바벨탑 사건이 있었고, 전 인류는 세계로 퍼져나갔습니다. 그러면서 점차 하나님에 대한 신앙이 흐려졌습니다. 자꾸 고장이 더해진 것입니다. 자기가 존재하는 이유가 창조주를 위한 것이 아니라 자기 잘 먹고 잘살기 위한 것으로 변질되어 버렸습니다. 그래도 하나님께서는 성실하신 사랑으로 인간을 다시 고쳐주려고 하셨습니다. 자신의 독생자를 이런 고장 난 인간들을 위해 보내주셨습니다. 요한복음 3장 16절은 성경의 요약입니다.

> **요한복음 3:16** 하나님이 세상을 이처럼 사랑하사 독생자를 주셨으니 이는 그를 믿는 자마다 멸망하지 않고 영생을 얻게 하려 하심이라

창조주에 대한 신앙은 현대에서 거의 사라진 것 같습니다. 현대에서는 창조주를 아예 인정하지 않습니다. 하나님이 어디 있느냐고 합니다. 과학이 무신론을 드러낸다고 착각도 많이 합니다. 어떤 이는 하나님께서 뿅하고 나타나면 믿어주겠다고 합니다. 만물이 원래 있던 대로 있을 뿐이고(벧후 3:4 - 이르되 주께서 강림하신다는 약속이 어디 있느냐 조상들이 잔 후로부터 만물이 처음 창조될 때와 같이 그냥 있다 하니), 생명은 오래된 자연 속에서 우연적 합성을 통해서 생겨났다고 생각합니다. 타락이 한 단계 더 나아간 것입니다. 그나마 신사적인 사람들은 종교는 그냥 종교일 뿐이라고 주장합니다. 그러니 혼자서 마음의 평화나 찾으며 살면 될 것이라고 충고합니다. 그게 최고의 선이라고 합니다(NOMA: Non-Overlapping MAgisteria).

고장 난 상태로 살아가는 게 이상하지 않게 되었습니다. 도리어 정상적으로 살아가는 사람들이 손가락질을 받게 되었습니다. 말하

자면 세상은 악의 일상화가 이루어진 것입니다. 청소년기에 자아를 찾네 마네 합니다. 하지만 창조주가 빠진 자아를 찾아봐야 해결되는 것은 없습니다. 그런데 창조주가 존재한다는 사실을 알게 되면 부담스럽고, 어색하고, 짜증 나며 자존심이 상합니다. 왠지 노예가 되어 비굴하게 살아야 할 것도 같구요. 그러니 분노나 무관심으로 거부하는 것입니다. 이런 걸 과학적으로 풀어서 설득하려 하면 분노는 더 격렬해집니다. 하지만 성경은 인간이 창조된 존재임을 선언하고, 고장 난 존재임을 자세히 가르치고 있습니다. 하지만 어둠은 그것을 깨닫지 못합니다. 안 하려고 합니다.

> **요한복음 1:1-5** 태초에 말씀이 계시니라 이 말씀이 하나님과 함께 계셨으니 이 말씀은 곧 하나님이시니라 그가 태초에 하나님과 함께 계셨고 만물이 그로 말미암아 지은 바 되었으니 지은 것이 하나도 그가 없이는 된 것이 없느니라 그 안에 생명이 있었으니 이 생명은 사람들의 빛이라 빛이 어둠에 비치되 어둠이 깨닫지 못하더라

창조주께서 원하시는 것은 원상태의 회복입니다. 집을 나간 탕자가 돌아오는 것입니다. 그리고 그 회복의 결과는 진정한 자유와 행복입니다. 창조주 하나님은 모든 민족들이 돌아와 창조주 하나님과의 교제가 회복되고 예배가 회복되기를 원하십니다. 고장 난 인공지능 로봇이 다시 회복되면 자기가 누구인지, 무엇을 해야 하는지를 알게 됩니다. 본래 만들어진 목적대로 작동하면 인공지능 로봇에게 고민은 없습니다. 색즉시공의 사유를 할 필요도 없습니다. 창조주께서는 그 회복을 위해 예수 그리스도를 보내셨습니다(요 3:16). 회복하게 되면 알게 됩니다. 왜 살아야 하는지, 어떻게 살아야 하는지. 창조주를 잊으면 공허하고 맹목적 욕망 추구 외에는 남는 게 없습니다. 사실은 그게 지옥입니다.

09

태초에 하나님이 천지를 창조하시니라

　빅뱅이 있었다고 합니다. 시간의 시작도, 공간의 시작도 있었다는 것이지요. 그전에는 그야말로 무(無)였습니다. 아무것도 없는 상태가 아니라 없는 것도 존재하지 않았던 무(無)였던 것입니다. 거기서 있음(有)이 생겨납니다. 과학이 밝혀낸 재미있는 추정입니다.

　당구대 위에 당구알이 구르는 원인은 당구알 자신에게 있지 않습니다. 처음으로 움직임을 시작하는 것은 당구알이 아닌 외적인 요인으로부터입니다. 사람, 즉 당구알과는 차원이 다른 존재가 당구알을 움직이기 시작합니다. 그렇다고 사람을 물리적으로 규정할 수는 없습니다.

　우주가 시작하는 것도 우주 외적인 요인에 의해야 합니다. 시작이 있는 것에는 그것의 원인이 있다는 말입니다. 그러므로 그 최초의 원인은 우주 외적인 원인, 우주와는 차원이 다른 원인이어야 합니다. 즉, 우주와 달리 비물질적이며 인격적인 존재여야 합니다.
　그냥 추상적 대상은 비물질적이지만 그것은 아무것도 할 수 없습니다. 그러므로 마음은 비물질적 실재이지만 그것은 존재의 원인이 될 수 있습니다.
　"우주는 마음(영, Spirit)의 산물로 존재하게 되었다"(윌리엄 레인 크레

이그)라고 합니다.

창세기 1:1 태초에 하나님이 천지를 창조하시니라

이 말은 우주가 비물질적이고 인격적인 존재에 의해서 시작되었다는 논리와 정확히 일치합니다. 물질의 우주를 영(spirit)이신 하나님께서 존재하게 하셨다는 겁니다.

10
꽃은 왜 아름다운가

　나에게는 꽃에 대한 의문이 있었습니다. '꽃은 왜 아름다울까?' 하는 의문입니다. 이상한 의문이지요? 이런 의문을 갖는 사람은 별로 없을 것입니다. 그리고 그 답을 안다고 해봐야 돈이 될 것 같지도 않습니다. 알아도 별 쓸모없는 잡학, 알쓸신잡이니까요. 하지만 저는 이상하게 꽃을 볼 때마다 그런 생각이 들었습니다. 꽃들은 아름답습니다. 황금빛 노란 금계국, 하얀 개망초, 보라색 갈퀴나물, 작은 쇠별꽃, 민들레, 하얀 토끼풀 꽃, 주렁주렁 매달린 아카시 꽃…. 색깔과 자태가 다들 독특하면서도 아름답습니다. 예수님께서는 들의 백합화가 솔로몬의 모든 영광보다 더 낫다고 하셨습니다. 그런데 왜 그것들은 아름다울까요? 궁금했습니다. 그래서 언젠가 이런 질문을 던졌더니 사람들이 웃더군요. 너무 터무니없었나 봅니다. 당연한 거라고 합니다. 당연한 것에 도전하고 질문을 던지는 것은 대체로 천재들만의 일이니 저도 비슷한 것 아닐까요? 흠….

　꽃의 가장 큰 역할은 씨앗을 맺는 것입니다. 그래서 대를 이어가며 자기들이 할 일을 하게 됩니다. 그러니 꽃이 곤충을 끌어들이기 위해서는 굳이 아름다울 필요가 없습니다. 식물의 입장에서 꽃을 피우는 것은 상당한 비용을 들이는 셈입니다. 세상이 아름다워져서 좋기는 하지만, 자신들의 생식을 위해서 꼭 아름다워야 할 필요가 없다는 것입니다.

곤충이 아름다운 꽃을 구분하고 찾아갈 것 같지 않습니다. 곤충은 사람의 눈과 다르고(적외선 탐지), 꽃에 대해서 그들이 찾는 효용이 다릅니다(꽃가루, 꿀). 사람이 보기에나 꽃이 아름답지 곤충이 보기에는 아름답지 않을 수도 있습니다. 사람 보기에 아름답다고 곤충도 그렇게 생각한다는 것은 말이 안 됩니다. 그렇다고 하면 식물은 향기로 곤충을 유혹해서 꽃가루를 수정시키는 것이 훨씬 적합했을 것입니다. 굳이 그렇게 많은 비용을 들여서 세상을 아름답게 할 이유가 그들에게는 없었다는 것입니다. 진화론에 기반해서 생각을 해보면 그렇다는 것입니다.

그래서 의문이 생겼습니다. '대체 뭐하려고 이렇게 아름답고 생기가 넘치는 건가?' 생각해 보았지만 아직 정확한 이유는 잘 모르겠습니다. 굳이 추정을 해보자면 식물은 원래 창조 시에 먹을거리(食物)였습니다.

> **창세기 1:29-30** 하나님이 이르시되 내가 온 지면의 씨 맺는 모든 채소와 씨 가진 열매 맺는 모든 나무를 너희에게 주노니 너희의 먹을거리가 되리라 또 땅의 모든 짐승과 하늘의 모든 새와 생명이 있어 땅에 기는 모든 것에게는 내가 모든 푸른 풀을 먹을거리로 주노라 하시니 그대로 되니라

식물의 존재 이유는 사람과 생물들의 먹을거리가 되는 것입니다. 자기가 아닌 남을 위해 존재하는 것이 존재의 이유입니다. 그들이 생산하는 씨앗과 열매는 자기들 종족 번식을 위해 필요한 것보다 훨씬 많습니다. 왜냐하면 남을 먹이기 위해 생산하기 때문입니다. 이파리, 뿌리 등도 마찬가지입니다. 자기만을 위해서 최적화되어 있지 않

다는 말입니다. 자기 아닌 누군가를 위해 최대한 준비하고 생산하는 것이 그들의 목적입니다. 자기만을 위한다면 굳이 과분하게 생산할 필요가 없었습니다. 최소한의 개수만 생산하고 그것을 먹거나 손대면 독이 올라 죽게 만들면 됩니다. 그러면 최소한의 비용으로 최대한의 효과를 누리게 됩니다. 하지만 그렇지 않은 것 같습니다. 많은 새들과 동물들, 그리고 심지어 벌레들까지 열매와 이파리, 뿌리 혹은 나무의 수액을 먹을 수 있도록 풍성하게 생산합니다. 숲의 풍성함은 식물들 덕분입니다.

결국 식물은 창조주께서 말씀하신 대로 짐승과 생물들의 먹이가 되고 인간의 식량이 되는 사명을 갖고 태어난 이타적인 존재라고 보는 게 맞을 것 같습니다. 그러다 보니 꽃도 아름다워서 사람들을 기쁘게 하고 향기까지 퍼뜨리는 것 아닐까요? 지저분한 식탁보다는 꽃이 잘 장식된 식탁이 식욕도 돋우고 좋은 분위기를 줄 수 있지요. 물론 이것은 저의 자의적 해석일 뿐 과학적인 것도 아니고, 성경에 그렇다고 한 적도 없습니다. 답을 찾다 보니 여기까지 이른 것입니다. 어쨌든 식물은 이기적인 방식으로 살지 않습니다. 그 유전자가 매우 이타적으로 구성되어 있습니다.

그런데 더 놀라운 사실이 있습니다. 이들이 같은 종류의 꽃가루와 다른 종류를 구별할 줄 안다는 것입니다. 벌과 나비들이 이 꽃 저 꽃을 다니면서 여러 가지 종류의 꽃가루를 묻혀 나릅니다. 꽃들은 곤충들이 날아온 꽃가루 중에서 자기와 같은 종류만 구분해서 수정을 합니다. 놀랍습니다. 만약에 구분하지 못한다면 그야말로 식물은 계통이 없는 혼란 그 자체였을 것입니다. 그러면 특정한 먹이를 찾는 새나 짐승들도 다 죽었을 것입니다. 아카시아나무가 밤나무 꽃가루를 수정해 버린다고 상상을 해보자구요. 밤나무도 아니고 아카시아나무도 아닌 이상한 것들이 생겨난다고 하면, 그것을 주식으로 삼던 짐승들은 굶어 죽게 됩니다. 유칼립투스 나뭇잎을 주식으로 하는 코알라는 일찌감치 사라졌겠지요. 하지만 다행스럽게도 그런 일은 일어나지 않습니다. 꽃들은 알아서 자기와 같은 종류의 꽃가루만을 받아들이니까요. 그뿐만이 아닙니다. 심지어 근친교배도 거부한다고 합니다. 식물이 근친교배가 나쁜 것을 어떻게 알았을까요? 그저 놀라울 따름입니다. 그들도 '종류대로 번성하도록' 설계된 것이 맞습니다.

> **창세기 1:12** 땅이 풀과 각기 종류대로 씨 맺는 채소와 각기 종류대로 씨 가진 열매 맺는 나무를 내니 하나님이 보시기에 좋았더라

꽃의 아름다움은 이스라엘 극성기의 모든 영광으로도 비교할 수 없습니다. 작은 들꽃이라고 해도 놀라운 설계가 담겨 있기 때문입니다. 솔로몬의 비단 옷과 보석으로 꾸민 왕관과는 비교가 안 되는 지혜와 능력의 산물이기 때문입니다. 꽃은 하나님의 선하심과 능력이 아름답게 드러난 실체가 아닌가 합니다. 하지만 안타깝게도 꽃의 영광은 오래가지 않습니다. 대체로 며칠이 지나면 시듭니다. 시든 꽃은 아름다움을 잃고 서글픔을 줍니다. 혹시 꽃이 시드는 이유는 인간의 죄 때문이 아닐까요? 우리 죄 때문에 만물이 탄식한다고 했습니다.

> **로마서 8:19-22** 피조물이 고대하는 바는 하나님의 아들들이 나타나는 것이니 피조물이 허무한 데 굴복하는 것은 자기 뜻이 아니요 오직 굴복하게 하시는 이로 말미암음이라 그 바라는 것은 피조물도 썩어짐의 종 노릇한 데서 해방되어 하나님의 자녀들의 영광의 자유에 이르는 것이니라 피조물이 다 이제까지 함께 탄식하며 함께 고통을 겪고 있는 것을 우리가 아느니라

이 땅에 질병과 죽음과 노화 같은 비극은 아담의 죄로 말미암아 생겨난 것임을 성경은 말합니다. 꽃의 영광이 사라지는 것은 슬픈 일입니다. 젊음도 마찬가지입니다. 꽃처럼 피다가 시들어가는 인생들은 청춘을 회상하며 아쉬워하며 슬퍼합니다.

계관시인 윌리엄 워즈워스는 이런 꽃들을 보면서 "초원의 빛"이라는 명시를 지었습니다.

> …초원의 빛이여 / 꽃의 영광이여(of splendor in the grass, of glory in the flower) / 다시는 돌아갈 수 없겠지만 / 우리는 슬퍼하지 않으리, 차라리 / 남겨진 것들 속에서 오묘한 뜻을 찾으소서 / …

시인은 어쩌면 전도서의 말씀을 깨달았는지도 모릅니다. 너무나 아름답지만 영원할 수 없는 꽃과 같이 이 땅에서의 영광, 젊음의 아름다움은 찬란하고도 너무나 짧아서 서글퍼집니다. 사춘기의 첫사랑을 중년이 되어 만나면 충격을 받고 슬퍼질 것입니다. 꽃 같던 아름다움은 사라지고, 주름진 얼굴과 불어난 몸을 보게 될 테니까요. 꽃의 영광 같던 청춘도 쉬이 시들어갑니다. 당연히 슬프지요. 그런 슬픔을 통해 우리는 도리어 영원을 사모하는 마음을 갖게 됩니다. 꽃의 짧은 아름다움과 영광을 보면서 지혜로운 사람들은 삶의 깊은 지혜를 얻게 되기도 하는 것 같습니다. 만약 꽃의 아름다움이 수백 년을 가고 우리 인생보다 길었다면 그런 서글픔도 지혜도 없었을 것입니다. 당연히 영원에 대한 사모함도 별로 없었겠지요. 하루아침에 아궁이로 들어가는 아름다운 풀꽃은 하나님 말씀을 생각나게 하는 역할도 하는 것 같습니다.

전도서 3:11 하나님이 모든 것을 지으시되 때를 따라 아름답게 하셨고 또 사람들에게는 영원을 사모하는 마음을 주셨느니라 그러나 하나님이 하시는 일의 시종을 사람으로 측량할 수 없게 하셨도다

11

하나님의 의지, 인간의 행위

"사람들이 어떤 사건을 두고 그 일이 정말 기도에 대한 응답인지 아닌지를 물을 때가 있습니다. 그들의 생각을 가만히 분석해 보면, 그들은 자신들이 지금 이런 것을 묻는 것임을 알 것입니다. '하나님은 그 일을 어떤 특별한 목적을 위해 일으키신 것인가, 아니면 사건들의 자연적 진로의 일부로서 어차피 일어날 일이었던 것인가?' 그러나 이는 어느 쪽 대답도 불가능하게 하는 질문입니다.

연극 '햄릿'을 보면 '오필리아가 죽은 것은 셰익스피어가 시적 이유로 그녀가 그 시점에서 죽기를 원했기 때문이냐, 아니면 그 나뭇가지가 부러졌기 때문이냐?'라고 묻는다면 여러분은 무엇이라 대답하겠습니까? 저는 '두 가지 이유 모두로'라고 답해야 한다고 생각합니다. 그 연극 안의 모든 사건은 극중 다른 사건들의 결과로 일어나는 것이며, 동시에 그 일이 일어나기를 그 시인이(작가) 원하기 때문에 일어나는 것이기도 합니다. 연극 안의 모든 사건은 다 셰익스피어적인 사건입니다. 마찬가지로 현실 세계에서 일어나는 모든 사건은 다 섭리적 사건입니다…. 마찬가지로 현실 세계의 모든 사건은 자연적 원인에 의해 생겨납니다. 섭리와 자연 원인은 양자택일의 문제가 아닙니다. 모든 사건은 다 그 둘 모두에 의해 결정됩니다. 왜냐하면 그 둘은 실상 하나이기 때문입니다."

－C. S. 루이스, 《기적》

다윗의 아들 압살롬은 아버지 다윗을 향해 반역을 일으킵니다. 하지만 하나님께서 다윗을 살리시고 아들 압살롬은 전사합니다. 압살롬이 반역을 일으키고 다윗 궁에서 후궁들을 욕보인 것은 예언되었던 일입니다. 다윗이 범한 우리아의 아내 밧세바 사건 때문이었습니다. 그는 신앙의 영웅답지 않은 악한 죄를 저질렀습니다. 남의 아내와 간통하고 그 남편을 죽게 만듭니다. 이해되지 않는 범죄였습니다. 하나님은 이런 다윗의 죄를 그냥 간과하지 않으셨습니다. 하나님은 공정하시며 의로우신 재판장이시기 때문입니다.

그런데 한 가지 의문이 생겼습니다. '그러면 압살롬은 왜 죽은 거지? 다윗의 죄 때문에 압살롬이 반역을 일으키고 못된 짓을 한 것이 하나님의 예정이라고 하면 왜 압살롬은 죽임을 당해야 하나? 그것은 다 하나님이 하신 것 아닌가?' 등등.

C. S. 루이스의 글을 보면서 이해가 되었습니다. 하나님의 예정과 사람의 의지, 자연의 환경은 별개가 아니라는 생각을 했습니다. 압살롬의 죽음은 그의 권력욕 때문이기도 하고, 하나님의 의지 때문이기도 하다고 봐야 한다는 것입니다. 그렇다고 해도 하나님의 뜻을 우리가 다 알 수는 없습니다. 욥의 고난에 대해서도 하나님은 즉답을 하지 않으셨습니다. 3차원에 속한 우리들은 하나님의 의지를 다 헤아릴 수 없습니다. 하나님의 깊은 것을 통달하시는 분은 하나님이신 성령만이 가능한 일입니다. 우리는 그런 섭리적, 자연적인 이유 두 가지를 다 믿는 수밖에 없을 것 같습니다.

누가복음 13:4-5 또 실로암에서 망대가 무너져 치어 죽은 열여덟 사람이 예루살렘에 거한 다른 모든 사람보다 죄가 더 있는 줄 아느냐 너희에게 이르노니 아니라 너희도 만일 회개하지 아니하면 다 이와 같이 망하리라 세상에서 당하는 불행은 죄가 커서 일어나는 것만은 아닌 것 같습니다. 우리보다 죄가 많으므로 그들이 사고를 당한다는 생각을 버리라고 예수님은 말씀합니다. 가난이나 질병은 어떨까요? 우리가 다 이해할 수는 없지만 그것은 분명히 섭리적 사건이기도 하고 자연적 원인 때문이기도 합니다. 어떤 사고가 난다면 두 가지를 다 생각해 봐야 할 것 같습니다.

다윗은 압살롬을 잃었을 때 가슴이 찢어지는 듯했을 것입니다. 압살롬이 반역할 때도 그는 그냥 도망만 갔습니다. 하나님의 의지가 작용했다고 믿었기 때문일 겁니다. 그러면서도 자기 죄 때문에 아들의 죽음을 보아야 한다는 현실이 너무 고통스러웠을 것입니다. 죄를 두려워하고 죄짓지 말고 살아야 하겠습니다. 대체 다윗 같은 믿음의 사람이 어쩌다 그런 죄까지 지었는지 이해가 되지 않습니다. 다윗은 하나님 보시기에 마음에 합한 사람이었는데…. 사람 중에 영웅은 없나 봅니다. 구약에서 참 안타까운 사건의 기록입니다.

12
별들에게 물어봐

저 별은 나의 별
저 별은 너의 별
별빛에 물들은
밤같이 까만 눈동자

만약 이 노래를 아신다면 제 또래이거나 나이가 지긋한 분일 거라고 생각합니다. 우리 대학 시절에 가슴을 두근거리게 했던 노래니까요. 원래는 독일 민요인데 1973년에 송창식과 윤형주의 트윈폴리오가 번안해서 불렀습니다. 이 노래를 부르면 아련하게 청춘의 밤하늘이 떠오릅니다.

춘천행 44번 국도를 따라서 청평, 가평 등 강 주변은 당시 청춘들의 최고 놀이터였습니다. 그때는 지금처럼 여행이 자유롭고 쉬운 시절이 아니었습니다. 요즘이야 자가용으로 간단히 갈 수 있지만, 그때는 먹을 것 입을 것 다 싸서 짊어지고 버스 타고, 기차 타고 가는 곳이었습니다. 그러니 서울에서 야외로 나가 밤하늘을 바라보는 경우는 드물었습니다. 여름 방학에 며칠 정도나 될까 말까 했습니다. 거기다가 아름다운 이성이 옆에 있는 경우는 더더욱 드물었습니다. 지금 생각하면 이보다 원통한 일도 별로 없는 것 같습니다. 이성교제가 자유롭지 못한 시절이었습니다. 그러니 이런 노래로 연상되는 장면은 너무나 낭만적입니다. 별이 빛나는 밤에 그녀의 눈빛에 물든 별빛을 바라본다면….

고흐는 별이 빛나는 밤을 주제로 멋진 그림도 그렸습니다. 윤동주는 "별 헤는 밤"이라는 시도 썼구요. 별에 대해 수많은 예술가들은 그 아름다움과 신비를 노래했습니다. 보석처럼 반짝이는 별들은 밤의 신비를 더합니다. 그런데 그 별들은 언제, 어떻게 생겨났을까요? 성경은 창세기 1장 16절에 간단하게 "…별들을 만드시고"라고 말씀하고 있습니다. 하지만 진화론이나 과학책에서는 그렇게 말하지 않고 있습니다.

138억 년 전, 우주 대폭발 '빅뱅'(Big Bang)
뜨거웠던 우주 온도가 식고 중성자 수소 원자들이 생성
첫 별이 등장하기 전 '어둠의 시기'(Dark Ages)
수소와 헬륨이 중력에 의해 모여서 별을 만들어냄
주위 환경에 영향을 주는 최초의 별 탄생

이렇게 추정을 하지요. 확증되거나 규명된 것은 아닙니다. 빅뱅 시나리오에 의해 그렇게 생각할 뿐입니다. 빅뱅 후에 얼마간의 시간이 지나서 수소나 헬륨 원자가 생겼다고 합니다. 그런 가벼운 분자의 거대한 구름이 서로 충돌하면서 별이 생겼다고 합니다. 직관적으로 믿기 어려운 일입니다. 왜냐하면 이런 가벼운 분자들은 뭉치려고 하지 않고 서로 반발하기 때문입니다. 지구에서는 지각의 방사성 동위원소의 붕괴 시에 나오는 헬륨의 양이 엄청납니다. 이런 헬륨은 지구의 인력에도 끌리지 않고 우주 공간으로 날아가고 있다고 합니다. 그런데 우주 공간에서는 헬륨 같은 가벼운 기체들끼리 서로 끌어당겨서 별이 된다고 추정합니다. 이상하네요. 지구 인력에도 안

끌리던 놈들이 서로의 인력으로 끌리다니…. 과연 그럴까요?

천체물리학자인 하위트는 1986년에 낸 서평에서 별들의 기원에 관하여 다음과 같이 논평했습니다.

"현대 천체물리학의 은근한 당혹감은 이 별들 중에 단 하나도 어떻게 형성되었는지 알지 못한다는 것이다. 물론 아이디어가 없는 것은 아니나, 우리는 다만 그것들을 구체화시킬 수가 없다."

한마디로 말하면 모른다는 말입니다. 하늘을 보석처럼 수놓은 숱한 별들이 어떻게 시작되었는지를 천체물리학자도 모른다는 게 팩트입니다. 하지만 빅뱅을 믿고 140억 년의 우주를 믿기 때문에 거대 수소, 헬륨 구름에서 별이 탄생해야 한다고 주장하는 것입니다. 그래야 무신론적 우주론이 가능해집니다. 그것은 전혀 과학적이지 않습니다. 그냥 유물론으로 모든 것을 해결하려는 노력처럼 보입니다. 그런 것을 맞추기 위해 암흑물질 같은 것을 고안하고 있습니다만 암흑물질은 없는 것 같습니다.

초신성을 아십니까? 초신성 폭발은 대략 30년에 한 번꼴로 발생한다고 합니다. 그러니까 30년마다 별이 한 개씩 사라져간다는 말인데…. 그 반대로 30년마다 새로운 별이 생겨나는 것은 관측되지 않고 있다는 것입니다. 이런 말을 하면 의아해하겠지만 사실입니다. 아니, 어디서도 별이 새로 탄생하는 것이 관측된 적이 없습니다. 일부 먼 성운에서 별이 탄생 중이라고 하는데, 그것은 어디까지나 불확실한 추정일 뿐이랍니다. 확정된 증거는 없습니다.

"일반적인 믿음과는 반대로 우주 파편으로부터 단 한 개의 별이나 행성이나 은하계도 자발적으로 만들어지는 것이 관측된 적이 없다. 그와 같은 상상 속의 진화과정은 이론상으로도 불가능하다. 그렇다면 왜 우리는 퇴보하고 있는 우주가 아니라 진화하고 있는 우주에서 살고 있다는 얘기를 꾸준히 듣게 되는가? 그것은 그것이 뜻하는 의미 때문이다. 풀리고 있는 우주는 태초에 '그것을 감아 놓았던' 창조주를 요구한다. 그리고 오늘날 천문학자들은 창조론에 대하여 병적인 두려움을 가지고 있다. 별들은 어마어마한 속도로 그들의 연료를 소모하고 있고, 질량을 잃고 있으며, 모든 방향으로 에너지를 방출하고 있으며, 그런 것들은 다시는 회복되지 않는다. 신성(新星)이나 초신성(超新星)과 같은 격렬한 파괴 사건들이 관측되고 있는데, 그것은 별들이 믿을 수 없는 초고속으로 그들의 물질 파편들을 우주 속으로 뿜어내고 있음을 말한다."
 -NASA 팸플릿 p.301의 "별들에 관하여"를 보라. 1968, 멀핑거

별들이 초신성으로 폭발하지만 한쪽에서는 다시 이것이 별이 되는 증거는 없다는 것입니다. 멀핑거라는 사람은 이런 것을 좀 더 확장해서 말하고 있습니다. 별들은 에너지를 방출하고 노화되어 가는데, 그 의미는 애초에 원래 높았던 에너지의 소모(분산)일 뿐이라는 것입니다. 그것이 다시 결집되는 것은 없다고 단정합니다. 창조 시에 완벽했던 질서를 생각나게 합니다. 창조주를 추론할 수 있다는 것입니다. 그런데 과학자들은 절대로 그런 유신론적 사고를 회피한다는 겁니다. 로마서의 말씀이 떠오릅니다(롬 1:19 - 이는 하나님을 알 만한 것이 그들 속에 보임이라 하나님께서 이를 그들에게 보이셨느니라). 네, 충분히 보여주고 계십니다. 들판에 나가 하늘의 별을 본 사람은 하나님의 심판대 앞에 설 때 핑계 댈 수 없습니다.

책에서 배우고 과학잡지가 말하는 것들과는 정반대이고, 이것이 진짜 사실입니다! 교과서나 매스컴에 넘치는 것들은 그냥 진화론 믿

음에 근거한 추정입니다. 우주 속에 어마어마한 별들이 존재하는데 그것의 기원조차 알지 못합니다. 단순히 기술 부족의 문제가 아닙니다. 창조주를 인정하지 않는 별의 기원은 과학적으로 사실상 성립이 불가합니다.

아무튼 밤하늘에 보이는 은하수는 신비스럽습니다. 그들은 모두 천지를 만드신 창조주의 법칙을 따라 움직여 갑니다. 그런데 하나님은 그 많은 것들은 왜 만드셨을까요? 간단합니다. 바로 하나님의 영광을 노래하기 위해 창조하셨습니다. 창조주 하나님의 어마어마한 능력을 보여주는 것입니다. 우주의 크기와 거기에 있는 별들은 다 헤아릴 수 없습니다.

예레미야 33장 22절을 보면 "하늘의 만상은 셀 수 없으며…"라고 언급합니다. 예레미야는 주전 650년경의 인물이었습니다. 눈으로 헤아릴 수 있는 별은 대략 6천 개라고 합니다. 마음먹고 헤아린다면 셀 수 있는 숫자입니다. 하지만 그 시절에 예레미야는 셀 수 없다고 단언했습니다. 사실이 그렇습니다. 추정하는 숫자는 있지만 다 헤아리지 못합니다. 우리가 별이라고 생각하는 것도 사실은 먼 곳에 있는 은하인 경우가 허다합니다. 그것을 단지 한 개의 별로 헤아렸다면 예레미야는 하늘의 만상을 셀 수 없다고 하지 않았을 것입니다. 하지만 하나님은 그 별들의 숫자를 다 세시고 그것들의 이름을 지어 부르십니다(시 147:4). 그분의 어마어마한 능력 앞에 말을 잃게 됩니다. 동시에 우주는 유한함을 의미합니다.

> **시편 147:4-5** 그가 별들의 수효를 세시고 그것들을 다 이름대로 부르시는도다 우리 주는 위대하시며 능력이 많으시며 그의 지혜가 무궁하시도다

할렐루야! 생각할수록 엄청난 능력이십니다. 하지만 무신론자들의 생각은 다릅니다. "쓸데없이 그리 큰 우주 공간을 만들 필요가 있는가?"라고 반문합니다. 칼 세이건은 그의 저서 《코스모스》에서 지구를 창백하고 푸른 점이라고 불렀습니다. 창조주가 있었다면 필요 없이 무한할 정도로 큰 우주를 만들 이유가 있었겠느냐고 합니다. 칼 세이건의 발언은 독창적인 것이 아니었습니다. 이 질문과 비슷한 질문이 그보다 앞서서 있었으니까요. 지구 크기에 대해서도 참소하는 것 같은 의견이 제기된 적이 있었습니다. 왜 쓸데없이 지구를 크게 만들었느냐고 했지요. 그 당시 지구는 인류에게 너무나 커 보였습니다. 하지만 지금 지구가 그렇게 넓어 보이나요? 빠른 교통수단과 인터넷 같은 통신으로 지구는 좁아진 느낌입니다. 여객기를 타고 가도 지구 반대편까지 12시간이면 갈 수 있습니다. 만약 하나님께서 지구만 달랑 만들어 두셨다면 지금쯤 무신론자들은 뭐라고 했을까요? "겨우 이 정도뿐이야? 창조주가 존재한다고 해도 별볼 일 없겠네"라고 했겠지요.

태양계도 엄청나게 큽니다. 태양과 해왕성의 거리는 약 46억킬로미터입니다. 그래도 보이저 호 하나로 마치 태양계를 정복이라도 한 것처럼 떠들썩했습니다. 보이저 호는 1989년 2월에 해왕성을 지나 태양계를 벗어났습니다. 만약 하나님께서 태양계를 만드는 것으로 창조를 끝내셨다면 어땠을까요? 역시 인간들은 교만하게 창조주 하나님을 깔봤을 겁니다. 우리도 하늘이 하나님의 영광을 선포한다고 감동적으로 외치기는 좀 뭐했을 것 같습니다.

우리 은하는 크기가 10만 광년이라고 하지요? 이쪽에서 저쪽으로 빛의 속도로 날아도 10만 년이 걸립니다. 또한 우리 은하계에는 4,000억 개의 별이 있다고 합니다. 이쯤 되면 우리는 판단력을 잃고 입이 벌어지기 시작합니다. 우리의 거리 개념이나 숫자의 감각을 벗어납니다. 우주의 크기를 140만 광년이 아닌 140억 광년으로 추정합니다. 빛의 속도로 날아도 140억 년이 걸린답니다. 그 안에 있는 별의 숫자는 얼마나 될까요? 사람이 헤아릴 수 있겠습니까? 어마어마한 공간과 별들입니다. 그들은 창조주 하나님께서 만드시고 이름을 붙여 두신 것들입니다.

이제 좀 겸손해지는 느낌이 드시나요? 우주의 크기가 무의미하고 불필요하다는 저들의 말에 귀 기울일 이유가 없습니다. 그들은 뭐라해도 거부하고 지적질할 준비가 된 자들입니다. 크면 크다고, 작으면 작다고 뭐라고 할 것입니다. 하늘은 하나님의 영광을 선포하기 위해 존재합니다. 그것이 그들의 확실한 존재 이유입니다. 얼마나 합당한 말입니까?

> **시편 19:1-3(KRV)** 하늘이 하나님의 영광을 선포하고 궁창이 그 손으로 하신 일을 나타내는도다 날은 날에게 말하고 밤은 밤에게 지식을 전하니 언어가 없고 들리는 소리도 없으나

그 별들을 하나님께서 이름을 지어 부르시고 수효를 세신 것입니다. 자기의 할 역할도 분명합니다. 그러므로 전혀 무의미하지 않습니다. 창조주를 떠나서 생각하니 텅 비고 무의미하게 보일 뿐입니다. 그런 위대하신 창조주께서 우리를 생각해 주십니다. 놀랍기 그지없습니다. 와우! 시인이자 선지자였던 다윗은 격한 감동을 이렇게 노래합니다.

> **시편 8:1-4** 여호와 우리 주여 주의 이름이 온 땅에 어찌 그리 아름다운지요 주의 영광이 하늘을 덮었나이다…주의 손가락으로 만드신 주의 하늘과 주께서 베풀어 두신 달과 별들을 내가 보오니 사람이 무엇이기에

주께서 그를 생각하시며 인자가 무엇이기에 주께서 그를 돌보시나이까

아멘! 말도 안 되는 은혜에 감격할 뿐입니다. 어마어마한 능력자, 창조주께서 우리를 권고하신다고 합니다. 생각해 주시고 보살펴 주신다는 것입니다. 너무 엄청난 사실입니다. 오늘 저녁 가을이 내리는 언덕에 나가서 별들에게 물어봅시다. 너를 창조하신 분은 누구냐고 말입니다. 그들이 답을 해줄 것 같습니다.

13
선교사들이 보았던 조선 말기의 모습

"조선은 가난한 나라, 더러운 나라, 양반과 수령들이 착취하는 나라"
－1832, 귀츨라프, 네덜란드 선교사

"조선 여성들은 슬픔, 절망, 고역, 질병, 무지, 애정결핍 등에 시달리고 있어서 눈에 생기를 잃은 채 멍하다."
－〈상투 튼 사람들 사이에서 15년〉, 언더우드 박사의 부인

"상류계급은 아무런 생산 활동을 안 하고, 중인 계급은 정치적, 사회적 진출이 막혀 있어서 맡겨진 일만 하고, 하류 계급은 더 일해 봐야 늑대에게 빼앗긴다. 조선은 가렴주구의 나라, 정의가 결여된 나라, 미신의 나라다."
－《한국과 그 이웃 나라들》, 이사벨라 버드 비숍

"이런 나라는 망하지 않을 수가 없다. 망하지 않는 것이 기적이다."
－루이스 조던 밀른

조선시대 말기 한국의 모습입니다. 미신에 절어 있고, 유교적 세계관 아래서 신음하는 모습입니다. 특히 여자들의 모습이 너무 비참합니다. 사랑받지 못하고 아무런 희망도 없고, 그저 살아 있으므로

살아 있는 좀비 같은 모습입니다. 이것은 사실은 생지옥입니다. 유교적 세계관과 우상숭배의 비참한 결과는 결국 '나라가 망하는 것'이었습니다. 지금도 끼리끼리 패거리 문화, 계급 문화, 남성 중심 문화 같은 것들이 남아서 한국을 어렵게 합니다. 올바른 기독교 세계관으로 돌아오는 것이 대한민국이 번영하는 길이 될 것이라 생각합니다. 그 기초에는 창조가 있습니다. 이런 생각은 단지 저의 개인적인 판단만은 아닌 것 같습니다. 다음의 발언을 읽어보십시오. 기독교인도 아닌 중국 사회과학자의 발언입니다.

> "초월성에 대한 기독교적 이해가 근대 서양 사회의 정치 발전에 결정적인 역할을 했다. 초월성을 받아들여야만 자유, 인권, 관용, 평등, 정의, 민주주의, 법치 등의 진정한 개념을 이해할 수 있다."
>
> ─저우 신핑, 중국 사회 과학 아카데미

예레미야 29:11 여호와의 말씀이니라 너희를 향한 나의 생각을 내가 아나니 평안이요 재앙이 아니니라 너희에게 미래와 희망을 주는 것이니라

올바른 가치로부터 시작된 정치가 있어야 국민이 살맛 나는 나라가 됩니다. 잘못된 가치로부터 나온 정치가 행해지면 국민이 괴롭게 됩니다. 다시 말해서 국가가 창조주 하나님을 잘 믿으면 복을 받을 수밖에 없습니다. 창조주 여호와 하나님을 자기의 하나님으로 삼는 백성은 복이 있습니다. 당연한 것 아닙니까?

14
유신 진화론은 과학적이지도 않고, 신앙적이지도 않다

유신 진화론을 아십니까?

유신 진화론이란 간단히 말해서 진화의 과정을 하나님께서 주관하셨다고 믿는 주장입니다. 신앙과 과학을 적당히 절충한 것인데, 그래서 유신 진화론이 겉보기로는 상식을 갖춘 건전한 신앙으로 보입니다. 과학도 인정하고 성경도 인정하니까요. 이 이론이 건전해 보이는 이유는 상식이라고 인정된 진화 같은 것을 받아들였고, 그러면서도 성경 말씀과 조화를 이룬 것처럼 보이기 때문입니다.

그런데 사실은 정반대입니다. 과학적이지도 않고, 신앙적이지도 않다는 말입니다. 왜냐하면 일단 첫 번째로 유신론이나 무신론이 과학으로 증명된 바 없고 가능하지도 않기 때문입니다. 그런 점에서 '유신'이라는 단어에 과학적이라 평가를 할 수는 없습니다.

두 번째로는 진화의 과정에서 하나님이 개입했다고 믿는 믿음은 포퍼의 말을 빌려 보면 정확하게 "반증 불가능"에 속합니다. 그것을 뒤집을 수 있는 실험이 불가능하고, 증거가 존재할 수도 없다는 뜻입니다. 다시 말해서 그저 개인적 신념에 속할 뿐이란 것입니다. 개인의 신념을 과학적으로 증명하거나 반대할 수 없습니다. 포퍼는 이런 것을 사이비 과학이라고 했습니다. 그래서 일단은 과학적이지 않다고 말할 수 있는 것입니다.

그다음에 신앙적이지 않은 이유가 있는데, 그것은 성경 어디에서도 진화를 의미하거나 진화를 긍정하고 있지 않다는 점입니다. 인간과 세계는 하나님의 말씀으로 창조되었고, 성경은 그것을 6일간 하나님께서 하셨다고 말합니다. 창세기에서는 굳이 '시대' 또는 '기간'을 의미하는 단어를 쓰지 않았습니다. 그저 1일(日)을 의미하는 YOM을 사용했습니다. 그것을 그 시대 사람들의 인지 능력이 부족하기 때문이라고 유신 진화론자들은 믿고 싶어 하는 것 같습니다. 그때는 미개했으니까, 혹은 현대인보다 과학적으로 사고할 수 없었으니까, 성경의 저자가 그 당시 사람들이 쉽게 받아들이도록 배려한 것으로 생각하는 것입니다. 그래서 문학적 표현이나 뭐 그런 식으로 얼버무리고 싶어 하는 것 같습니다.

하지만 그 시대 사람들도 하루가 아니라 어떤 기간, 혹은 오래된 연대쯤은 인식할 지능이 충분히 있었다고 볼 수 있습니다. 창세기를 읽을 정도의 사람들이 그깟 1일과 오래된 기간을 구분하지 못하지는 않았을 것입니다. 그런데도 억지로 이것을 오래된 기간으로 해석하려고 하는 이유는 과학 때문입니다. 우주 나이 145억 년을 굳게 믿으니 성경에서 천지창조 7일이 틀리다고 생각하는 것입니다. 즉, 과학으로 성경을 재단하고 있는 것입니다.

성경의 본문을 해석하려면 그 시대적, 역사적 배경을 아는 일이 중요합니다. 심지어 그 기록된 언어에 대한 특성도 잘 알아야 합니다. 그래야 성경이 말하고자 하는 원뜻에 올바른 접근이 가능합니다. 그뿐만이 아닙니다. 거기에 성령의 조명하심이 반드시 필요합니다. 억지로 성경을 끼워 맞추려 하는 것도 큰 문제입니다.

창세기를 해석할 때 그 시대적 배경을 따져봐도 그렇고, 다른 성경 본문과 비교해서 따져봐도 하나님은 분명히 6일 동안의 창조를 밝히고 있습니다. 이것을 인정할 수 없다면 근거가 분명해야 하지만 그런 것 같지 않습니다. 유신 진화론은 그런 면에서 신앙적이지 못하다고 할 수 있습니다. 그리고 성경은 죽음이 죄로 인한 결과라고 분명히 말합니다.

> **로마서 6:23** 죄의 삯은 사망이요 하나님의 은사는 그리스도 예수 우리 주 안에 있는 영생이니라

하지만 유신 진화론에서는 죽음이 처음부터 있었다고 인정합니다. 단세포가 죽고 죽어 일백 번 고쳐 죽다가 다세포가 되고, 또 다세포가 죽고 죽어 일백 번 고쳐 죽다가 돌연변이가 축적되어 인간이 되기에 이르렀다고 합니다. 호모 사피엔스가 되기까지도 숱한 죽음이 있었다고 인정해야 하는데, 그러면 성경을 부인하는 것이 되는 것입니다. 하지만 성경은 죽음이 원래 있었던 것이 아니라 죄로 말미암아 들어왔다고 했습니다.

> **로마서 5:12** 그러므로 한 사람으로 말미암아 죄가 세상에 들어오고 죄로 말미암아 사망이 들어왔나니 이와 같이 모든 사람이 죄를 지었으므로 사망이 모든 사람에게 이르렀느니라

진화론에서는 죽음이 자연에 원래 있었다고 합니다. 죽음에 대한 이런 견해 차이는 확실하게 신앙과 불신앙을 가르게 됩니다. 죽음이 그저 자연현상일 뿐이라고 하면 예수님께서 너와 나, 그리고 인류의 죄를 대속하는 죽음을 당하셔야 할 이유도 애초에 없는 것입니다. 성경은 아담의 범죄가 사망의 원인이라고 했습니다.

애초부터 죽음이 있었다는 유신 진화론 만화를 본 적이 있습니다. '에덴동산에서도 초식동물들은 풀을 뜯어 먹었고, 과일과 씨앗을 씹어 먹었을 것이다. 그 안에 뿌리를 먹는 동물들도 있었으니 뿌

리를 뽑아 먹으면 식물의 생명이 죽는 것이다. 그러니 죽음이 있었다'는 증거라고 하였습니다. 등장인물들 턱에 각이 져서 별로 호감이 가지 않았던 만화로 기억합니다. 게다가 창조론자인 오빠가 여동생의 따귀까지 때리구요. 한때는 창조론자였다가 유신 진화론자로 회심(?)한 자가 아주 여유롭고 자상하게 창조과학의 문제를 지적합니다. 이상하게 창조론자는 혐오를 주는 캐릭터이고, 유신 진화론자는 그 반대입니다. 뭐, 그 만화의 목적대로 그렇게 구성한 것이니 당연한 것이겠죠.

그 만화에서 초식동물에 의해 뿌리가 뽑히거나 먹힌 식물은 죽은 것이라고 합니다. 정말로 그것은 죽은 것일까요? 아닙니다. 이런 식의 판단은 성경에 의거한 사고가 아닙니다. 전혀 성경적이지 않다는 말입니다. 자기 경험적으로, 인간적으로 삶과 죽음을 규정하는 것입니다. 성경이 말하는 죽음과는 차이가 있습니다. 애초에 식물은 먹을거리로서의 사명을 갖고 생겨난 존재입니다. 뿌리까지 먹혀도 애석할 이유는 없습니다. 성경에서 말하는 생명과 죽음은 무엇일까요?

> **레위기 17:11(현대인의성경)** 모든 생물체의 생명은 피에 있다. 그래서 내가 피를 너희에게 주어 이것을 단에 뿌림으로써 너희 생명을 속하게 하였다. 이와 같이 생명이 피에 있기 때문에 이 피가 죄를 속하는 것이다.

피와 생명을 분리하지 않고 있습니다. 돌려서 생각하면 피가 있는 생물체는 생명이 있고, 피가 없는 식물 같은 개체에는 생명이 없다고 볼 수 있습니다. 조금 이상해 보이지만 그것이 성경이 말하는 생명에 대한 분류입니다. 우리가 직관적으로 느끼는 생명과는 차이가 있습니다. 식물에는 피가 없습니다. 물론 수액은 있지만 그것을 피라고 하지 않습니다. 피가 없는 생물이 살고 죽는 것은 성경에서 말하는 죽음과는 거리가 있다는 말입니다. 곤충이나 벌레도 마찬가지입니다. 왜 그렇게 분류하셨는지 저로서는 알 수 없습니다. 하지만 분명히 성경이 그렇게 분류하고 있습니다. 그래서 에덴동산에서 풀을 뜯어 먹었으니 풀이 죽은 것이라고 생각하는 것은 성경적이지 않습니다. 자기가 느끼는 직관적 판단이 기초가 되어 성경을 뒤집고 있는 것입니다. 그러니 에덴동산에도 죽음이 있었다고 하는 주장은 전혀 비성경적입니다.

안타깝게도 이렇게 성경적이지 않은 생각들이 많이 스며들어서 신앙을 혼란케 하는 경우가 많은 것 같습니다. 이단들도 이런 것을 엄청 이용해먹고 있습니다. 현대인들의 생각을 적당히 혼합시켜서 성경을 해석하는 그 유치함에 의외로 잘 넘어가는 것 같습니다. 나름대로 그럴싸하기 때문입니다. 그럴싸한 것에 넘어가지 맙시다.

유신 진화론자들이 에덴에도 죽음이 있었다고 내세우는 또 다른 이유가 있습니다. 그 주장의 근거로 내세우는 추론은, 바로 하나님이 선악과를 먹으면 반드시 죽을 것이라고 했다는 말 속에 있다는 것입니다.

> **창세기 2:17(KRV)** 선악을 알게 하는 나무의 실과는 먹지 말라 네가 먹는 날에는 정녕 죽으리라 하시니라

죽음이 무엇인지 몰랐다면 죽음을 형벌로 내세우지 않았을 것이라는 말입니다. 그럴싸합니다. 죽음을 이미 알고 있었고 두려워했기 때문에 형벌로서 내세웠다는 것입니다. 그리고 죽음을 알고 있었다는 것은 이미 죽음에 대한 참혹한 경험이 있었기 때문이라고 주장합니다. 다른 동물들의 죽음을 보면서 그걸 알았을 것이고, 그것은 에덴에도 동물들의 죽음이 있음을 뜻한다는 것입니다.

어떻습니까? 그럴싸하지 않은가요? 그런데 이들의 사고의 근저를 가만히 생각해 보면 뭔가 잘못된 것을 알게 됩니다. 일단 이들은 경험주의에 절대적 믿음을 두고 사고를 전개하고 있다는 것입니다. 즉, 지식은 절대적으로 경험에서 나온다고 생각한다는 것입니다. 죽음에 대한 경험에서 죽음에 대한 지식이 나온다고 생각합니다. 이것이 과학적이거나 틀림없는 논증이라 주장하는 것입니다. 자기들의 세계관으로 성경을 해부하는 자세가 바로 이런 것입니다. 자기 경험이 성경보다 앞서 있습니다.

병아리들은 누가 가르쳐 주거나 경험해 보지 않았음에도 죽음의 위협을 감지합니다. 병아리들은 맹금류의 모형에 반응합니다. 실험 결과 비둘기 같은 새들의 모형에는 아무 반응이 없지만 매 같은 종류의 모형에는 즉각 반응을 하여 숨을 곳을 찾는다고 합니다. 이들은 맹금류에 대한 경험이 없습니다. 당연히 죽음에 대한 경험도 없습니다. 하지만 죽음의 경험 없이 죽음의 두려움을 알고 있는 셈입니다. 과학에서 경험주의는 완전한 지식을 찾는 유일한 통로가 못 된다고 이미 규명되었습니다. 벌들은 누구에게 배워서, 혹은 경험에 의해서 튼튼하고 멋진 육각형의 집을 짓는 게 아닙니다. 뻐꾸기의 탁란 또한 경험으로 되는 일도 아닙니다. 그들의 선조가 경험으로 우연히 알게 되어 그것이 유전자에 새겨지는 것도 불가능합니다. 경험은 DNA에 새겨지지 않습니다. 경험 이전의 무엇이 있고 지식이 있을 수 있다는 말입니다. 즉, 선험적일 수 있다는 것입니다.

노암 촘스키는 '보편 문법'(Universal Grammar)을 주장했는데, 그는 인간의 모국어가 교육에 의해서가 아니라 이미 우리 두뇌에 장착된 언어 모듈 덕분에 가능하다고 봅니다. 즉, 이것도 경험이나 노력에 의한 것이 아니라 애초부터 주어진 것이라는 뜻입니다.

유신 진화론자들이 성경을 거부하기 위해 경험을 앞세웠지만 그것은 과학에 의해 인정되지 않습니다. 생존에 꼭 필요한 지식은 태어나면서부터 주어지는 경우가 얼마든지 있다는 말입니다. 아담의 경우도 그러합니다. 그는 여자를 보자마자 "내 뼈 중의 뼈요 살 중의 살"이라고 했습니다. 태어난 지 얼마 되지 않은 그가 뭘 알았겠습니까? 경험 없이도 그는 이성을 알고 있었습니다. 아담과 하와가 죽음의 공포를 알고 있었지만, 그것은 에덴에 죽음이 있었기 때문이 아니라 이미 주어진 것일 가능성이 얼마든지 있다는 말입니다.

앞서 유신 진화론자들이 에덴에 죽음이 있었다는 논증을 하기 위해 선택한 성경구절이 있었습니다. "선악과를 먹으면 정녕 죽으리라"는 말씀(창 2:17)입니다. 그들은 이 구절을 철저하게 인용합니다. 그런데 엉뚱하게도 선악을 알게 하는 나무나 생명을 알게 하는 나무가 진짜로 있었다는 것은 전혀 인정하지 않습니다. 왜냐하면 현실에서 그런 나무를 본 적이 없기 때문입니다. 상식을 벗어난 것 같고(자기 경험 범위를 넘어서니까), 그래서 이런 것을 믿으면 안 된다고 합니다. 이런 것을 믿는 것을 '컬트'라고까지 비하합니다. 성경을 진실로 믿는 것을 컬트로 전락시킵니다. 좀 무섭습니다.

무식하게 문자주의로 나서는 것은 경계해야 합니다. 성경은 원본이 없습니다. 그리고 성경이 기록된 시대는 지금과 다르고, 또한 성경은 그 중심 주제로부터, 문맥으로부터 해석이 되어야 하는 것은 인정합니다. 그 언어적인 차이에도 유의해야 합니다. 자칫하면 번역 과정의 미묘한 차이와 거기에서 더해진 우리의 개념적 차이로 인해 엉뚱한 것을 믿을 수 있습니다. 그렇다고 해서 성경을 자신의 경험적 잣대로 재어서 그것을 벗어나는 것은 '없음'이라고 단정하는 것은 더 큰 무리가 됩니다. 그들에게 신비는 무지와 동등하거나 나중에 첨가되거나 하는 수준의 우화일 뿐입니다. 그러면서 어떤 구절은 자기 논증을 위해 삶아 먹고 볶아 먹고 지져 먹으면서 어떤 구절은 미련 없이 버립니다. 이것이 더 위험하고 새로운 컬트를 만드는 자세 아닐까요?

유신 진화론을 받아들이는 신앙인들이 제법 많은 것 같습니다. 평신도는 말할 것도 없이 목회자들이 많아져서 걱정입니다. 하지만 그런 분들의 신앙의 분투는 인정해 주고 싶습니다. 그들이 보기에 성경과 과학이 맞지 않는 것 같았을 것이고, 날마다 책과 매스미디어에서 흘러넘치는 과학의 기사들은 성경이 말하는 것과 다르게 보였을 것입니다. 과학은 이미 태양계 너머로 위성을 쏘아 보내고 있지 않습니까. 과학의 말은 곧 객관적 팩트로 인정되는 세상이 되었습니다. 그런 환경에서 성경을 액면 그대로 받아들이기 어려운 것은 인정합니다. 그래서 과학과 신앙의 조화를 이루어보려고 애를 쓰다가 유신 진화론을 받아들이게 되는 것이 아닐까 합니다.

그러나 결과는 안타깝게도 과학도 신앙도 아닌 것이 되어버렸습니다. 혼란을 피해 보려고 타협하다가 더 깊은 혼란에 빠지는 꼴이 된 것입니다. 한 발자국의 타협이 주는 결과는 엄청납니다. 타협의 거센 바람이 교회 안에 불고 있습니다. 부디 우리 생각의 기준과 출발을 내 판단, 내 상식, 내 지식과 경험이 아니라 성경에서부터 하게 되기를 바랍니다.

15

《노아 홍수 콘서트》

이재만 선교사님께서 쓰신 이 책! 정말 대단합니다. 크리스천이나 비크리스천 모두에게 추천할 만한 책입니다. 노아 홍수의 사실성을 지질학적 측면에서 고찰하고 있습니다. 저자는 지질학과 구약학을 전공하신 분이라고 합니다. 이분의 동영상도 봤는데 최고입니다. 성경에서 고개를 갸웃하던 부분들이 그대로 풀립니다. 그중에서 빙하기에 대한 설명이 압권입니다.

지구과학에서 빙하기는 아주 오래전이라고 추정합니다. 하지만 성경적으로는 노아 홍수 후 곧바로 빙하기가 찾아온 것으로 추정됩니다. 빙하기에는 무엇보다도 많은 눈을 필요로 합니다. 눈이 많이 오려면 바다에서 많은 증발이 일어나야 하는데 그러려면 날씨가 추운 것만으로는 불가능합니다. 바닷물이 따뜻해야 합니다. 그래야 증발이 많이 일어나고, 그래서 극지방이나 위도 높은 지방에서 눈이 많이 와서 빙하를 형성하게 되는 것입니다. 그냥 지구 온도만 떨어지면 지구 전체의 물이 얼어붙어서 증발이 줄어들게 됩니다. 당연히 눈이 줄어들고, 그러면 빙하도 생기지 않게 됩니다. 그냥 춥기만 한 거죠.

그런데 노아 홍수 때에 바닷속에 엄청난 지각 활동이 일어납니다. 깊음의 샘들이 터지고 대륙이 갈라져서 멀리 떨어지게 됩니다. 대륙이 이동하게 된 것입니다. 태평양 한가운데는 아직도 뜨거운 용암과 물이 마주 닿는 부분이 있는 것 같습니다. 노아 홍수 초기에는 더 심했을 테고, 게다가 궁창 위에 물층이 쏟아져 내려서 지구의 덮개가 사라집니다. 온실처럼 지구 전체에 온도차가 별로 없었을 초기 지구는 달라졌습니다. 극지방은 차갑고, 적도는 뜨거워졌습니다. 이 과정에서 화산 폭발들로 인해 화산재 같은 것들이 햇볕을 반사합니다. 그래서 지구는 추워집니다. 대신 바닷물은 지각 활동으로 인해 온도가 올라갑니다. 그래서 바다에서 올라온 수증기는 상위 위도 지방에서 많은 눈이 되어 쏟아지게 됩니다. 빙하기가 시작된 것입니다. 딱 들어맞는 모델입니다. 빙하기이면 온 지구가 꽁꽁 얼었다고 생각하기 쉬운데 그렇지 않습니다. 여전히 따뜻한 곳이 존재합니다.

아브라함과 롯이 헤어질 때 기록을 보면서도 아무 생각이 없었습니다. 멸망당하기 전의 소돔과 고모라가 여호와의 동산 같았다고 하지요. '글쎄, 정말 그랬을까?' 왠지 옛날이야기 같았습니다. '어쩌면 그랬을지도 모르지. 별로 중요하지 않아.' 이 정도쯤으로 생각했습니다. 이 정도 생각조차도 안 해본 사람이 더 많을 것 같습니다. 신앙에 별로 중요한 사항은 아닐 테니까요. 그런데 빙하기를 생각해 보면 이게 말이 됩니다.

> **창세기 13:10** 이에 롯이 눈을 들어 요단 지역을 바라본즉 소알까지 온 땅에 물이 넉넉하니 여호와께서 소돔과 고모라를 멸하시기 전이었으므로 여호와의 동산 같고 애굽 땅과 같았더라

지금은 소금 덩어리들이 보이고 사람이 들어가도 둥둥 뜬다는 사해 바다와 그 주변은 황량합니다. 그런데 아브라함의 때는 얼마나 환경이 좋았는지 여호와의 동산 같았다고 합니다. 물이 풍부하고 초목이 무성했다는 말일 것입니다. 이재만 선교사님의 빙하기 설명을

들어보니 그 기록이 얼마나 정확한지 느낌이 팍 왔습니다. 노아 홍수 후 빙하지대는 지금보다 훨씬 적도 쪽에 가까웠고, 그래서 온화한 기후 지역도 지금보다 더 아래쪽 위도에 있었을 거라는 것입니다. 어떻습니까? 앞뒤가 맞지요? 이렇게 앞뒤가 맞으면 저는 신이 납니다. 성경을 입체적으로 이해한 것 같기 때문입니다. 뭐랄까, 성경을 창고에서 끄집어낸 느낌 같다고나 할까요.

어떤 목사님 설교 중에 요단 강을 시내 수준이라고 생각하는 경우를 들어본 적이 있습니다. 그것은 지금 성지순례를 가서 본 요단 강의 크기가 아닐까 하는 생각을 해봅니다. 이스라엘 자손이 요단 강을 건너던 때는 지금과 기후가 많이 달랐을 것입니다. 지금보다 훨씬 수량이 풍부해서 사람이 건너기 힘든 강이었을 것이라는 추정을 해봅니다. 그러니 언약궤를 메고 제사장들이 걸어 들어갔고, 물이 갈라진 것입니다. 발 벗고 들어가서 건널 정도의 시내였다면 뭐 대단한 기적이라고 기록을 했겠습니까? 겨우 그런 시내 수준의 강을 건넜다고 가나안 족속의 마음이 녹아내릴 지경으로 두려워했을까요? 그럴 리 없습니다. 당시 가나안은 젖과 꿀이 흐른다는 표현이 사용될 정도로 풍요롭고 물이 넉넉했습니다.

지금의 중동지방에는 눈이나 서리, 얼음 같은 것을 직접 경험하기 힘듭니다. 그런데 욥기에는 그런 말들이 자연스럽게 나옵니다. 욥기 37장 10절을 보면 욥의 친구들이 "하느님의 입김에 서릿발이 서고 넓은 바다마저 얼어붙는다오"(공동번역)라고 말합니다. 지금은 겨울에 얼어붙는 바다는 상당히 고위도 지방에 있습니다. 라디오나 TV가 없던 그 시절에 이들은 어떻게 이런 사실을 자세히 알았을까요? 지금의 중동지방에서는 눈, 서리, 얼어붙는 바다 같은 경험을 할 수 없습니다. 그러나 노아 홍수 후 빙하기를 추정해 보면 이런 말들의 앞뒤가 맞게 됩니다.

  중동지방 북쪽의 흑해에도 겨울에는 얼지 않는 부동항이 있습니다. 그러니 겨울에 얼어붙는 광경을 경험하고자 했다면 흑해보다 더 고위도 지방을 다녀왔어야 합니다. 당시에 그 먼 거리를 여행한다는 것은 거의 죽음을 건 모험이었습니다. 욥의 친구들이 그랬어야 할 이유는 찾기 어렵습니다. 그러니 그런 여행보다는, 그 시절에는 중동지방에 눈과 비가 뚜렷했다고 추정해 보는 게 더 나을 듯합니다.

  성경은 믿음의 조상들이 어떤 여정을 거쳐서 살아왔는지, 하나님과 어떤 관계를 맺으며 살아왔는지를 잘 보여줍니다. 그 안에 벌어진 사건들은 착하게 살자는 교훈을 주기 위한 우화나 옛날이야기, 신화가 아닙니다. 죄에 대한 심판과 믿음의 축복과 하나님의 인도하심을 기록한 사실의 책입니다. 오래되어서 자꾸만 옛날이야기 쪽으로 생각이 흘러가지만, 이런 동영상이나 책을 읽으면 생각이 바로잡히는 효과가 있을 것입니다. 따라서 《노아 홍수 콘서트》를 추천합니다.

16

고인돌이 말하는 것

    어렸을 때 원시인 만화를 좋아했습니다. 화산이 터지고 공룡이 뛰어다니는데 가죽옷을 대충 걸친 원시인들이 도깨비방망이 같은 것을 쥐고 살아갑니다. 가끔씩 고인돌이 보이기도 합니다. "고인돌"이라는 만화도 있었습니다.

    그런데 고인돌은 지구상 거의 전체에 분포되어 있습니다. 우리나라 남쪽에 유독 많이 있지만(40퍼센트) 전 세계에 다 분포되어 있다고 보면 맞습니다. 특히 전라도 쪽에 많이 있습니다. 원시시대에 교통수단도 마땅치 않았을 텐데 이게 어떻게 가능했을까요? 서로가 보고 배울 수도 없었는데 왜 그런 것을 만들었을까요? 한두 사람이 간단하게 할 수 있는 일도 아니었습니다. 수십 톤의 무게가 나가는 돌을 움직여야 했으니까요. 힘이 들었을 것은 분명하고, 같은 부락과 심지어 이웃 동네에서조차 함께 힘을 합쳐야 했을 겁니다. 대체 어떤 필요가 있었기에 그렇게 무거운 돌을, 여러 사람이 힘을 모아 움직여서 만들었을까요? 원시시대라고 하는 그때에(저는 인정하지 않는 시대지만) 사람들에게는 어떤 공통의 기억과 필요가 있었다고 봐도 될 것입니다. 그 공통의 기억과 필요가 무엇인지 궁금합니다.

    학자들은 이 고인돌은 종교적 의례를 위한 것이라고 추정합니다. 만약 그렇다고 하면 원시시대의 사람들은 공통의 신을 섬겼을 가능성이 있습니다. 아일랜드에서도, 우리나라 남쪽에서도 같은 신을 섬겼다는 추론도 가능합니다. 다른 추론이 가능할까요? 그냥 우연히 그런 만만치 않은 유적들을 남기게 되었을까요? 중국에서 만든 한자의 '보일 시(示)'와도 어떤 연관이 있어 보입니다. 뭔가가 서로 닿아 있는 느낌입니다.

고인돌 유적만 갖고 추론을 해보면, 그 당시 인류는 한 부모에게서 퍼져나가면서 모두가 같은 종교를 갖고 있었다고 봐도 무방할 것 같습니다. 종교 형식도 비슷했을 것이구요. 내용과 형식이 같은 것으로 추정이 됩니다. 수십 톤의 돌을 옮기면서 그들은 똑같은 무엇을 생각하고 의도했던 것이지요. 같은 신, 같은 종교의례. 물론 이것은 저의 추론일 뿐입니다. 너무 심각하게 받아들이지는 마시길 바랍니다.

이런 해석은 진화론적 사고와는 반대가 됩니다. 그러나 진화론적 해석으로는 마땅한 설명이 나오지 않을 것 같습니다. 비행기로 가도 12시간 이상 떨어진 곳에 신기하게도 똑같은 유적들이 있다는 것을 어떻게 설명할 수 있을까요?

진화론에서는 처음에 다신교를 전제합니다. 세계 각지에서 각자의 신을 만들고 섬기다가(다신교로 시작) 이게 점차 통일되면서 유일신이 되었나, 그리고 인간의 지능이 발달하자 무신론이 되었다고 주장합니다. 그러면 고인돌은 어떻게 봐야 하나요? 고인돌은 진화론적 해석과 정반대의 현상을 추정하게 합니다. 유일하고 동일한 신을 섬기다가 변질되면서 다신교나 샤머니즘 같은 것으로 부패했다고 볼 수 있다는 말입니다. 그리고 최종적으로는 무신론으로까지 나아간 것으로 보입니다. 이것은 성경의 기록과 같은 맥락입니다. 어떤 것이 맞을까요?

17
과학에 등장하는 아담과 이브

아담과 이브는 성경에 등장하지만 진화론에도 등장합니다. 이른바 '미토콘드리아 이브'입니다. 생명과학에 관심이 있는 분들이라면 한 번쯤 들어본 적이 있을 것입니다. 미토콘드리아 이브에 대한 정의를 검색해 봤습니다. 그랬더니 "미토콘드리아 이브(Mitochondrial Eve)는 인류유전학에서 미토콘드리아 DNA의 변이를 거슬러 올라갈 때 상정할 수 있는 현생 인류의 미토콘드리아 DNA에 의한 가장 최근의 모계 공통 조상(mitochondrial DNA most recent common ancestor, mt-MRCA)이다. 미토콘드리아 DNA는 난자에서 유래하여 할머니에서 어머니로, 다시 그 딸로 모계 유전하기 때문"이라고 어렵게 설명되어 있었습니다.

우리 세포에는 신진대사를 위한 기관들이 숨어 있습니다. 미토콘드리아는 세포 안에 있는 기관 중 하나입니다. 세포 호흡에 관여합니다. 그런데 이것은 정자와 상관없이 난자로만 유전이 됩니다. 세포 안의 미토콘드리아 DNA는 엄마로부터 물려받습니다. 그러다 보면 엄마에서 딸로 계속 이어지게 됩니다. 그러면서 변이가 축적되는데 그것을 거꾸로 거슬러 올라가다 보면 최초의 여성이 나옵니다.

남자는 어떨까요? 남자에게는 'Y염색체의 아담'이 있습니다. 남자에게만 있는 Y염색체의 변이를 역으로 추적해서 현생 인류의 Y염색체에 의한 가장 최근의 부계 공통 조상(아담)을 찾은 것입니다. 처음에 이것이 연구될 때는 이브와 아담의 생존 시기가 꽤 차이가 나는 것으로 알려져 있었습니다. 그렇다고 해도 진화론자에게는 그다지 희소식이 되지는 못했습니다(15~30만 년 사이에 생존). 비록 한 사람의 조상이라는 점은 창세기와 비슷한 느낌이 있지만, 그래도 창세기와도 거리가 있어 보였습니다. 그런데 같은 시기에 유전학적 아담과 이브가 살았다는 새로운 연구가 발표되었습니다[Nature(2013. 8. 6)]. 물론 발표자는 서둘러서 창조론적 해석을 미연에 방지하고자 이러저러한 추측을 첨가했다고 합니다. 그랬거나 말거나 진화론자들이 반길 만한 소식은 아니었고, 창세기에는 한 걸음 더 다가간 셈이었습니다.

묘하게도 과학은 자꾸만 창세기를 가리킨다는 생각이 듭니다. 빅뱅이 창세기가 말한 우주와 시간의 시작에 동의하고 있는 것처럼 말입니다. 그래서 아인슈타인은 극구 이것을 피해 보려고 애를 썼습니다. 그는 영원히 그대로인 상태의 우주를 믿었는데, 상대성 이론으로 보면 우주는 시작이 있는 것으로 나왔다고 합니다. 그래서 우주 상수를 넣었다고 합니다.

유전자의 아담과 이브가 또 창세기에 동조하는 듯합니다. 인류는 두 명의 남녀에서 시작된 것 같다는 것입니다. 어떻습니까? 과학이 자꾸만 창세기에 다가가는 것처럼 보이지 않습니까? 아인슈타인이 창조론과 달라 보이기 위해 우주 상수를 넣었지만 그는 나중에 그것이 큰 실수였다고 자인했습니다. 결국 우주의 공간과 시간은 시작이 있었던 거죠. 그랬던 것처럼 아마 시간이 갈수록 성경이 보여준 것과 같은 것들이 과학적으로 드러날 것이라 생각합니다.

창조/진화

제2장

진화론은 가설이다

01
시작이 안 되는 가설

    진화론에 대해서는 중학교 때 생물 시간에 배웠습니다. 물론 그 이전에도 〈소년○○〉 같은 잡지를 통해서 알게 된 것도 있습니다. 지구는 당연히 수십억 년 되었고, 멸종된 공룡은 현재 생물들의 조상이라는 등등의 내용입니다. 창조론이라는 것도 중학교 생물 시간에 알게 되었습니다. 생물 교과서에 두세 줄 소개가 되어 있었는데, 그때 생물 선생님이 창조론을 설명하면서 비웃던 모습이 기억납니다.
    "뭐, 그렇다고 한다."
    우리도 따라서 웃었습니다. 과학을 종교적으로 풀어본다는 게 어리석어 보였습니다. 과학은 과학이고 종교는 종교지, 왜 종교가 자신의 신앙에 관한 이야기를 과학에 들이미나 싶었습니다. 모태신앙이고 초등학교 때부터 주일학교를 다녔고 학생부에 다니고 있었지만 한 번도 창조에 대해서 제대로 들은 적이 없었습니다. 그냥 하나님의 창조만 이야기했습니다. 노아 방주는 옛날이야기처럼 들려서 재미있었습니다. 기린이며 사자, 호랑이, 토끼 등등의 짐승들이 방주에 올라가는 알록달록한 그림을 기억합니다. 하지만 그게 진짜 사실이라고 생각한 적은 없습니다.
    진화론은 어땠을까요? 당연히 사실이라고 생각했습니다. 당시 학교는 지금보다 더 권위 속에 있었습니다. 선생님이 가르치는 것은 진리였습니다. 그런 시절에 생물 시간에 진화론을 배웠습니다. 교과서에서도 나오고 매스컴에서도 진화론을 이야기하니까 진화론은 과학이라고 생각할 수밖에 없었습니다.

그런데 속을 들여다보니 그렇지 않은 것이 분명해졌습니다. 창조과학을 알기 시작한 초기에는 창조가 긴가민가했습니다. 제가 알고 있던 과학의 내용과는 이빨이 맞지 않아 보였기 때문입니다. 하지만 하나둘 팩트를 알아갈수록 진화론은 과학이 아니고, 증거 부족과 논리적 결함에 빠진 가설이라는 것을 알게 되었습니다. 심하게 말하면, 그것은 유물론에 기반해서 이끌어낸 추론에 불과하다는 것입니다. 증거에 의하지 않고, 그 추론의 틀(진화)에 들어맞는 것만을 골라서 증거라 주장하는 건강하지 못한 가설입니다.

진화론은 모든 것의 기원을 자연 그 자체로 설명하려는 시도로 보면 됩니다. 이런 것을 유물론이라 합니다. 그들은 생명이 무기물로부터 시작되었다고 주장합니다. 교과서에서는 스탠리 밀러의 실험을 보여주면서 그것이 마치 무기물에서 유기물이 발생한 것처럼 가르쳐 왔습니다. 자연상태에서는 초기 지구의 대기에 번개가 치고 그로 인해 생겨난 유기물이 모이고, 그렇게 모여서 스프처럼 된 상태에서 RNA가 생기기도 하고, 세포도 태어나게 되었다는 것이지요. 유기물 스프 존재가 의심스럽지만 그다음 단계도 실험으로 증명된 것은 없습니다. 그럼에도 불구하고 밀러의 방전 실험은 강력한 실험적 증거로 소개되었습니다. 이 실험으로 인해 노벨상까지 받았습니다. 하지만 이것은 자연상태의 재현이라고 할 수 없습니다. 유기물을 생성하기 위해 인위적으로 조작된 실험이라고 하는 게 맞습니다. 그런 식으로 조작하면 만들어내지 못할 물질은 없습니다.

스탠리 밀러의 실험은 전혀 자연과 다릅니다. 자연의 번개 전압은 15만 볼트입니다. 밀러는 6만 볼트를 썼습니다. 번개의 온도는 섭씨

3만 도입니다. 밀러는 200도 미만입니다. 그리고 밀러 실험에서는 자외선이 발생하지만 번개는 X선과 감마선입니다. 다시 말하지만 밀러는 유기물을 생성시키기 위해 인공적으로 조절한 것입니다. 최근의 연구에 의하면, 지구는 초기부터 산소가 있었다고 합니다. 산소가 포함된 대기에 방전 실험을 하면 유기물은 불에 타버릴 것입니다.

그뿐만이 아닙니다. 밀러가 만들어낸 유기물이라고 하는 화합물은 L형과 D형이 혼합되어 있습니다. 똑같은 아미노산이라도 분자구조가 오른쪽과 왼쪽으로 되어 있어서 거울을 보는 것 같은 상태의 짝꿍이 태어납니다. 전기가 음극과 양극이 생기듯 하는 모양입니다. 그런데 생명은 한쪽 것만으로 구성됩니다. 만약 두 가지가 섞이면 생명은 탄생하지 못하게 됩니다. 유기물 스프가 생겼다고 해도 이런 것들이 조합될 때 운 좋게 한쪽만 선택해서 연결되어야 합니다. 그래도 이 실험은 아주 강력한 진화론의 시발점을 증명하는 것처럼 알려져 있었습니다.

그러나 이제 과학적으로 그 실험은 부인되었습니다. 1994년 스페인 국제회의에서 '생명의 기원'과 무관한 잘못된 실험으로 결론이 내려졌습니다. 저 같은 아마추어가 목소리 높여 문제점을 주장하는 것이 아닙니다. 과학자들이 모여서 결론을 낸 것입니다. 믿어도 될 일입니다. 그러나 이런 것이 매스컴에 잘 나오지 않습니다. 밀러도 생명의 탄생에 관한 자기의 실험과 사람들의 생각은 한낱 동화에 지나지 않는다고 고백했습니다. 화학진화설을 주장했던 딘 캐년(샌프란시스코 대학)은 후에 지적설계자로 돌아섰습니다. 그는 화학물질도 충분한 조건만 주어지면 살아 있는 세포로 진화할 내재적 능력을 갖추고 있다고 주장했었습니다. 그런데 자기 강의를 듣던 학생의 간단한 질문에 답을 하지 못했습니다. 그것 때문에 여러 날을 고심했습니다. 그리고 고심 끝에 결국 자신의 주장을 철회하고 지적설계론자로 돌아섰습니다. 대단한 용기였습니다. 그는 이런 회심 때문에 교수직을 잃을 위기까지 당해야 했습니다.

최근에 RNA를 실험실에서 만들어냈다고 하는 소식을 들었습니다. 대단한 기술적 발전입니다. 그런데 이것도 자연의 상태라고 보기에는 많이 이상합니다. 왜 갑자기 RNA 이야기를 하는가 하면, 생명의 자연발생 가설 중에 'RNA 월드'라는 가설이 있기 때문입니다. DNA(DeoxyriboNucleic Acid, 데옥시리보핵산, 디옥시리보핵산)는 뉴클레오타이드의 중합체인 두 개의 긴 가닥이 서로 꼬여 있는 이중나선 구조로 되어 있는 고분자 화합물입니다. 그런데 DNA는 너무 길고 복잡합니다. 그래서 유기물 스프에서 DNA 같은 길고 약한 고분자 화합물이 생성되기는 어렵다고 판단을 하게 되었습니다. 물이 있으면 물 때문에 분해도 쉽게 되고, 물이 없으면 생성이 불가능합니다. 그리고 그 순서에 맞는 DNA가 우연히 조합되기에는 확률적으로 사실상 불가능했으니까요. 생성도 어렵지만 복제를 하려면 또 효소(단백질)의 도움이 필요합니다. 그러려면 이미 단백질이 또 어딘가에서 만들어졌어야 합니다. 단백질을 만들려면 DNA가 있어야 합니다. 서로가 꼬리를 물고 빙글빙글 돌아야 하고, 닭과 달걀처럼 순서가 헷갈리게 됩니다.

그래서 RNA를 선택한 것입니다. 마침 RNA 중에서 스스로 복제하는 성향이 있는 것들이 발견되었습니다. 진화론에는 희소식이었습니다. 이에 기반한 시나리오가 탄생했습니다. 길이가 짧은 RNA들이 자기 복제를 하다가 변이를 일으켜서 DNA가 되었다고 하는 게 RNA 월드의 시나리오입니다. DNA로 바로 건너뛰는 것보다는 부담이 줄어든 것입니다. 그런데 상세하게 들어가보면 어딘지 찜찜합니다.

RNA 합성과정을 한번 살펴볼까요? RNA 합성과정은 용액-건조

−건조−용액−건조가 순서대로 일어나야 합니다. 알칼리−산성−산성−알칼리가 교체되며, 온도는 실온−100도−(50~160도)−90도로 조정되고, 공기가 없는 프로세스가 있어야 하고, 자연에서는 매우 희귀한 열 가지 유기물, 네 가지 무기물이 화학 반응마다 정확히 나타나야 합니다.

어떤가요? 자연에서 저절로 합성이 될 것 같아 보입니까? 자연으로 설명을 하려는 가설이라면 누가 봐도 자연스러워야 합니다. 이런 식으로 하면 RNA는 차라리 인공으로 생겨났다고 하는 게 더 설득력 있어 보입니다. 지적설계자를 배제하려고 했는데 도리어 창조자가 드러나 보이게 하는 실험이 된 것 같습니다. 더 공을 들이면 DNA도 만들 수 있을 것 같습니다. RNA보다 더 철저한 인위적 과정을 거치면 될 것 같습니다. 진화론은 인위적 설계나 의도적인 어떤 것을 철저하게 부정합니다. 그냥 운이 좋아서 어떤 것이 생겨났다고 주장하는 가설입니다. 그래서 노벨상 수상자인 크리스천 드 듀브(Christian de Duve)는 이런 일은 너무도 불가능한 일이기 때문에, 과학의 영역 밖으로 볼 수밖에 없다고 했습니다. 과학의 영역 밖이라고요? 그것이 뭐겠습니까? 신의 영역을 말하는 것 아닐까요? 벌써 RNA 월드 가설도 저물어가고 있습니다. 그뿐만이 아닙니다. 문제는 더 있습니다. RNA가 합성이 된다고 한들 그것이 어떻게 변이를 일으켜서 DNA가 되는지 밝혀진 것도 없습니다. 뉴욕 대학의 화학 교수인 샤피로 박사는 생명체 탄생을 위해서 다음과 같은 제안을 했습니다.

(1) 막이 필요하다(세포막).
(2) 에너지가 필요하다.
(3) 에너지의 생명활동 연결(촉매)

⑷ 네트워크가 필요하다(물질생성 사이클).

⑸ 네트워크의 성장과 재생산

무슨 이야기인지 자세한 내용은 몰라도 괜찮습니다. 다만 이런 것들이 우연히 이루어져야 한다는 사실만 알면 됩니다. 당연히 이것도 불가능합니다. RNA가 변이를 일으켜 DNA가 되고, 그 DNA나 다른 유기물이 어쩌다 합성을 해서 세포막 같은 것을 만들어내고, 그 안에서 우연히 여러 가지 세포 기관들이 합성이 될까요? 정말 아득히 먼 길입니다. 확률적으로 0이라고 보면 됩니다. 그런데 그런 확률 0인 일이 일어났습니다. 지금 우리 몸은 60조 개의 세포로 이루어져 있지요. 각각 훌륭하게 작동합니다.

누군가가 열 번을 계속 로또 당첨이 되었다고 해볼까요? 확률적으로 극히 낮은 사건입니다. 실제로 누군가 그렇게 당첨되었다면 어떻게 생각해야 할까요? 조작을 믿어도 무방합니다. 생명 탄생은 100번 연속 당첨보다 낮은 확률입니다. 그러면 누군가 지성을 가진 존재에 의해서 의도적으로 만들어진 사건이라고 믿어도 무방합니다. 그게 더 합리적이지요. 더 나아가서 가장 단순한 단세포 생물이 우연히 생겨날 확률은 훨씬 더 적습니다. 그런데 확률 0인 사건이 일어났습니다. 하나님이 창조하지 않았다고 믿어야 할 이유와 근거가 있나요? 네! 없습니다.

그럼 과학자들 가운데 의문을 갖고 있는 사람들이 없을까요? 아니요. 아는 사람은 다 알고 모르는 사람만 모를 뿐, 과학자들도 현재 생명의 자연발생설에 대해서 의문과 회의를 갖는 사람들이 꽤 있습니다. 그렇다고 진화에 대한 믿음을 버리는 것은 아니지만요. 다음에 인용되는 부분은 〈New Scientist〉(2020.8.5)지에서 마이클 마샬(Michael Marshall)이라는 사람이 발표한 내용입니다.

"생명체가 어떻게 시작되었는지를 설명하기 위한 많은 아이디어들이 제안되어 왔다. 대부분은 세포가 너무 복잡해서 한 번에 형성될 수 없었다는 가정에 기초하고 있다. 따라서 생명체는 우연히 생겨난 한 구성 요소로 시작해야 했고, 어떻게든 그 주위에 다른 구성 요소들도 같이 생성되어야 했을 것이다. 그러나 실험실에서 실험해 보면, 이러한 과정으로는 어떤 특별한 생명체 같은 것은 만들어지지 않는다. 자동차가 만들어지는 것처럼 섀시, 바퀴, 엔진이 자연적 과정으로 하나씩 발생되어, 자동차가 만들어지기는 어렵다는 것을 일부 연구자들은 깨닫기 시작했다."

세상에나! 자동차가 자연에서 우연히 생겨날 리 없습니다. 자동차보다 수만 배 더 복잡한 게 세포입니다. 그런데 우연히 생겨났다는 것을 증명해 보려고 과학자들은 애를 썼던 것입니다. 이분의 발언 내용에는 '환원 불가능한 복잡성'을 인정하는 것이 들어 있습니다. 모든 구성 요소들이 동시에 갖추어져야 한다는 것이 핵심 내용입니다. '환원 불가능한 복잡성'을 마이클 베히는 쥐덫의 예를 들어 설명했습니다. 쥐덫은 그것의 구성 요소가 동시에 존재해야 작동합니다. 최초에 스프링이 우연히 생겨나도 쥐덫은 존재하지 않습니다. 스프링과 걸쇠와 나무판이 산더미처럼 모여 있어도 소용이 없습니다. 각각의 요소가 제자리에 연결되어야 합니다. 쥐덫 하나도 우연히 생성된다고 하려면 넘어야 할 산이 어마어마합니다. 하물며 자동차보다 수천만 배 복잡한 세포가 가능할까요?

진화론은 생명의 자연발생설을 기초로 합니다. 저절로 생명이 생겼다는 것이지요. 그래서 그것을 알아내려고 무진 애를 썼지만 넘을 수 없는 벽에 가로막혀 있습니다. 다윈 이후로 150년이 넘었습니다.

숱한 학자들과 최고의 과학기술로도 찾아내지 못했습니다. 왜 그럴까요? 한마디로 말해서 진화된 적이 없었기 때문입니다. 혹은 아직 찾아내지 못했기 때문이겠지요. 150년이 넘었지만 아직도 못 찾았습니다. 얼마나 더 기다려야 할까요? 진화론자들이 '언젠가는 찾아낼 것'이라는 희망을 갖고 있습니다. 이것은 진화론의 여러 가지 갭(gap) 중에 하나입니다. 세포 하나가 우연히, 그래서 그것이 살아남았다고 해도 또 다른 문제들이 가로막고 있습니다. 결국 남은 것은 진화에 대한 믿음뿐입니다. 진화론의 증거는 믿음입니다. 믿음의 중요성은 기독교에서 강조하고 있습니다. 그런데 어쩐지 진화론자들의 믿음이 더 강하다는 생각이 듭니다. 시작도 못하는 가설을 너무 굳세게 믿고 있는 것이지요.

히브리서 11:1 믿음은 바라는 것들의 실상이요 보이지 않는 것들의 증거니

02

보이지 않는 증거

"진화 생물학이 제안하는 이야기들은 대부분 그럴싸한 가짜로 자연 선택의 작동보다는 우리의 희망과 기대, 특히 연속적인 진보라는 개념에 더 많이 기대고 있다."

—스티븐 제이 굴드, 《플라밍고의 미소》

선입견, 혹은 편견을 아십니까?

편견이나 선입견은 힘이 셉니다. 과학조차도 비틀어 놓을 만큼 힘이 셉니다. 편견이나 선입견이 과학을 비틀어 놓기까지 한다고 하니 이상하게 들릴지 모르겠습니다. 과학은 가장 객관적이고 맹검법이나 교차 검증 같은 방식으로 확정되는 최고로 신뢰할 만한 분야가 아니던가요? 그게 의외로 그렇지 않은 경우가 있는 모양입니다.

예를 들어, 적자생존 같은 용어는 일반인보다 학자들에게 더 강력하게 어필하는 용어라고 합니다. 왜냐하면 연구자들(학자들) 자신의 상황에 아주 적합하기 때문입니다. 학자들은 논문과 업적 경쟁을 심하게 합니다. 그래서 뛰어난 논문을 낸 경우는 명예를 차지하고 평생 교수직을 보장받지만 그렇지 못하면 도태됩니다. 학자들이 스스로 경쟁하고 도태되기 때문에 다윈의 가설에 쉽게 동조된다는 말입니다. 혹시 대한민국이 워낙에 경쟁사회라서 다윈의 가설에 쉽게 동조되는 것은 아닐까 하는 생각도 듭니다. 농사를 지어 자족하며 살아가는 분들은 적자생존이나 경쟁보다는 순응이나 노력, 그리고 창조주에 대한 생각을 더 쉽게 받아들일 것이라 생각합니다.

굴드(진화론자, 고생물학자)는 이런 면을 날카롭게 지적합니다. 그가 쓴 에세이에서는 그래서 학자들이 자기들의 편견(인종주의 등)을 어떻게 과학이라는 이름으로, 특히 진화론에서 정당화했는지를 밝히곤 합니다. 예를 들면, 두개골 크기나 안면 각도를 갖고 인종차별을 했던 '과학적' 자료들에 대해서 그는 신랄한 비판을 했습니다. 그 자료들 자체가 이미 인종적 편견이 가미된 자료였다는 것입니다. 흑인들의 두개골이 평균보다 크면 아예 솎아내 버리곤 했다는 것입니다. 자기들이 보기에 평균보다 큰 것은 일종의 데이터 오염처럼 여긴 것입니다. 사실 두개골 크기와 지능은 특별한 인과관계가 없다고 합니다. 하지만 거의 직관적으로 학자들은 크기와 지능의 관계를 믿어 버린 것입니다. 원숭이보다 인간의 두개골이 상대적으로 크니까 생겨난 편견일 수 있습니다.

그렇게 인종적 편견이 가미된 자료로 연구하고 결과를 도출했습니다. 어떤 결과가 나왔을까요? 당연히 인종차별적 편견을 과학적으로 인증해 주는 결과가 나왔습니다. 사람들은 이런 이상한 '과학적' 근거로 인종차별을 당연한 것으로 생각하게 되었습니다. 인종차별의 악순환이 된 것이지요. 심지어는 기독교인들도 인종차별은 당연한 것으로 믿었습니다. 과학에서 그렇게 말했으니 속을 수밖에 없었을 겁니다. 놀랍고도 슬픈 일입니다. 성경의 기준을 버리면 그렇게 될 수가 있습니다.

그렇게 선입견은 과학을 좌지우지할 만큼 힘이 셉니다. 그 결과는 인종차별과 제국주의를 정당화하고, 그로 인해 전쟁, 학살 같은 비극으로 이어졌습니다.

앞에서 인용된 문장은 저의 말이 아닙니다. 진화론자인 굴드의 책 《플라밍고의 미소》에 나오는 구절입니다. 과학자들도 엄정하게 객관적이기보다는 자기도 모르게 편견에 빠져서 쉽게 그 편견에 부합되는 결과를 만들어낸다는 내용입니다. 그는 진화심리학에 대해서도 "사기"라고 혹평합니다. 진화심리학(進化心理學, Evolutionary psychology, EP)은 인간을 포함한 동물(유기체)의 심리를 생태학적이고 진화학적인 관점에서 이해하려는 학문입니다.

말이 좀 어렵지요? 예를 들면 사람이 왜 뱀을 싫어하고 무서워하는지에 대한 답을 진화론으로 풀어내려는 학문인 것이지요. 강아지와 고양이는 이뻐서 어쩔 줄을 모르지만 뱀 같은 파충류나 거미 같은 것은 치를 떨면서 싫어합니다. 진화심리학은 그런 이유를 진화론적 측면에서 규명하려는 것입니다. "인류의 초기 진화단계에서 작고 찾기도 힘든 거미가 잠재적이고 치명적인 위험으로 존재했다. 이 같은 경험이 거미에 대한 경고와 공포로 이어져 우리 DNA의 일부가 된 것"이라고 믿는 것이지요. 그럴싸하게 보이지만 그것이 과학적으로 밝혀진 것은 아닙니다. 그냥 그렇게 믿는 것입니다. 왜냐하면 진화론 시나리오에 그럴싸하게 들어맞기 때문입니다. 그리고 그런 것을 학회에 발표하고 매스컴에 보도되면 어느새 과학적 사실(fact)로 둔갑합니다. 이런 것을 또 기독교인들도 별 저항 없이 인정합니다.

그러나 우리의 감정과 경험은 유전자에 새겨지지 않습니다. 만약 감정과 경험이 유전자에 새겨진다면 어떤 일이 벌어질까요? 법을 공부하면 그 자녀의 유전자 속에 법에 대한 무엇이 담겨야 합니다. 피아노 전공자의 자녀들은 피아노를 잘 치는 유전자가 늘어야겠지요. 하지만 그런 것은 없습니다. 바흐의 가계에서는 음악가들이 많이 탄생했습니다. 왜 그럴까요? 혹시 유전자의 영향이었을까요? 남다른 음감을 갖고 태어난 경우들이 있으니까요. 그러나 그것은 바흐가 오르간 연주를 열심히 해서 생겨난 유전자는 아닙니다. 원래 음악적으로 유리한 유전자들과 바흐 집안의 가풍 같은 것이 조합된 결과라고 보는 게 정확합니다. 부모님이 피아노와 예술계에 대한 이해가 깊어져서 자식들도 그쪽으로 진출하는 경향과 선택의 폭이 커졌다고 봐야 합니다. 하지만 유전자 자체가 후천적 연습으로 인해 특별해진 것 때문이라고 할 수는 없습니다.

심리학은 과도하게 주관적인 분야라서 객관적이기 어렵습니다. 그런데 거기다가 진화의 신념까지 들이대서 그럴싸하게 이야기를 만들어내니 굴드가 보기에 그것은 과학이 아니라는 것입니다. 진화론자이고 손꼽히는 화석학자인 그가 '사기'라는 말을 할 정도로 그렇게 심각한 이유를 저는 정확히 알지 못합니다. 그런데 지금 진화심리학은 마치 대세인 듯 유통되고 있습니다. 굴드가 극단적으로 경계한 것은 선입견, 편견으로 오염된 것을 과학화하는 것일 것입니다. 그래서 그는 비과학적인 진화연구에 대해서는 1의 에누리도 없이 박살을 냅니다. 학자로서 매우 훌륭한 자세라고 생각합니다.

굴드는 말의 계보 연구도 부끄러운 것이라고 말합니다. 생물학 교과서에까지 오른 내용이지만, 그가 볼 때는 전혀 비과학적이고 '부끄러울 정도'라고 말합니다. 최고의 화석학자가 '부끄럽다'고 할 정도인데도 교과서에는 에쿠우스니 뭐니 하는 어려운 용어로 설명되고 있습니다. 결국 미국의 교과서에서는 이 말의 계보가 삭제되었다고 하니 늦었지만 다행이라 생각합니다. 우리나라 중고등학교 학생 교과서나 과학잡지에서는 어떤지 모르겠습니다. 여전히 말의 계보 그림과 난해한 이야기를 그대로 두고 진화의 증거라고 하고 있지는 않은지요.

그는 이렇게 진화론의 근본을 깨부숴 버리는 학자이지만 그래도 여전히 진화론자였습니다. 그는 진화의 치명적인 문제를 누구보다 잘 알고 있습니다. 그래도 진화를 굳게 믿습니다. 심지어 그는 진화론의 치명적인 팩트(fact)가 창조론자들에게 알려지는 것을 경계할 만큼 확고한 진화론 학자입니다. 중간화석이 없다는 것을 알리지 말라고 할 정도였습니다(stasis is data).

굴드는 새로운 종이 그의 부모 종으로부터 이미 완전히 분화되어 화석기록 속에 나타난다는 것을 발견했습니다. 하나의 새로운 종이 출현하면 그 종은 멸종할 때까지 더 이상의 진화적 변화를 겪지 않거나 딸 종들로 갈라지기 전까지 더 이상의 진화적 변화를 겪지 않는다는 점을 알았습니다. 아무런 변화가 없었다는 것입니다. 진화적 변화가 없이 내내 잘 먹고 잘살다가 갑자기 멸종하거나 전혀 새로운 녀석이 불쑥 나타나더라는 말입니다. 연속성 따위는 없다는 것이지요. 이 학자는 화석에서 창세기에서 말한 '종류대로'의 현상을 발견한 겁니다. 놀랍습니다.

> **창세기 1:24-25** 하나님이 이르시되 땅은 생물을 그 종류대로 내되 가축과 기는 것과 땅의 짐승을 종류대로 내라 하시니 그대로 되니라 하나님이 땅의 짐승을 그 종류대로, 가축을 그 종류대로, 땅에 기는 모든 것을 그 종류대로 만드시니 하나님이 보시기에 좋았더라

하지만 그런 사실을 굳이 창조론자들에게 알리지 말라고 경고한 것입니다. 학자가 진실의 유불리를 따져서 알리지 말라니. 이런 것이 진영논리인가 싶습니다. 어쨌든 '종류대로'는 그저 종교 경전의 이야기가 아니라 최고의 화석학자가 인정하는 현상입니다. 하지만 진화론자들은 호락호락 그런 것을 인정하지 않습니다. 평균적으로 500만 년 정도 되는 종의 수명에 비추어 볼 때, 평균적으로 5만 년 정도에 걸쳐

이루어지는 종 분화의 과정은 지질학적 척도로 '순간'이라고 주장합니다. 역시 그럴싸합니다. 늘 그렇듯이 진화론은 언제나 그럴싸합니다. 하지만 이런 말도 다시 생각하면 모순이 있음을 알게 됩니다.

현재 지구상에 존재하는 생물이 알려진 것만 약 150만 종이라고 합니다. 진화론에서 말하는 연대 동안 존재한 생물은 10배는 된다고 추정합니다(90퍼센트 이상 멸종되었다고 합니다. 왠지 노아 홍수 생각이 나지만). 각각 5만 년의 시간을 계산해 보면 중간 종이 존재했던 시간은 엄청납니다. 짧은 기간이라서 중간 종 화석이 없었다고 하지만, 그것도 여러 종들이 존재했던 것을 고려해 보면 짧은 기간을 탓하기는 어렵게 됩니다.

100만 종의 중간단계가 5만 년씩 존재했다고 하면 500억 년의 시간이 됩니다. 이 기간이 짧아 보이나요? 그리고 그 5만 년 동안 그저 단 1개씩의 화석만 남겼어도 100만 개 중간화석이 존재해야 합니다. 어쩌면 그보다 10배가 되어야 할 것입니다. 그리고 500만 년과 5만 년의 비율이라고 하면 적어도 100분의 1 정도의 비율로 출토되어야 합니다. 현재 발굴된 화석만 해도 수억 개가 넘습니다. 그냥 자연에 존재하는 화석까지 치면 몇 개인지 알 수 없습니다. 그중의 100분의 1이라고 하면 중간 종 화석은 수백만 개를 넘어가야 합니다. 너무 흔해서 뉴스거리도 되지 않을 정도여야 합니다.

하지만 그렇지 않습니다. 중간화석이라고 하면 매스컴이 떠들고 난리가 납니다. 학계에서도 엄청난 관심을 갖습니다. 그만큼 희박하기 때문입니다. 실제로 중간 종이라고 주장되는 것을 다 가져와 봐야 몇 개 되지 않습니다. 그나마도 학계에서 논란이 없는 중간화석은 없습니다. 굴드는 이것을 잘 알고 있었습니다. 그는 죽을 때까지 'stasis is data'라는 주장을 철회하지 않았습니다. 지질학적으로 아주 짧았다구요? 짧은 시간들이 모이면 엄청난 시간이 됩니다. 그리고 왜 짧아야 하는지 과학적으로 밝혀졌나요? 저는 그에 대한 답이나 실험을 들어본 적이 없습니다.

굴드가 진화를 인정한다는 것을 빼면 창조론 과학자가 하고 싶은 말을 대신하는 것처럼 보입니다. 그는 죽을 때까지 다윈이 틀렸다고 주장했습니다. 화석적 증거에 기반한 주장이었죠. 하지만 논리적으로 아무리 잘못되어도 믿음을 바꾸기는 쉽지 않은 것 같습니다. 어찌 보면 논리보다 믿음이 앞선 것처럼 보입니다.

논리적으로 잘 설득되지 않는 것이 믿음의 세계입니다. 어떤 분은 창조를 믿는 것에 주저함이 없는 분들도 있습니다. 과학이 뭐라 하든 성경이 맞다는 확신을 갖는 분들이 있습니다. 이런 분들에게는 논리나 과학적 연구결과가 별로 의미가 없습니다. 이들은 정말 하나님의 큰 축복을 받은 분들입니다. 하늘에서 주시는 믿음의 선물을 듬뿍 받으신 것이지요. 저는 의심이 많고 믿음이 작아서 그렇지 못한 것 같습니다.

안타깝게도 그 반대의 경우도 있습니다. 바로 스티븐 제이 굴드 같은 경우가 그렇다고 볼 수 있지요. 이런 분들도 과학적 연구결과가 다윈의 진화와 무관하다는 것을 믿는다는 점은 비슷합니다. 하지만 그래도 여전히 진화를 믿습니다. 굴드 역시도 스스로 "중간단계 화석이 없다는 것은 과학적 사실"이라고 인정했지만, 그가 진화론을 버린 것은 아니었습니다. 자기 나름대로의 새로운 가설을 내놓고 있습니다. 그에게는 진화에 대한 강력한 믿음이 있었기 때문입니다. 네, 믿음입니다. 진화론도 종교처럼 믿음에 속합니다.

03

적자생존 맞아?

　적자생존은 능력주의와도 맞닿아 있습니다. 능력주의라는 말은 우리나라 경쟁입시 과정을 거친 사람들에게는 매우 친숙합니다. 머리 좋고 열심히 공부한 사람에게 적절한 점수와 일류 대학이 주어지고, 출신 대학은 거의 평생을 좌우하는 보상이 됩니다. 매우 잘못된 현실인데, 그게 쉽게 바뀔 것 같지는 않습니다. 바꾸려고 해보면 사람들은 자꾸 꾀를 냅니다. 명문대를 입학해서 삶의 유리한 고지를 차지한 사람들은 그 반대의 사람들보다 자손을 퍼뜨리기 유리한 입장을 차지합니다. 진화론적으로 적자에 속하지요.

　그런데 이런 분들의 유전자가 대세가 될까요? 아닐 것 같습니다. 그런 사람들은 1퍼센트 이내이기 때문입니다. 나머지 99퍼센트가 퍼뜨리는 유전자가 도리어 1퍼센트를 압도하게 될 것 같습니다.

　다윈은 자연도 적자생존을 따른다고 했습니다. 약자는 먹히고 강자는 살아남아서 진화가 되어 간다고 합니다. 진화에서는 강한 것이 선이고, 살아남는 것이 선입니다. 약하고 병든 것은 악입니다. 도태 당하는 것도 악입니다. 그러니 무슨 짓을 해서라도 강한 자가 되고, 살아남기 위해 무슨 짓을 해도 정당하다는 논리도 생깁니다. 무서운 논리가 아닐 수 없습니다.

　그런데 이게 살짝 변하는 것 같습니다. '강자가 뭔가?' 하는 정의 때문입니다. 회사 다닐 때 "강한 자가 살아남는 게 아니고 살아남아서 강한 것"이라는 말을 들었습니다. 어처구니없고 비루한 주장입니다. 그래도 그것을 신봉하는 사람들이 꽤나 많은 것 같습니다. 그래서 세상이 어두워지고 혼탁해지는 것입니다. 살아남기 위해 온갖 협잡과 꼼수를 부려도 결론만 좋으면 옳다는 말이 될 것입니다. 그러나 성경에는 그런 식의 주장을 옹호하는 말씀이 없습니다. 역사적으로 보면 친일파의 논리와 닿아 있는 것 같습니다. 기회주의자들 말입니다.

강자, 혹은 적자란 어쨌거나 살아남은 사람(생물)이라는 건데, 살아남을 만한 자가 살아남았다는 식의 논리가 됩니다. 이건 동어 반복이라서 이런 명제에서는 아무런 정보도 얻을 수 없게 됩니다. 언제나 지당하신 말씀일 뿐입니다. 살아남을 만한 자가 살아남았다? '하얀색은 하얗고 검은색은 검다. 내일 비가 오면 비 오는 날이고, 안 오면 맑은 날이다'라고 하는 말과 다를 바 없습니다. 그런 말은 할 필요도 없습니다.

만약 하나님께서 자연을 그렇게 만드셨다면 그런 논리가 맞았을 것입니다. 성경에도 적자생존의 논리가 스며들어 있어야 합니다. 약자보다는 영웅을 부각시키고, 영웅이 한 짓은 정당화시켰을 겁니다. 성경에 믿음의 영웅들이 많이 있지만 그들도 죄를 지으면 벌벌 떠는 모습도 보여줍니다. 창세기의 믿음의 영웅인 아브라함과 이삭과 야곱의 연약하고 부족한 모습도 가차 없이 드러냅니다. 다윗이 밧세바 때문에 저지른 죄악과 비겁하고 야비한 모습도 여과 없이 기록되어 있습니다. 인간에게 영웅 따위는 없다는 것을 보여주시는 것 같습니다. 예수님을 빼고 흠 없이 살다간 신앙의 영웅은 없습니다. 게다가 하나님의 마음은 늘 약자들을 향하고 있음을 알게 됩니다. 성경은 적자생존이나 기회주의의 논리를 경계합니다.

잠언 14:31(새번역) 가난한 사람을 억압하는 것은 그를 지으신 분을 모욕하는 것이지만, 궁핍한 사람에게 은혜를 베푸는 것은 그를 지으신 분을 공경하는 것이다.

잠언을 비롯해서 성경 여러 곳에 가난한 자, 고아, 과부를 배려하라는 말씀이 있습니다. 일꾼들의 품삯도 미루지 말고 주라고 하고, 가난한 자의 마지막 재산인 옷을 저당 잡으면 그날로 돌려주라고 합니다. 저당 잡으면 돈을 받고 돌려주는 게 맞지 않습니까? 하지만 가난한 자에게는 그렇게 하지 말라고 합니다. 추운 밤에 덜덜 떨며 잠들지 못하는 것을 가엽게 여기는 하나님의 자비가 보입니다. 저울의 눈금이 달라지는 것을 하나님은 싫어하십니다. 기회를 봐서 눈치껏 바가지 씌워서 수입을 늘리거나 하지 말라는 말입니다. 약자와 강자에게 판결을 굽게 하지 말도록 하셨습니다. 기회주의는 하나님이 싫어하시는 처세술입니다.

시편 곳곳에 "오직 하나님만 바라라"라는 내용이 있습니다. 하나님만 바라는 사람이 약자를 밟고 자기 살자고 온갖 기회주의적 처신을 할 리 없습니다. 신사참배를 하고 해방 후에는 또 득세해서 자신들의 명예와 부를 이어가는 것을 하나님께서 좋게 보실 리가 없습니다. 만약 그렇게 산다면 그것은 두 주인을 섬기는 것입니다. 추수 때는 곡식이나 과일을 다 거두어들이지 말고 가난한 자들을 위해 남겨두라고도 하십니다. 또한 하나님께서는 안식년과 땅을 되돌려주는 희년제도를 세우셨습니다. 적자생존이 아니라 공존이라는 개념이 성경 곳곳에 널려 있습니다.

최근 적자생존에 대한 심각한 의문이 제기되고 있습니다. 적자생존이 아니라 '운자생존'이라는 주장이 있습니다. 힘 있는 놈, 영리한 놈, 경쟁력 있는 놈이 아니라 운이 좋은 놈이 살아남는다는 말입니다. 운이란, 자기가 잘나서 현재에 이른 것이 아니라는 뜻이지요. 하나님의 은혜 혹은 주권이라고 표현해도 될 것 같습니다.

예를 들어볼까요? 갈라파고스라는 이름은 진화론에서 유명한 지명입니다. 그곳의 바다거북은 해변 모래사장에 알을 낳습니다. 알들이 부화되면 새끼 거북들은 태어나자마자 죽어라고 바다로 향합니다. 가르쳐 주지 않아도 그들은 갈 길을 압니다. 본능입니다. 처음부터 누군가에 의해 장착된 프로그램처럼 본능이 작동합니다. 진화론적으로 이 본능이 어떻게 장착되는지는 알 길이 없습니다. 엄마의 경험이 딸의 유전자에 남지 않으니까요.

리처드 도킨스는 이런 것을 '밈'이라는 가상의 어떤 것으로 해결하고자 했습니다. 그것은 그냥 그의 주장일 뿐이고, 증명되거나 밝혀진 것은 없습니다. 교육을 받는 인간들에게는 밈 따위가 필요없지만, 교육을 받지 않는 생물들에게도 뭔가가 있어야 했으니까요. 그런 걸 그냥 밈이라고 명명한 것일 뿐, 그것이 진짜로 존재하는지 알 길은 없습니다. 하지만 그런 게 있어야 진화론적 설명이 가능하게 됩니다.

어쨌거나 새끼 거북들은 그들의 본능을 따라서 바다로 향합니다. 안타깝게도 그들을 노리는 포식자들은 너무나 빠르고 강합니다. 짧은 팔로 모래를 저으며 아무리 빨리 가도 포식자의 속도보다 빠르지 못합니다. 눈에 띄는 족족 새끼 거북들은 포식자들의 맛난 식사거리가 되고 맙니다. 거의 다 잡아먹힙니다. 포식자의 눈에서 벗어난 운 좋은 녀석만 겨우 바다에 도착합니다. 얼마 안 됩니다.

그런데 어떤 알에서 태어난 무리들은 거의 100퍼센트 안전하게 바다에 도착합니다. 강하지 않고 빠르지 않아도 다 살아서 바다에 도착합니다. 어떤 녀석들일까요? 그들은 빠르고 강하고 건강한 적자(fittest)들이 아닙니다! 느린 놈도 있고 빠른 놈도 있고, 심지어 작고 약한 놈도 무리에 섞여 있습니다. 그들은 바로 포식자들이 배가 터지도록 식사를 한 뒤에 알을 깨고 나온 운 좋은 녀석들입니다. 포식자들은 뻔히 보면서도 이들을 그냥 버려둡니다. 운자(運者)들의 생존율이 훨씬 높네요! 적자생존 맞나요?

한 가지 가정을 해볼까요? 인도 호랑이와 시베리아 호랑이가 각각 잘살았다고 해봅시다. 그런데 어느 해 갑자기 인도에 큰 기근이 들어서 거의 모든 호랑이가 굶어 죽었습니다. 시베리아는 풍년이 들어 살기 좋았다고 하면 어떨까요? 이때 살아남은 시베리아 호랑이는 적자이기 때문에 살아남았을까요? 운이 좋기 때문일까요? 답은 간단합니다. 운이 좋았던 것입니다. 인도 호랑이가 사라진 벌판에 시베리아 호랑이가 살게 되면, 그것은 적자생존의 결과가 아니라 운자생존의 결과입니다.

흔히 사자가 임팔라 같은 먹이를 사냥할 때 아프거나 약한 놈을 골라서 잡아먹는다고 생각하지만 꼭 그렇지는 않다고 합니다. 우연히 사자 무리가 사냥을 하는 곳에 가까이 있었던 놈이 사냥을 당하는 것입니다. 더 약하고 느린 놈이라도 사자의 사냥 범위 밖에 있으면 살아남습니다. 적자생존이라는 말은 그럴싸합니다. 왜냐하면 인간이 그런 상황에 놓여 있기 때문에 그럴싸한 것처럼 들리게 됩니다. 능력주의, 자유경쟁이 인간의 환경이기 때문에 쉽게 받아들여지듯이 말입니다. 그러나 실제로 자연은 그렇지 않은 일들이 비일비재합니다.

그리고 적자생존이 작동한다고 하더라도 의문이 생깁니다. 적자라 함은 그 무리에서 가장 생존율이 높은 개체를 말합니다. 그런데 어쩐지 적자생존은 그 무리에서 약하고 부적합한 놈을 골라내는 것 같은 느낌입니다. 그렇다고 해서 진화가 되어가나요? 진화는 뭔가를 새롭게 만들어 가는 개념인데, 적자생존은 기존의 것을 솎아내는 마이너스 개념입니다. 잘해봐야 현상유지일 뿐입니다. 솎아내서 좋은 것만 남는다고 해서 그게 새로운 종으로 변화되는 메커니즘은 아니라는 것입니다. 나이를 먹어보니 사람들의 삶이 결코 자기가 똑똑해서 어떤 지위에 오르는 것 같지는 않습니다. 부자 되는 것도 마찬가지이구요. 자기가 노력하고 자기가 머리를 써서 잘된 것 같다는 생각은 점점 옅어집니다. 하나님께서 이끌어가시는 무엇이 작동하는 것 같습니다.

서정주 시인은 "자화상"이라는 시에서 "스물세 해 동안 나를 키운 건 팔 할이 바람이다"라고 말합니다. 자기의 노력과 상관없이 불어오는 바람을 맞으며 자라났다는 말입니다.

사도 바울은 이방을 비추는 빛으로 선교사가 되었습니다. 그의 활약은 열한 사도를 능가합니다. 그가 사도가 된 것은 그가 똑똑하거나 종교심이 뛰어나서가 아닙니다.

> **고린도후서 1:1** 하나님의 뜻으로 말미암아 그리스도 예수의 사도 된 바울과 형제 디모데는…

사도 바울이 입에 달고 살듯이, 하나님의 은혜로 사도가 되었다고 합니다. 그냥 겸손의 뜻으로 하는 의례적인 말이 아닙니다. 사실 당시 유대인 중에 그가 특별히 똑똑하고 잘나서 사도로 선택된 것은 아닌 것 같습니다. 그는 의도치 않게 아나톨리아 반도에서 태어났습니다(터키). 그리고 전혀 의도치 않게 부잣집 아들로 태어나서 로마인이 되는 행운을 누렸습니다. 그가 세계 전도여행을 쉽게 결정할 수 있었던 내면에는 이런 환경적 영향도 작용한 것 같습니다. 예루살렘에서 태어나고 자랐다면 어떤 한계가 있었을 것입니다.

초기에 사도들은 유대인만을 대상으로 복음을 전파했습니다. 하나님은 그런 그를 이방인의 사도로 세우셨습니다. 그가 터키 지역에서 태어난 것이 그의 능력과 노력이었을까요? 그가 로마인이 된 것도 자기의 의지나 능력과 상관이 없는 일이었습니다. 다메섹에서 예수님을 만난 것도 말할 것 없이 하나님의 선택의 결과일 뿐이었습니다. 그는 이렇게 말합니다.

> **고린도전서 15:10(KRV)** 그러나 나의 나 된 것은 하나님의 은혜로 된 것이니 내게 주신 그의 은혜가 헛되지 아니하여 내가 모든 사도보다 더 많이 수고하였으나 내가 아니요 오직 나와 함께하신 하나님의 은혜로라

그는 바나바와 다투고 베드로를 책망하기에 주저함이 없는 직선적인 성격을 갖고 있었던 것 같습니다. 그런 그가 겸양을 떨었을 것 같지는 않습니다. 자신을 돌아보니, 자기의 능력과 노력 때문에 현재의 모습이 된 것이 아니라는 것을 잘 알게 되었기 때문이라고 봅니다. 겸손은 어쩌면 창조주 앞에서 자기를 제대로 알게 될 때 저절로 생기는 것이 아닐까 하는 생각이 듭니다.

04

반증되지 못하는 진화론

"우리는 입증함으로써가 아니라 이론의 반증을 시도함으로써 지식을 증진시킨다."

—칼 포퍼

　대학입시를 준비할 때 버릇 때문에 지식은 외워서 증진시키는 것으로만 알고 있었습니다. 그런데 포퍼는 그게 아니고 이론을 공격해서 꺾어 보려고 시도함으로써 지식이 늘어난다고 합니다. 맞는 말 같기도 하고 아닌 것 같기도 합니다. 우리 같은 일반인 수준에서는 쉽게 이해할 수 없는 말인 듯합니다. 측정과 통찰을 통해 과학의 가설이 세워지면, 그다음에 할 일은 그 가설에 어긋나는 것들을 찾아봐야 한다는 말이기도 합니다. 그런 반증을 이겨내는 가설이 더 넓은 유효성과 확실성이 있음을 알게 되는 것입니다. 기존의 가설에 대해 다른 시각으로 분해해 보고 접근하는 것이 필요하다는 말입니다.

　우리 민족의 평균 IQ가 유대인보다 높다고 합니다. 머리가 뛰어난 것을 자타가 인정하는 것 같습니다. 그럼에도 왜 노벨상 같은 것을 받지 못할까요? 일본조차도 24명이 넘었습니다. 한국은 아직까지 한 명뿐입니다. 그것도 김대중 전 대통령이 받은 노벨 평화상입니다. 기초과학 분야에서 수상을 못하는 여러 가지 이유가 있겠지만, 그중에 하나가 기존의 이론에 대한 맹신을 습관화한 때문은 아닐까 하는 생각을 해봅니다. 정답을 정해두고 문제를 풀어나가는 식으로만 배웠기 때문에 새로운 관점을 찾지 못한다는 말입니다. 자기만의 독특한 시각을 갖고 문제에 접근하는 습관을 들여야 하는데, 우리 문화는 독특한 것을 잘 인정해주지 않는 것 같습니다. 모난 돌이 정 맞는다고 하면서 평균을 따라가도록 강요합니다. 그런 문화와 제도 속에서 자랐기 때문에 노벨상이 없는 것은 아닌가 하는 생각을 해봅니다.

아인슈타인은 독특한 관점으로 당시 뉴턴적 세계관을 돌파했습니다. 그가 만약 뉴턴적 세계관에 반증을 시도하지 않았다면 상대성이론은 없었을지도 모릅니다. 뉴턴은 시간과 공간은 절대적인 것으로 생각했지만 아인슈타인은 달랐습니다. 우리나라에서 아인슈타인이 태어났다면 학교나 학계가 그의 독특한 패러다임을 독려하거나 인정해 주었을지 궁금합니다. 그가 1915년에 상대성이론을 발표했습니다. 그때도 우리는 양반과 상민, 남녀에 대한 구별이 엄격했습니다.

칼 포퍼의 말은 저 개인에게도 적용이 될 수 있을 것 같습니다. 애초에 진화론 같은 분야에 문외한이었다가 창조과학을 접하면서 지식이 늘어난 것입니다. 진화론에 대한 반증 시도를 통해서 저는 너무나 많은 것을 배울 수 있었습니다. 유사과학이 정상과학으로 군림하는 모습을 생생하게 볼 수 있었고, 패러다임이 무엇인지 실감할 수 있었습니다.

또한 논쟁을 해보니 사람들은 대개 과학적이지도, 혹은 논리적이지도 않다는 것을 피부로 느낄 수 있었습니다. 심지어 증거조차도 거부합니다. 증거를 두고 생각을 하기보다는 권위에 의존한 사고를 많이 한다는 것도 알았습니다. "수많은 과학자들이 인정하는 것인데 당신이 그 사람들을 다 틀렸다고 하느냐?" 그런 식으로 도전합니다. 그런 반박은 은근히 설득력이 있어 보입니다. 하지만 그런 식으로 생각해서는 지식을 늘릴 수 없습니다. 과학자들이라는 권위를 사고의 기반으로 두고 있을 뿐, 자료나 데이터에 근거해서 반증을 시도하려 하지 않기 때문입니다.

그런 분위기 덕택에 책도 많이 볼 수 있게 되었습니다. 무엇보다 창조주 하나님에 대한 확신과 그가 만드신 세상의 아름다움을 올바로 볼 수 있게 되었습니다. 정말 감사한 일이 아닐 수 없습니다. 과학이 신앙과 멀어지게 한다고 하는 사람도 있지만, 저는 반대로 과학에 관한 책을 읽은 만큼 신앙이 자라가는 기쁨을 누립니다. 과학은 하나님이 이 세상에 세우신 질서를 찾아가는 학문이라는 것을 잘 알게 되었습니다.

어떤 이들은 과학으로 하나님이 없다는 것을 증명하는 것처럼 말합니다. 과학과 유물론은 동격이라도 된다는 착각을 하기 때문입니다. 하지만 저는 그 반대로 느껴집니다. 우주의 질서가 얼마나 오묘한지, 그것들이 어떻게 우리 생명을 유지하게 하는지, 과학이 발견하는 질서를 통해서 하나님의 깊고도 오묘한 지혜를 느낍니다. 자연을 통해서, 그리고 과학을 통해서 하나님의 무궁하신 지혜와 능력의 한 부분을 엿볼 수 있게 된 겁니다. 그러니 그저 감사한 마음입니다.

물론 하나님을 인정하지 않는 사람들도 하늘의 별이나 그랜드캐니언 같은 웅장한 자연 앞에서 뭐라 규정하기 힘든 위대함을 느끼는 것 같습니다. 하나님께서 인류 본성에 창조주를 알게 하는 어떤 것을 남겨두셨기 때문은 아닐까요?

로마서 1:19 이는 하나님을 알 만한 것이 그들 속에 보임이라 하나님께서 이를 그들에게 보이셨느니라

그러면 진화론도 반증이 되는 가설일까요? 만약 그것이 불가능하

다면 그것은 과학이 아닙니다. 종교로 분류해야 합니다. 그리고 포퍼의 말대로 만일 그렇다고 하면 무슨 위험이 있어도 과학에서 퇴출시켜야 합니다. 진화론도 반증이 가능해야 과학이론이라고 할 수 있다는 말입니다.

그렇다면 어떻게 반증이 가능할까요? 그것은 증거에 의합니다. 그리고 스스로가 예측한 결과와의 비교를 통해서 판단하면 됩니다. 상대성이론이 속도와 시간의 문제를 이야기했습니다. 그 이전까지는 시간과 공간은 영원한 불변이라고 믿었습니다만, 아인슈타인은 대담하게 그것을 깨부수었습니다. 그리고 속도가 빨라지면 시간이 늘어지는 현상을 예측했습니다. 측정과 실험결과는 맞았습니다. 그러면 반증이라는 관문을 일단 통과한 것입니다. 또 다른 실험에서 그것이 반증될 때까지는 시간과 공간을 설명하는 이론으로서 권위를 '잠정적'으로 부여받게 됩니다.

그런데 만약 설명이 안 되는 현상이 나타나면 그때부터 새로운 패러다임을 고심해야 합니다. 패러다임이란 생각하는 틀이나 기초, 기본적인 전제라고 보면 됩니다. 그리고 그때에는 상대성이론이라도 폐기되어야 합니다. 예외라느니 뭐라느니 하면서 가설 위에 가설을 덕지덕지 붙여서 유지하는 것은 절대로 과학적인 방법이 아닙니다. 이럴 때는 이렇고 저럴 때는 저런 물리 법칙은 없습니다.

진화론은 어떨까요?

다윈의 진화론은 무수한 중간단계를 예측하게 했습니다. 하지만 증거는 없습니다. 모든 화석들은 완벽한 종으로 나타날 뿐입니다. 화석은 현재 있는 완벽한 종들이 아니면 멸종한 완벽한 종들만 보여줍니다. 다윈의 예측은 틀렸습니다. 틀렸으면 폐기되어야 하는데, 폐기하지 않고 온갖 가설로 덕지덕지 때우는 것은 과학을 종교화하는 것과 같습니다. 진화론이 그러합니다.

신다윈주의 가설은 DNA 돌연변이로 인한 진화를 주장했습니다. 하지만 그것도 실험에 실패했고, 관찰로도 나타나지 않았습니다. 돌연변이는 기존의 질서를 깨뜨림으로써 생명력을 약화시키는 것들뿐이었습니다. 항생제에 유리한 돌연변이 같은 희박한 예조차도 생명의 정보를 증가시킨 것이 아니었습니다. 겸상 적혈구 빈혈증도 마찬가지입니다. DNA는 일부가 삭제되거나 약화된 상태가 바로 그것이었습니다. 예를 들어, 돌연변이를 통해 포유류의 털이나 파충류의 피부가 조류의 깃털로 변화되지 못합니다. 그것은 확률적으로도 불가능함을 수학자들이 일찌감치 결론을 내렸습니다. 그런데 진화론은 폐기되지 않고 있습니다.

창조론은 어떨까요?

생명의 창조주는 대충 만들지 않으셨을 것입니다. 그래서 생명체 안에 완벽한 질서를 예측하게 합니다. 실제로 세포로부터 장기와 생명체에 이르기까지 완벽한 조화와 질서가 존재합니다. 학자들이 연구할 때 그런 전제로 실험과 연구를 합니다. 한때 진화의 결과로 여겨졌던 JUNK DNA나 흔적기관이라는 말은 사라졌습니다. 그것의 실체를 몰랐을 뿐이었던 것입니다. 진화 중이거나 진화의 결과인 쓰레기로 밝혀진 것은 없었습니다.

만약 그런 것이 나타난다면 창조론도 폐기되어야 합니다. 게다가 전 세계적인 홍수의 흔적들이 널려 있습니다. 시루떡처럼 평행하게 쌓인 지층은 차곡차곡 쌓여서 된 것이 아니라는 것이 실험을 통해서 밝혀졌습니다. 강한 물살로 씻겨내리는 흙과 돌은 입자별로 층을 이루게 됩니다. 쌓인 것을 잘라보면 우리가 보는 지층의 모습이 드러납니다. 사암층이나 진흙층처럼 이질적인 입자들의 층으로 형성되는 것입니다. 지층은 노아 홍수 같은 거대한 격변을 이야기해 줍니다. 예측과 관측이 맞은 것입니다. 달랐다고 하면 가설은 폐기되어야 합니다. 다행스럽게도 지질학계에서도 이제는 격변론을 많이 받아들이고 있는 것 같습니다.

창조론이 맞다는 사실이 자꾸만 드러나고 있으니, 굳이 가설 위에 가설을 만들어내고 복잡하게 온갖 이상한 전문 용어들을 만들어낼 필요가 없습니다. 오캄의 면도날이 갖는 의미처럼 단순하면서도 현상을 아주 잘 설명해 주니 탁월한 과학적 견해로 채택될 만합니다.

이러한 과학적 증거와 실험에도 불구하고 진화론은 반증을 거부하는 것 같습니다. 깊이 들어가 보면, 그 마음에 하나님 두기를 싫어하는 이유가 가장 큰 것 같습니다(롬 1:28 - 또한 그들이 마음에 하나님 두기를 싫어하매…). 타락의 결과로 생겨난 자아의식은 절대 자기 자리를 내어주려고 하지 않는 것 같습니다. 사실은 노예의 삶이 아니라 자녀의 삶인데도 노예로 전락할까 봐 두려워하는 것 같습니다. 그래서 차라리 갭(GAP)의 과학을 믿는 것 같습니다.

언젠가 과학이 밝혀내겠지 하는 진화론에 대한 믿음과 소망, 그리고 과학에 대한 사랑까지 갖추고 있는 느낌이 듭니다. 진화론의 한계를 잘 아는 사람들이(진화론자) 흔히 하는 말처럼 "언젠가는 밝혀질 것"이라고 믿고 있습니다. 그리고 그들의 책 속에서 자주 접하는 문장은 "이러이러하게 진화되었을 것이다"라는 비과학적인 문장입니다. 그렇게 믿는다는 것입니다. 진화론자인 굴드는 진화설을 "모순된 가설의 집합"이라고 스스로 정의합니다. 그래서 진화론은 반증이 어렵습니다. 또 다른 가설 위에 가설을 만들기 때문입니다.

05
창조주의 계심

창조주의 존재를 어떻게 감지할 수 있을까요?

어떤 이들은 당장 자기 앞에 기적을 보여줘야 믿겠다고 하는 분들도 있고, 그런 것 없이도 창조주를 믿는 분들도 있습니다. 대체로 계몽주의 이전에는 세상을 만든 창조주의 존재를 의심하지 않았던 것 같습니다. 근대로 넘어오면서 창조주의 존재 자체가 의심스러워진 거 같은데, 그 이면에는 이성 제일주의가 있는 것 같습니다. 이성은 곧 만지고, 보고, 무게를 재보고, 맛보고 등등 오감에 기초한 판단을 말합니다. 사람의 생각은 그런 것에 기초합니다. 거기까지가 한계이기도 합니다.

하지만 과학의 발달로 창조주의 존재는 우리 이성으로도 충분히 감지할 수 있게 되었습니다. 학자들 가운데는 창조주께서 기꺼이 그러한 지식에 접근하는 것을 허용하신 것 같다고 말하는 사람도 있습니다. 물론 무한한 그분의 능력이나 존재 자체에 대한 모든 것을 알 수는 없지만, 적어도 그분이 존재하시며 그 능력으로 베푸신 것들을 통해서 그분의 성품 같은 것을 어렴풋하게 더듬어 알 수 있다는 말입니다(롬 1:19 - 이는 하나님을 알 만한 것이 그들 속에 보임이라 하나님께서 이를 그들에게 보이셨느니라).

우리 민족은 고대로부터 하나님을 아는 지식과 감각이 남달랐는가 봅니다. 선교사들이 조선에 들어와서 깜짝 놀랐다고 합니다. 선교사들이 하나님을 가르치기 전에 이미 하나님 신앙이 확고하게 기반을 잡고 있었다고 합니다. 역사를 보면 고구려나 부여, 삼황의 시대[삼황오제 시대의 복희(伏羲), 여와(女媧), 신농(神農)의 시대] 때에 이미 하나님께 드리는 제사 제도가 있었습니다. 이것을 진시황이 바꾸어 버렸고, 인류는 자기들의 욕심을 채우기 위해 자꾸 우상들을 만들어내었습니다. 다신교가 되었습니다.

수메르의 말로 ANU(아누)는 최고의 신, 신들의 왕을 칭합니다. 거기에 최고로 존중하는 '님'을 붙여서 창조주를 칭했습니다. '님'은 수메르 언어였습니다. 그래서 ANU+님=하나님이 된 것 같습니다. 민족들이 이동하면서도, 오랜 세월이 흐르면서도 하나님이란 개념은 우리 민족에게 살아남아 있었던 것입니다. 하나님을 아는 지식은 이렇게 살아 있었지만, 그 지식을 왜곡하고 새로운 우상들을 만들어냈습니다. 잘 먹고 잘살고 싶은 욕심이 만들어낸 우상들입니다. 그러니 탐욕은 우상숭배인 것입니다(골 3:5 - 탐심은 우상숭배니라).

하나님은 자신에 대한 정확한 지식을 성경에 기록해 두셨습니다. 물론 하나님은 그 안에 제한되지는 않지만, 그 지식을 통해 구원에 이르는 데 부족함이 없는 사실과 지식입니다. 그런데 하나님에 대한 이야기를 불신자들과 해보면 바로 '비과학적' 혹은 '종교적'이라는 반격을 합니다. 그들이 보기에 성경은 다른 종교의 경전과 다를 바 없습니다. 사람들의 분류 방식에 빠져버렸기 때문입니다. 그리고 유물론에 찌들고 그에 대한 믿음이 확고해서 영이신 하나님에 대해 근본적으로 믿음을 갖기 어렵게 되었기 때문입니다. 유물론은 만물의 근원이 자기 자신이라는 비논리적인 생각입니다만, 사람들의 생각에 그것은 호소력이 있는 듯합니다. 그렇기 때문에 성경을 근거로 이들과 대화하는 데는 좀 한계가 있습니다. 그러나 과학은 현상을 가장 잘 설명해 주는 일종의 도구일 뿐입니다. 하나님께서 창조하신 세상이라는 생각을 갖는다고 해서 과학을 못하는 것도 절대 아닙니다. 어쨌거나 하나님은 자비롭게도 여러 가지 장치로 하나님을 알 만한 것을 자연에 두셨습니다.

장엄한 자연의 모습이나 하늘의 무수한 별들은 하나님의 영광을 찬양하는 역할을 맡고 있습니다. 그래서 그것을 보는 사람들에게 창조주 하나님의 무한한 능력과 영원하심을 느낄 수 있게 해주고 있습니다. 혹시 답답한 일이 있으신 분은 밤하늘의 은하수를 보고 오시길 바랍니다. 아마도 깊고도 웅장한 감동을 느끼게 될 것입니다. 감동의 이유는 그것이 창조주 하나님의 능력을 드러내고 찬양하기 때문입니다. 성경은 하늘의 역할이 하나님의 영광을 선포하는 것이라고 말합니다.

> **시편 19:1-3** 하늘이 하나님의 영광을 선포하고 궁창이 그의 손으로 하신 일을 나타내는도다 날은 날에게 말하고 밤은 밤에게 지식을 전하니 언어도 없고 말씀도 없으며 들리는 소리도 없으나

하나님을 알 만한 것이 하늘에만 있는 것 같지는 않습니다. 우리 몸의 세포도 하나님의 능력을 드러내고 있습니다. 13개 세포 기관들이 서로 어우러져 자기 일을 함으로 생명을 유지하도록 세밀하고 정교하게 설계되어 있습니다. 연구자들은 그것들 안에 감추인 질서를 찾으려 노력합니다. 그것들이 그냥 우연히 저절로 생겨난 것이고 지금도 뭔가를 향해 변해가는(진화 중인) 것으로 보면서 탐구하는 학자는 없습니다. 그 안에 담긴 위대한 설계를 찾으려고 노력할 뿐입니다. 그러면서도 진화를 믿는다는 것은 인지 부조화가 아닐까요? 이름 없이 피고 지는 들의 백합화는 솔로몬의 권세와 부귀영화로도 감당하지 못할 창조주 하나님의 영광을 품고 있습니다.

마태복음 6:28-29 너희가 어찌 의복을 위하여 염려하느냐 들의 백합화가 어떻게 자라는가 생각하여 보라 수고도 아니하고 길쌈도 아니하느니라 그러나 내가 너희에게 말하노니 솔로몬의 모든 영광으로도 입은 것이 이 꽃 하나만 같지 못하였느니라

세포에서 생명의 핵이라고 할 수 있는 DNA는 일종의 언어입니다. DNA는 사다리를 꼬아서 만든 것처럼 2중 나선 구조로 되어 있습니다. 이것이 풀리면서 RNA로 복제되고, 그것은 리보솜에서 3개씩 읽혀집니다(코돈). 컴퓨터 프로그램 언어처럼 해독이 되면 그것은 단백질을 만들어 가게 되는 것입니다. 하나님은 말씀으로 세상을 창조하셨습니다. 묘하게도 DNA에 숨겨진 언어가 생명을 만들어가고 있는 것입니다. 재미있습니다. 그런데 이것이 어떻게 우연한 조합으로 가능했을까요? 어림도 없습니다. 창조주를 믿기 싫으니 온갖 궁리를 다해서 가설을 만들어내지만 모두 실패했습니다. 절대로 유물론이나 환원주의로는 설명이 불가능합니다. DNA는 언어를 닮아 있습니다. 언어라고 하니 왠지 요한복음에 나오는 로고스(말씀)라는 단어가 생각납니다. 어딘가 연관이 되는 듯한 느낌이 듭니다. 생명과 언어는 연결되어 있습니다.

요한복음 1:1-5(KRV) 태초에 말씀이 계시니라 이 말씀이 하나님과 함께 계셨으니 이 말씀이 곧 하나님이시니라 그가 태초에 하나님과 함께 계셨고 만물이 그로 말미암아 지은 바 되었으니 지은 것이 하나도 그가 없이는 된 것이 없느니라 그 안에 생명이 있었으니 이 생명은 사람들의 빛이라 빛이 어두움에 비취되 어두움이 깨닫지 못하더라

또 하나님은 빛이라고 하십니다(요일 1:5)

그런데 빛의 물리적 속성은 참 신비합니다. 일단 빛을 구성하는 광자라는 입자는 무게가 없습니다. 광속으로 달리기 때문에 스스로에게는 시간이 멈춰 있습니다.

광자 위에 올라탄 사람이 있다고 가정해 볼까요? 그러면 우리가 경험하지 못했던 재미있는 일이 벌어집니다. 상대성이론에 의하면 광속으로 움직이는 물체에서는 시간이 멈춰 있게 됩니다. 시간이 사라지는 것입니다. 그러니 그 사람이 10억 년의 거리에 있는 별에서 지구로 날아오는 데 1초도 걸리지 않게 됩니다. 그리고 그가 오면서 보았던 모든 장면들은 동시에 존재합니다. 해왕성을 보고 난 뒤에 목성을 구경한 것이 아니라 두 가지가 동시에 펼쳐집니다. 상상이 됩니까? 하나님께는 천 년이 하루 같고, 하루가 천 년 같습니다.

> **베드로후서 3:8** 사랑하는 자들아 주께는 하루가 천 년 같고 천 년이 하루 같다는 이 한 가지를 잊지 말라

광자 위에는 시간이 사라진 차원이 있습니다. 시간도 하나님의 피조물입니다. 하나님께서는 빛의 속성을 갖고 계십니다. 그분이 창조하신 빛의 속성이 그러하다면 그분은 그것을 뛰어넘는 분이십니다. 여기서 하나님의 무소부재와 영원하심을 엿볼 수 있습니다. 물리적으로도 가능한 일인데 하나님께서 무소부재하시지 못할 이유는 없습니다.

게다가 빛은 파동이면서 동시에 입자입니다. 야구공처럼 실체를 가진 입자이면서 동시에 물결처럼 자기 실체가 없이 여러 곳으로 퍼져갑니다. 빛이신 하나님께서는 삼위일체라고 합니다. 예수님은 완전한 사람이면서 동시에 하나님이시기도 합니다. 물리적 빛도 그렇

게 완전히 모순된 두 가지 속성으로 표현이 됩니다. 하나님은 그런 물리적 존재를 만드신 영적인 분이십니다. 그분의 신비를 믿지 못할 이유가 없습니다.

광자는 사람들의 생각에 따라 자기 실체를 다르게 보여줍니다. 야구공이라 생각하고 실험하면 야구공 같은 실험결과를 보여줍니다. 반대로 물결 파동이라 생각하고 실험하면 물결 파동의 모습을 보여줍니다. 놀랍기만 합니다. 마치 광자가 우리 생각을 아는 듯한 느낌입니다. 과학자들은 이런 사실에 혼란스러워합니다. 창조주 하나님은 우주를 만드시고 말씀으로 생명을 창조하셨습니다. 우주에 질서를 세우시고 그에 따라 별들이 운행하도록 하셨습니다. 그런 어마어마한 분을 우리가 아빠, 아버지로 믿으면 그분은 다정한 아빠의 모습으로 우리에게 다가오십니다. 우리 삶의 세세한 것도 함께하시면서 응원자가 되어 주십니다. 그러면서 동시에 창조주 하나님, 의로우신 재판장, 인류의 역사와 생사화복의 주관자이시기도 합니다. 이것을 못 믿을 이유가 뭘까요?

저의 직관적 판단 외에도 창조를 믿는 과학자들이 창조주 하나님의 손길의 흔적을 과학적, 논리적으로 찾는 방법에 대해서 이야기하고 있습니다. 소개하자면 다음과 같습니다.

(1) 환원불가능한 복잡성의 문제(베히)
(2) 설계 필터(뎀스키)
(3) 정보(분자생물학)
(4) 인본주의 원리(천문학+알파)
(5) 질서(생체 내부의 질서)
(6) 기타 등등(빅뱅, 법칙의 존재, 무한에 대한…)

사람마다 차이가 있어서 이런 것을 전혀 몰라도 창조주를 느끼고 알 수 있는 사람이 있습니다. 그들은 복 받은 분들입니다. 믿음은 선물이니까요.

> **에베소서 2:8** 너희는 그 은혜에 의하여 믿음으로 말미암아 구원을 받았으니 이것은 너희에게서 난 것이 아니요 하나님의 선물이라

반면에 이런 것보다 더한 것을 알아도 여전히 창조주를 부인하는 사람도 있으니, 믿음은 지식과 상관없는 하나님의 선물이라는 것이 정확한 것 같습니다. 좀 다른 분들도 있습니다. 지식이 도리어 그리스도께로 이끄는 경우도 있습니다. 무신론자였던 영국의 앤터니 플루(Antony Flew, 1923~2004) 같은 철학자의 경우가 그렇습니다. 이런 경우 과학적 지식과 논리적인 판단이 믿음으로 인도하는 몽학선생 역할을 한 것 같습니다.

이분뿐만이 아닙니다. 샌프란시스코 주립대학교 생물학자 딘 캐년 같은 분도 있습니다. 캐년은 과거에 《생물학적 예정설》이라는 책을 통해, 화학물질도 충분한 조건만 주어지면 살아 있는 세포로 진화할 내재적 능력을 갖추고 있다고 주장한 사람입니다. 이분이 자기주장을 바꾸었습니다. "생명이 화학물질에서 비롯했다는 지금의 모든 이론은 근본적 결함이 있다고 믿고 있으며, 지금은 '나도 거기에 동의'한다"라고 말했습니다.

진화에 대한 믿음과 색안경을 벗고 보면 누구나 다 이렇게 창조주 하나님을 인정하게 됩니다. 문제는 자신들이 그런 안경(세계관)을 쓰고 있음을 모른다는 것입니다. 그 안경을 벗고 진실을 알게 되면 출근길에서조차 하나님의 손길과 임재를 경험하게 됩니다. 얼마나 감격스럽고 감사한 일인지 모릅니다. 우리의 창조주 하나님께서 예

수 그리스도를 통해서 우리를 자녀로 인정해 주시고 친히 아빠 아버지가 되어 주시다니요!

갈라디아서 4:6 너희가 아들이므로 하나님이 그 아들의 영을 우리 마음 가운데 보내사 아빠 아버지라 부르게 하셨느니라

06

돌연변이는 좋은 것일까? (아먼드 르로이, 《돌연변이》)

진화론자인 심프슨(Simpson)은 말하기를, "**돌연변이가 만에 하나 일어난다 해도 다섯 개의 돌연변이가 한 핵에서 일어날 확률은 $1/10^{22}$ 에 불과하다**"라고 했고, 초파리 연구로 유명한 진화론자인 밀러(H.G. Muller)도 "**대개의 돌연변이는 해롭게 나타나고 유익한 변이는 극히 드물기 때문에 돌연변이는 다 해롭다고 생각해도 좋을 것**"이라고 했다.

모건이나 밀러가 실험한 초파리들도 초파리의 종내에서만 변이가 일어날 뿐, 단 한 마리의 신종도 아직까지 태어난 적이 없다. 눈의 색과 형태, 날개의 길이와 모양, 몸체의 색깔만이 바뀔 뿐이었다. 이렇게 탄생한 변종들은 거의가 생존력이 취약한 기형종들뿐이었다.

생물학자인 정계헌 교수(2000년)는 이렇게 말한다. "**유전자의 염기서열을 연구하면 할수록 자연상태에서는…염기서열이 총체적으로 다 바뀌어 다른 종이 되는 경우가 없다는 사실이 밝혀지게 될 것이다.**" 진화론자인 도브잔스키도 "**돌연변이는 생존능력의 약화, 유전적 질병, 기형을 만들므로 그런 변화는 진화를 일으키는 요인이 될 수 없다**"라고 선언했다.

"엑스맨" 영화는 SF 영화 중에 수작입니다. 돌연변이들은 염력이나 독특한 능력으로 마치 다신교에 나오는 신들처럼 행동합니다. 그들 사이에 사랑도 있고 적개심도 있으며, 인간들과 돌연변이는 복잡한 관계를 이루며 살아갑니다. 엑스맨에는 돌연변이와 인간의 전쟁, 돌연변이와 돌연변이의 전쟁이 소개됩니다. 돌연변이들은 인간과 다른 초능력적인 능력을 갖추고 인간들과의 싸움에서 승리를 하거나 서로 전쟁을 벌이기도 합니다. 돌연변이 초능력자들을 보면 어딘지 그리스 로마의 여러 신들과 닮은 느낌입니다.

어쨌든 돌연변이는 진화론에서는 아주 중요한 요소입니다. 돌연변이가 없었다면 진화론도 없었을 것입니다. 돌연변이는 유전자에 어떤 사고가 일어난 것입니다. 방사선 같은 것으로 인해 순서가 바뀌거나 일부가 파괴되어 버리는 등등의 사고로 돌연변이가 발생하는 것입니다. 그런데 정말 돌연변이는 현재보다 더 나은 것으로 걸어가는 과정일 수 있을까요? 앞에서도 말했지만 전혀 아닙니다.

아먼드 르로이의 《돌연변이》라는 책을 읽어보았습니다.

인간과 생물의 돌연변이만을 정리한 책입니다. 여기서는 영화 같은 돌연변이는 하나도 보이지 않습니다. 슈퍼맨급 돌연변이는 단 한 건도 찾을 수 없었습니다. 단 한 건도 말입니다. 이 책에서 보여준 돌연변이는 잘 해봐야 질병이고 비극입니다. 자연상태라면 적자생존에서 밀려날 수밖에 없는 상태입니다. 이 책에서 보여주는 것은 거의 전부가 보기 민망한 기형들이고, 아주아주 좋은 것을 골라봐야 겸상 적혈구 빈혈증 같은 질병입니다. 이게 어쩌다가 말라리아에 유리하다는 정도가 고작입니다.

겸상 적혈구 빈혈증(鎌狀赤血球貧血症)은 헤모글로빈 단백질의 아미노산 서열 중 하나가 정상의 것과 다르게 변이하여 적혈구가 낫 모양으로 변한 것입니다. 정상 헤모글로빈은 동글동글합니다. 유전자 돌연변이가 발생해서 모양이 낫처럼 바뀐 것입니다. 이것이 발생하면 악성 빈혈을 유발합니다. 다만 말라리아에는 저항성이 있어서 이 유전자를 가진 사람은 말라리아에 잘 걸리지 않습니다. 진화론에서는 이 점을 내세우며 돌연변이에 대한 변론을 합니다. 하지만 적혈구가 쉽게 파괴되어 심각한 빈혈을 유발합니다. 겸상 적혈구 빈혈증에 걸리면 말라리아에는 좀 유리할지 모르지만 혈관 계통의 질병으로 일찍 죽습니다. 이런 빈약한 것이 진화론에서 주장하는 돌연변이의 증거입니다.

돌연변이가 자연에 유리하다는 증거는 아주, 아주, 아주 희박합니다. 그리고 그런 극도로 빈약한 작동을 근거로 박테리아 같은 것에서 신의 성품을 닮아 이성과 사랑과 의지와 의식을 가진 존재가 나왔다고 주장합니다. 너무너무 희박하고 의심스러운 것을 하나 들고서 아주 어마어마한 결론을 낸다는 것입니다. 그나마 그런 진화 과정이 규명된 것도 없습니다. 화석적 증거도 없구요. 증거라고 주장하는 것들은 다들 논란 속에 있습니다. 오죽하면 유명한 진화론자들조차도 돌연변이에 대해서 극단적으로 회의적인 발언을 할까 싶습니다(앞의 내용).

물론 DNA는 돌연변이를 일으킵니다. 거기까지는 맞습니다. 다만 돌연변이가 현재보다 더 나아질 수 있는지에 대한 증거는 거의 없다고 보면 맞습니다. 거의 없다고 하니 그래도 조금은 있다고 희망을 갖는 분들이 있겠지만 그런 희망은 버리는 게 좋습니다.

돌연변이를 잘못 알고 있는 분들 중에는 유전자 정보 자체의 조합을 진화로 오해하는 경우도 많이 봤습니다. 개의 예를 들어 볼까요? 우리 집에서 막내둥이 노릇을 하는 강아지가 있습니다. 새카만 미니핀 종입니다. 시커멓고 반질거리는 짧은 털과 뾰족한 입, 바짝 선 귀, 날렵한 몸매 때문에 도베르만 새끼로 오해를 받기도 합니다. 다리가 짧고 몸통이 길쭉한 닥스훈트도 있고, 하얗고 복슬복슬한 털을 자랑하는 스피츠 종도 있습니다. 머리가 좋지만 주둥이가 납작한 시츄, 엉덩이가 매력적인 웰시코기, 순둥이 리트리버, 진돗개와 시바견 등등 개의 품종이 한둘이 아니며, 각 종마다 독특한 외모와 성격으로 사람들의 사랑을 받습니다.

그런데 개의 품종에서 순종이라고 하는 것은 돌연변이가 아닙니다. 그냥 원래 있던 유전자 중에서 인간이 인위선택한 결과입니다. '특정 유전정보만 조합된 결과'라고 말할 수 있습니다. 그것은 유전된 것이지 진화된 것은 아닙니다.

진화는 애초에 없던 새로운 유전정보가 생겨난 것을 말합니다. 이 사실을 인식하는 것이 중요합니다. 유전자에 없었던 정보가 새로 생겨나지 않는 것은 진화로 보지 않습니다. 예를 들어, 개에게서 우리가 알고 있는 털이 아닌 깃털이 생겨나는 것을 진화라고 할 수 있습니다. 그러려면 개의 유전자에 없었던 새로운 유전정보가 생겨야 합니다. 그러나 제가 알기로 아무리 방정맞은 악마견이라고 해도 깃털이 났다는 소식은 들어 본 적이 없습니다. 하얀 털, 긴 털, 짧은 털, 검은 털, 커피색 털, 곱슬한 털은 있지만 그래봐야 전부 개의 유전자 조합으로 생겨난 것들입니다. 개의 유전자에 없던 정보가 생겨서 새처럼 깃털에 감싸인 강아지는 생겨나지 않습니다. 그런 강아지가 있다면 세계 토픽감이 될 것입니다.

다윈은 그것을 모르고 유전을 진화의 증거라고 착각했습니다. 어떤 섬에는 먹잇감이 커서 핀치새의 부리가 큰 놈들이 득실거리고, 또 다른 섬에는 먹이가 작은 것만 있어서 부리가 작은 핀치새가 대다수인 것을 발견했습니다. 이런 것을 자연선택의 결과라고 해서 진화의 증거처럼 회자되는 것 같습니다. 하지만 핀치새의 부리가 커지고 작아지고 하는 것들은 진화와 아무런 상관이 없는 일입니다. 그것은 핀치새라는 종에 있었던 유전자 pool에서 원래의 생존에 유리한 쪽 유전자가 발현된 것뿐입니다. 나머지 유전자는 어쩌면 후성 유전으로 스위치가 꺼진 상태로 잠겨 있을 수도 있습니다. 상황이 바뀌면 또다시 발현될 수도 있습니다. 비둘기를 선별해서 번식을 시키면 어떤 경우는 공작의 꼬리처럼 멋진 꼬리를 갖기도 합니다. 그래도 그것은 유전이지 진화가 아닙니다. 그래봐야 원래 있던 유전정보가 모여서 발현된 것뿐입니다. 새로운 유전자가 생겨난 것이 아니라는 것입니다. 《종의 기원》이라는 책에는 생물학적 오류가 가득합니다. 뭐, 그 시절에 어쩔 수 없는 한계가 담겨 있다고 보는 것이 더 착한 표현이 될 것 같습니다.

다시 말하지만 없었던 유전정보가 새로 생겨난 것이 진화라고 했습니다. 바이러스는 변이를 잘 일으킵니다. 요즘 전 세계를 고통 속에 빠지게 한 코로나19 바이러스는 계속 변이를 일으켜서 방역 종사자들을 당황하게 합니다. 이것이 진화일까요? 이것이 쌓이면 새로운 것이 생길까요? 아닙니다. 전혀 다른 개체(예를 들면 박테리아)가 되지 못합니다. 잘해봐야 전파력이 강한 코로나 바이러스일 뿐입니다. 달리기를 잘하는 그레이하운드가 진화의 증거가 아닌 것처럼 말입니다. 유전정보가 조합이 되면 그냥 큰 개, 작은 개, 검둥이, 점박이일 뿐입니다. 이것은 천년만년을 해봐도 거기서 거기일 뿐입니다.

돌연변이 결과는 대체로 끔찍합니다. 그것은 진화가 아니라 퇴화이거나 고립에 의한 유전정보의 소실입니다. 이미 순종이 되어버린 개들을 아무리 조합해도 다른 종류의 개들은 나오지 않습니다. 유전정보가 줄어들어 있기 때문입니다. 하지만 믹스견은 다릅니다. 그 안에 다양한 정보가 있어서 여러 가지 품종의 개들이 나올 수 있습니다. 순종은 유전정보의 돌연변이, 혹은 더 많은 정보로 새로 생겨난 것이 아닙니다. 그러니 진화일 수가 없는 것입니다. 노아 홍수 때 방주에 온갖 개들이 한 쌍씩 탈 필요가 없었습니다. 그냥 창세 초기의 원본 유전자를 가진 개과 조상 한 쌍이면 충분했을 겁니다. 거기서 늑대도 나오고, 진돗개도 나오고, 시바견도 나왔다고 보면 됩니다. 다시 말하지만 유전자 조합 자체는 진화와 아무 상관이 없습니다.

유전자에는 그 손상을 회복하거나 방지하는 메커니즘이 설계되어 있기도 합니다. DNA 수선(영어: DNA repair) 또는 DNA 복구는 세포가 그 자신의 유전체를 암호화하는 DNA 분자의 손상을 인지하고 교정하는 과정 전반을 가리킵니다. 놀랍지 않습니까?

창세기 1장에서 세 번째로 많이 나오는 표현이 '**종류대로**'(after their/its kind)라고 합니다. 무려 열 번이나 나온다고 합니다. 가장 많이 나오는 단어가 창조주이신 '**하나님**'입니다. 총 31절 중에서 32번이나 나온다고 합니다. 하나님께서 창조를 완전히 주도하신다는 뜻으로 보아도 될 것 같습니다. 그다음 많이 나오는 단어는 11번 나오는 '이르시되/가라사대'라는 표현입니다. 말씀으로 창조하신 것을 보여줍니다. 그다음이 '종류대로'입니다. 의미가 깊습니다. 성경에서 진화를 드러내는 표현은 찾을 수 없습니다. 그래서 DNA 수선(영어: DNA repair) 시스템이 있는 것이 어쩌면 이상할 것이 없습니다. 하나님 말씀대로 이루어진 것이니까요.

우주선을 만들 때 이런 자가 치료 시스템을 적용한다고 하면 어떨까요? 수십 년, 수백 년의 우주 비행도 크게 문제가 없을 것입니다. 어쩌면 미래에 그런 것이 적용될 수 있을 것 같습니다. 인간들은 특별한 상태로 잠이 들어 있고, 우주선은 자동항법 장치와 AI 컴퓨터로 목적지를 찾아가는 그림이 그려집니다. 그런데 자가 치료(수선)를 하려면 스스로의 설계도를 미리 알고 있어야 합니다. 만약 우주선 안에 수리용 로봇이 있다고 하면, 그 로봇은 그 우주선의 구석구석 모든 기능을 다 알고 있어야 합니다. 자기가 모르면 수선을 지시하는 메인 컴퓨터는 다 알고 있어야 합니다.

놀랍게도 DNA는 자신에 대한 설계를 알고 있는 것 같습니다. 그래서 뭔가 잘못되면 그곳을 수리합니다. 진화가 사실이면 이런 일은 있어서는 안 될 일입니다. 돌연변이를 누적시키는 시스템을 갖추었어야 합니다. 변화를 거부하면 진화가 쉽게 일어날 수 없습니다.

그런데 이런 자가 치료 시스템이 우연히 생겨날 수 있을까요? 수천만 년에 걸쳐 수백억 대의 우주선을 쏜다고 해도 그런 자가 치료 시스템이 우연하게 만들어질 리는 없습니다. 오랜 기간 우주선을 유지하려면 잘 설계된 자가 수선 시스템이 있어야 합니다. 설계 없이 우주선이 우연히 만들어지는 것도 불가능하지만, 거기에 그것을 수리하는 시스템까지 우연히 발생할 수는 없습니다. DNA의 경우처럼 말입니다.

물론 이 시스템도 완벽하지는 않습니다. 어쩔 수 없이 돌연변이가 생기고 축적됩니다. 그래서 병들고 죽어 갑니다. 개인적으로 그 이유가 인간의 죄 때문이라고 생각합니다. 죄로 인해서 인간은 영생에 들어가지 못하게 된 것입니다. 수선 시스템이 완벽하게 작동할 수 있었다면 인간은 훨씬 더 건강하고 오래 살 수 있었을 겁니다. 그런데 죄로 인해 그것이 깨어진 것 같습니다.

로마서 5:12 그러므로 한 사람으로 말미암아 죄가 세상에 들어오고 죄로 말미암아 사망이 들어왔나니 이와 같이 모든 사람이 죄를 지었으므로 사망이 모든 사람에게 이르렀느니라

돌연변이가 진화의 메커니즘이라고 굳게 믿는 분들에게 슬픈 소식을 한 가지 더 전해 드립니다. '멘델의 회계사'라는 프로그램에 대한 내용입니다. 이것이 뭐하는 것이냐 하면 진화론에서 말하는 돌연변이의 영향을 체크하는 프로그램입니다(이것은 쉽게 다운로드 받을 수

있다고 하네요). '멘델의 회계사'(Mendel's Accountant)는 집단 유전학 모델링 프로그램인데 코넬 대학의 식물유전학자인 존 샌포드(John Sanford)를 포함한 과학자들이 개발했다고 합니다. 이 프로그램은 수세대를 거치는 동안 돌연변이를 받은 개체들에 관한 영향을 계산하는 프로그램입니다. 그러니까 인류는 세대를 거듭할수록 얼마간의 유전자 돌연변이를 물려받게 되는데, 이로 인해 누적되는 영향을 계산할 수 있는 것입니다.

창조론자가 창조에 유리하게 짠 프로그램이 아니니까 의심나는 분은 직접 검색해 보길 바랍니다. 결과를 한마디로 말하면, 인류는 350세대 만에 멸종된다는 결론이 나왔다고 합니다. 돌연변이의 축적으로 새로운 종으로 갈 줄 알았는데, 그게 아니라 결론이 멸종이랍니다. 그것도 겨우 350세대라네요. 기분이 어떻습니까?

1세대를 넉넉 잡아 백 년이라 치면, 350세대면 대략 3만 5천 년입니다. 최초 자녀 생산 나이를 30세라고 하면 대략 1만 년 만에 인류는 멸종에 이르게 된답니다. 진화론에서는 인류의 조상이 700만 년 전부터 시작한다고 했습니다. 이쯤 되면 진화가 아니라 돌연변이 축적으로 인류는 벌써 사라졌어야 합니다. 하지만 인류는 아직 창창해 보입니다. 성경은 인류가 6천 년을 지나왔다고 합니다. 이 프로그램으로만 봐도 인류의 역사는 대략 후반기, 혹은 말기에 접어든 듯한 느낌입니다. 개인적으로 세상이 말세인 것 같다는 생각을 할 때가 가끔 있습니다. 환경문제, 원자력 문제, 국가 간 갈등, 민족과 인종 간 갈등, AI에 대한 불안 등등이 희망을 잃게 만듭니다. 아담으로부터 시작해서 쌓인 유전자 돌연변이와 하나님으로부터 멀어지는 인류의 마음이 뒤엉켜서 정말로 종말로 가고 있는 것처럼 보입니다.

인류의 진보와 멸망, 어느 쪽이 더 '멘델의 회계사'가 내주는 답에 가까워 보이나요? 물론 프로그램이란 게 입력하는 사람에 따라서 얼마간 다른 결과가 나올 수도 있습니다. 진화에 유리하도록 해서 변수를 달리 입력해 줄 수도 있습니다. 그래서 그 세대수를 10배로 늘려준다고 하면 어떨까요? 그래봐야 10만 년 정도뿐입니다. 진화론으로는 구석기 시대였을 텐데요. 아직 인류가 멸종되지 않고 있는 것을 보면 그것도 아닌 것 같습니다. 진화론의 시간을 적용해 보면 인간은 이미 지구상에 존재할 수가 없습니다. 그런데 아직 우리는 그럭저럭 살고 있습니다. '멘델의 회계사' 프로그램에 따르면 우리 시조는 가까운 시간에 살았다고 보면 될 것 같습니다. 6천 년 정도면 합당해 보입니다.

주변의 성씨들 시조를 찾아보세요. 누구누구의 100대손이라는 소리 들어보셨나요? 저는 아직 못 들어 봤습니다. 우리는 아담으로부터 몇 대에 이른 것일까요? 대략 200세대쯤 되는군요. 이렇게 저렇게 생각해도 350세대가 되기는 아직 시간이 좀 있어 보입니다. '멘델의 회계사'가 보여주는 결과는 암울합니다. 뭐, 꼭 맞다고 믿고 싶지는 않습니다. 그래도 인류는 종말을 향해 가는 중인 것은 맞는 것 같습니다.

성경은 말세를 말합니다. 아주 분명하게 반복해서 말합니다. 성경 곳곳에 말세라는 단어가 보입니다. 그리고 묘하게도 '멘델의 회계사' 또한 종말을 이야기합니다. 예수님께서도 특별히 말세를 말씀하셨습니다. **마태복음 24장에서 "그때는 천국 복음이 모든 민족에게 전파된 후"** 라고 하셨고, **이스라엘의 회복(무화과 비유) 이후**라고 하셨습니다. 거의 다 이루어진 것 같습니다. 물론 아직도 미전도 종족은 많이 있습니다. 무려 20억 정도가 있지만 복음의 전파 속도는 기하급수적으로 빨라지고 있습니다. 여기서 미전도 종족이란 나라의 개념이 아닙니다. 우리처럼 단일민족(종족)으로 구성된 나라는 오히려 많지 않은 듯합니다.

마태복음 24:14 이 천국 복음이 모든 민족에게 증언되기 위하여 온 세상에 전파되리니 그제야 끝이 오리라

게다가 창조주를 잊은 세대가 되어 노아의 홍수 때와 같아 보입니다. 사람들은 말세에 관심도 없고, 그저 먹고 마시고 장가들고 시집가고 사고팔고 창고를 만들어 재물을 쌓아두는 것에만 관심이 넘칩니다. 사람들은 경제만 살아나면 지상천국이라도 이루어질 것처럼 생각하고 있습니다. 전혀 그렇지 않은데 말입니다.

마태복음 24:37-39 노아의 때와 같이 인자의 임함도 그러하리라 홍수 전에 노아가 방주에 들어가던 날까지 사람들이 먹고 마시고 장가 들고 시집 가고 있으면서 홍수가 나서 그들을 다 멸하기까지 깨닫지 못하였으니 인자의 임함도 이와 같으리라

예수님께서 재림하시는 그날과 그 시는 아무도 모릅니다. 하나님께서 자비로 그 시각을 뒤로 미루신다고 하십니다. 그리고 그날에는 예수님께서 도적같이 오신다고 했습니다. 믿는 사람들은 시대의 조류에 휩쓸리지 말아야 합니다. 휩쓸리면 깨어 있을 수 없기 때문입니다.

요한계시록 22:20 이것들을 증언하신 이가 이르시되 내가 진실로 속히 오리라 하시거늘 아멘 주 예수여 오시옵소서

07
정보에 대하여

 현대사회에 정보라는 단어가 많이 들립니다. 정보에 대한 학문적인 정확한 의미 같은 것은 잘 모릅니다. 제가 이해하는 한도에서 정보란 신호 비슷한 것쯤으로 알고 있습니다. 그렇다면 신호는 누가 만들어낼까요? 현재 정보 생산자는 지적 존재들에 의합니다. 이것은 관찰된 사건입니다.
 지적 존재라고 하니 괜히 어려워 보이지만 사실 별것 아닙니다. 그냥 사람 같은 존재가 정보(신호)를 만들어낸다고 보면 됩니다.
 물리나 화학적 작용으로는 정보를 생산하지 못합니다. 빨간 신호등에서 멈추고 녹색 신호등에서 진행하는 것은 물리 화학적 작용이 아닙니다. 빨간색과 녹색의 신호등의 파장의 차이는 있지만, 그것 때문에 자동차라는 기계가 멈추지는 않는다는 것입니다. 빨간색을 인지한 사람이 브레이크를 밟아서 차를 멈추게 하는 것입니다. 빨간색과 녹색은 운전자들 간의 약속입니다. 이런 약속은 강아지들과 굴러다니는 돌멩이에게는 아무런 의미가 없습니다. 횡단보도를 건너는 강아지들은 빨간색 때문에 멈추는 것 같지는 않습니다. 주변 사람들의 분위기를 따라 함께 움직이는 것이지요. 물론 훈련하면 될 수는 있을 겁니다. 하지만 색깔 그 자체가 어떤 힘이 있어서 자동차를 멈추게 하는 것은 아닙니다. 하고자 한다면 그 반대로도 지정할 수가 있습니다.

우리가 읽는 글자는 물리 화학적 결과물입니다. 프린터가 잉크로 찍거나 화소의 색을 바꾸어서 나타낸 결과지요. 하지만 그 안에 담긴 내용(정보)은 비물질적입니다. 측량하거나 만지거나 할 수가 없습니다. 원숭이가 우연히 타자기로 문장을 찍어내도 원숭이 사이에서는 아무 소용이 없습니다. 이런 비물질적인 정보의 생성과 작동은 지적설계자를 가정하면 간단히 이해될 수 있습니다. 인류는 역사 초기부터 문자를 고안해서 썼습니다(수메르 쐐기문자). 하지만 우연, 혹은 물리 화학적 요인으로 설명하려면 난관에 봉착하게 됩니다. 원숭이에게 타자를 치게 했더니 우연히 go to 같은 간단한 명령문을 쳤다고 하더라도 문제가 있습니다. 그것을 읽어줄 상대가 없기 때문입니다. 타이핑한 원숭이도 모르고, 그것을 읽는 원숭이도 모릅니다. 정보란 서로 간의 약속인데 말입니다. 그 안에 비물질적인 정보를 담게 하는 것은 지적인 존재 때문입니다.

진화론에서는 DNA 같은 정보 덩어리가 우연히 만들어졌다고 합니다. 그런 우연은 확률적으로 아주 아주 희박합니다. go to와는 비교할 수 없을 정도입니다. 아미노산 200개로 만들어진 단백질이라고 하면 $1/20^{200}$ 확률로 만들어집니다. 그것만으로 끝나는 것이 아닙니다. 어쩌다 그런 DNA가 만들어졌다고 해도 그것을 이해하고 번역하는 시스템이 필요합니다. 내용을 이해하지 못하면 정보는 의미가 없습니다. 2차 대전 때 독일과 연합군이 서로 사활을 걸고 상대방의 암호 해독기를 확보하려고 한 이유를 아시겠습니까? 해독되지 않는 암호는 그냥 무의미한 잡음이고 쓰레기일 뿐입니다. 번역 없는 암호(정보)는 있으나 마나입니다. 그래서 전쟁 당사국에서는 이런 암호를 풀기 위해 치열한 첩보전을 벌입니다.

세포 내에서는 리보솜이 번역을 합니다. DNA가 우연히 생성되는 것도 어렵지만 그 DNA가 풀리고 RNA가 생성되고, 그것이 이동해서 리보솜에서 번역되어 단백질의 원형을 생산하는 과정은 더 어렵습니다. 거기서 끝나는 게 아니고 단백질의 원형이 제대로 된 형태를 갖추어야 미션이 종료됩니다. 단백질의 형태를 갖추게 하는 과정은 (접힘) 더 신비롭습니다. 그 과정에서 여러 개의 단백질들이 도우미 역할을 해야 합니다. 돕는 단백질은 어디서 왔을까요? 진화론으로 하면 또 다른 우연의 조합을 가정해야 합니다. 그러면 또 $1/20^{200}$ 확률 혹은 그보다 더한 확률의 사건이 여러 개 필요해집니다. 그냥 우연히, 오랜 세월 동안, 점진적으로 그게 가능했다면 차라리 기적을 믿는 게 나을 것 같습니다.

확률이 낮은 일들이 연속으로 일어나는 것은 누군가의 의도가 있는 것으로 해석하면 정확합니다. 만약 우연에 의해 정보가 생성되고 해석 시스템이 만들어질 수 있다는 걸 증명하거나 관찰할 수 있다면 지적설계론의 주장은 반증이 될 것입니다(칼 포퍼의 반증 가능성).

요한복음에는 태초에 말씀이 계셨다고 선언합니다. 정보라는 의미를 갖고 흘낏 들여다보면 나름 뭔가 보이는 것도 있습니다. 언어는 정보이고, 그것은 지적 존재 간의 의사전달을 의미합니다. 삼위의 관계가 그렇다는 것입니다. 아무 의지도 판단력도 없는 맹목적인 에너지가 시초가 아니라는 것입니다. 그리고 정보는 지적 존재만 생산하고 번역합니다. 우리 세포 내에 흐르고 있는 정보는 우연히 물리화학적 작용으로 생성된 것이 아니라 지적 존재에 의해 투여된 것입니다. 그게 누구일까요?

볼펜을 만드는 자동화 공장을 설계한 이는 그 볼펜이나 공장보다 우월해야 합니다. 우월한 수준이 단지 그 물리적 연장선상에 있는 무엇이 아닙니다. 차원이 다른 존재라야 가능합니다. 공장과 설계자는 다른 차원의 존재입니다. 인간의 생명을 만드시고 그 안에 정보를 투입한 분은 인간과는 차원이 다른 지적 존재여야 합니다. 그게 누굴까요? 공상과학에 나오는 외계인이거나 성경에 나오는 하나님이겠지요. 그런데 외계인이 있다고 해도 그 또한 우리와 같은 연장선상의 존재입니다. 차원이 다른 분은 하나님뿐이십니다.

창세기 2:7 여호와 하나님이 땅의 흙으로 사람을 지으시고 생기를 그 코에 불어넣으시니 사람이 생령이 되니라

08

확률의 문제

물리학자 존 배로우(John Barrow)와 프랭크 티플러(Frank Tipler)는 인간의 유전자가 스스로 배열될 확률을 $10^{-180 \cdot 110,000} \sim 10^{-360 \cdot 110,000}$이라고 계산했습니다. 이게 얼마나 작은 숫자인지 사실상 느낌이 없습니다. 그냥 간단히 말하면 0, 즉 인간 유전자는 우연히, 점진적으로 만들어진 것이 아니라는 것입니다. 그게 아니면 뭘까요? 당연히 누군가의 의지가 개입된 것이고, 그분은 우리와 차원이 다른 분임이 분명합니다. 창조주 외에는 답이 없는 것입니다.

1980년 초 무신론자였던 Fred Hoyle과 Wickramasignhe 박사는 과학적인 연구가 끝난 후 유신론자가 되었습니다. 놀라운 변화이면서도 당연한 귀결이 아닐 수 없습니다. 그들은 생명이 스스로 발생할 확률을 계산하던 중 그 확률이 $10^{-40,000}$보다 작다는 사실을 알게 되었기 때문입니다. 통계학자들은 10^{-50}보다 작으면 사실상 그런 일은 일어나지 않는 것으로 취급합니다. 우주의 나이와 원자의 개수, 그리고 그들이 충돌한 횟수를 다 합쳐도 10^{100}이라고 합니다. 그러니 이보다 더 작은 사건은 우연으로는 불가능한 사건, 즉 창조주가 답임을 알게 된 것입니다. 차원이 다른 존재의 의지가 개입되지 않았으면 우리는 존재할 수 없었습니다. 더 이상 변명의 여지가 없음을 알았습니다.

혹시 이 글을 읽는 분들 중에 하나님을 믿지 않는 분들이 있다면 이 의미를 되새겨 주길 바랍니다. 생명의 자연 발생은 가능성이 없다고 보는 게 정확합니다. 이미 수학적으로 검토되었으니 당신의 직관이나 느낌과 달라도 인정할 것은 인정해야 합니다. 이 부분이 쉽지 않을 것입니다. 왜냐하면 인간의 본성은 죄로 인해 타락한 상태이기 때문입니다. 하지만 하나님을 마음에 두기 싫어해도 창조주는 엄연히 존재한다는 확실한 증거가 있습니다.

성경의 말씀과 그것을 지지하는 과학, 수학적 증거들입니다.

09
신문기사들

가끔 과학, 특히 진화에 관한 기사를 잘 읽어보면 허망함을 느끼는 때가 있습니다.

과학적 기사라고 하기에는 너무나 신념이 많이 들어가 있고, 정작 필요한 증거자료는 없기 때문입니다. 오늘 제가 읽은 과학 기사는 16억 년 전의 홍조류 화석을 발견했고, 그것으로 광합성 조류의 기원을 수억 년 위로 올릴 수 있는 것으로 보인다는 내용이었습니다. 기사 중에는 "라파타즈미아의 복잡하고 잘 보존된 구조물을 확인했다. 그중에는 식물과 유사한 세포벽(cell wall)과 중격(septum)이라는 내부 칸막이가 포함되어 있다"라는 글귀도 보입니다. 또 "다른 세포 속으로 들어간 남세균(cyanobacteria)은 용케 파괴되지 않고, 궁극적으로 진핵생물의 세포 내에서 광합성 기구로 진화했다"라는 글귀도 보입니다.

우리 같은 사람은 무슨 소리인지 읽기도 벅찹니다. 그래서 뭐라 말도 못하고 과학자들이라는 권위에 순복하게 되어버립니다. 하지만 찬찬히 들여다보면 그렇지가 않다는 것을 알게 됩니다. 홍조류가 뭐냐 하면 우리가 즐겨 먹는 김 종류 같은 생물입니다. 생물로는 아주 원시적인 형태라서 진화론에서는 굉장히 앞선 초기 생물로 분류하는 것 같습니다. 그런데 홍조류가 원시적인 것처럼 보여도 그 안을 살펴보면 하나도 원시적이지 않다는 것을 알게 됩니다. 검색해 보니 홍조류의 특징이 아래와 같습니다.

- 핵·엽록체·미토콘드리아·액포 등의 분화된 세포 기관을 가진다 (진핵생물).
- 분홍색이나 암홍색 등의 엽록체를 가지는데, 여기에는 엽록소 a 나 엽록소 d 및 홍조소와 남조소 등의 피코빌린 색소를 함유하고 있다.
- 광합성 결과 체내에 저장되는 동화 물질은 홍조 녹말이다.
- 유성 생식은 난자와 정자에 의한다.
- 생식세포에는 편모가 없어서 헤엄을 칠 수가 없다.

선입관을 버리고 보면 하나도 원시적으로 보이지 않습니다. 그리고 홍조류가 광합성을 한답니다. 광합성은 나뭇잎이 햇볕을 받아서 물과 공기를 유기물로 바꾸는 과정입니다. 나무와 풀들이 이런 과정을 못하면 지구상의 생물들은 굶어 죽게 됩니다. 녹색으로 빛나는 나뭇잎에서는 쉬지 않고 이런 작업이 진행되고 있습니다. 너무나 흔해서 전혀 특별해 보이지 않지만, 그 안을 살펴보면 놀랍도록 경이로운 것을 알게 됩니다.

광합성이 우연히 원시적인 과정을 통해서 점진적으로 가능해졌다고 한다면, 현대의 기술로 그것을 못할 이유는 없습니다. 만약에 공장에서 화학적 어떤 단계를 거쳐서 물과 공기, 그리고 햇볕만으로 유기물을 만들어낼 수 있다면 이건 정말 대박입니다. 혁명입니다. 인류를 모든 굶주림과 환경문제에서 완전한 해방시킬 것입니다. 거기서 나오는 것은 깨끗한 산소일 테니 환경에 얼마나 좋겠습니까? 하지만 그런 화학공장은 아직도 없습니다.

자연 속에서 지극히 원시적인 홍조류도 할 수 있는 것을 왜 현대의 기술력으로는 불가능할까요? 이것을 할 수 있으면 노벨상을 몇 개는 탈 수도 있을 것 같습니다. 현대의 최고 기술로도 흉내를 못 내고 있는 것이 광합성입니다. 그런데 그런 걸 원시적이라고 생각하는 게 적절할까요? 광합성이 이루어지는 회로가 점진적으로 생성된 증거도 찾을 수 없습니다.

그리고 유성 생식이랍니다. 이미 아주 오래전부터 암, 수가 있었다고 합니다. 원래 진화론에서 유성 생식은 한참 세월이 지난 뒤 진화한 것으로 보고 있었습니다. 진화의 순서상 한참 뒤인 고등생물에게만 보이는 것 같았으니까요. 그런데 가장 오래된, 그러니까 무려 16억 년 전이라고 조사된 생물이 이미 유성 생식을 하고 있었다고 하면 이상하지 않습니까? 유성 생식은 진화된 방식이 아니라 아주 원시적인 생식 형태였다고 해야 할 판입니다. 이건 왠지 말이 안 되는 느낌입니다. 혼란스럽지 않습니까?

그리고 또 내용을 잘 살펴보면, 그 홍조류에서 진화의 흔적을 발견한 것이 아닙니다. 진화 중인, 그래서 완성을 향해 나아가는 미완성의 어떤 생명체가 발견된 것이 아니라 완성된 '복잡한' 홍조류가 발견되었다는 내용입니다. 늘 그런 식입니다. 진화 중인 생물은 보이지 않습니다. 그냥 원시적인 생물만 보이는 것이지요. 다만 '용케도' 남세균을 삼킨 상태로 광합성만 그대로 넘겨받게 되었다는 내용이 보입니다. 내부에서 공존하려면 여러 가지가 필요한데, 그런 어려움을 뚫고 '용케도' 그 안에서 살아남았을 뿐만 아니라 광합성 기구로 진화되었다는 말입니다. 어떻게 그렇게 되었는지는 조사되거나 실험으로 증명된 바는 없습니다.

이질적인 생명체를 꿀꺽 삼켰는데 그들이 소화가 되다 말고 공조를 했고, 결국에는 상부상조가 가능해졌다는 게 진화론의 이야기입니다. 이게 말은 그럴싸한데 실제로 속을 들여다보면 믿기가 쉽지 않습니다. 서로가 한 몸처럼 지내려면 서로의 필요와 작동에 대해서 정보를 주고받아야 합니다. 이쪽에서 '나 배고프다'는 신호를 보내면 저쪽에서 그에 걸맞은 먹을거리를 제공해 주어야 합니다. 사람처럼 언어가 없으니 특별한 방법으로 서로에게 어떤 신호를 보내야 합니다. 그리고 그것을 상대 쪽에서 알아야 하는 것입니다. 신호를 모르면 소용이 없습니다. 목이 마른데 자꾸 밥만 가져다 주면 둘 다 죽게 됩니다. 소화가 되지 않은 놈이 죽어서 부패가 되면 둘 다 죽을 수밖에 없습니다. 그러니 '용케도' 이런 문제가 극복되어야 합니다 ('용케도'라는 단어는 과학 기사에 나온 것입니다). 엄청난 행운이 필요하다는 뜻입니다.

그런데 이런 소통의 문제만 있는 게 아닙니다. 어쩌다 배고프다는 신호를 서로가 이해했다고 칩시다. 신호를 받고 밥을 가져왔지만 입이 어딘지 알아야 합니다. 눈에다 밥을 쑤셔 넣으면 죽게 됩니다. 그러니까 배달 시스템을 공유해야 하고, 그 배달 시스템에서는 새로 들어온 이질적 존재에 대한 정보가 또 필요합니다. 배달의 민족이 주소를 보고 찾아가듯 서로 간에 그런 주소를 알아야 합니다.

그게 우연히 가능할까요? 한글을 하나도 모르는 아프리카 출신 라이더가 주소도 없이 배달을 나서는 것과 다를 바 없습니다. 주소도 모르고 배달의 민족 오토바이가 수만 대 아무 곳이나 배달한다고 생각해 봅시다. 배달 사고가 99.99퍼센트는 될 터인데, 그러면 다음부터 누가 배달을 시킬까요? 그런 배달회사는 망하게 됩니다.

두 개의 이질적인 생명체가 공존하는 것은 적당히 우물쭈물 해결될 문제가 아닙니다. 처음부터 설계가 되어 있었다고 보는 게 더 논리적으로 보입니다. 99.999퍼센트 배달 사고 내다가 어쩌다가 한 개씩 맞추어 나갔다는 말은 믿기가 어렵습니다. 그런 과정조차도 상세히 밝혀진 것 같지도 않습니다. "그냥 그런 비슷한 단세포 동물들이 있더라 그러니 그것이 증거다." 뭐 이런 식입니다. "인간과 원숭이는 비슷하다. 그러니 공통조상이 있다"는 말과 다를 바 없습니다. 그럴싸하기는 하지만 이런 식의 문장은 과학적이지 못합니다. 유전자의 돌연변이와 그 과정에서 생겨난 숱한 중간단계의 증거가 있어야 하는 것입니다. 그냥 그럴싸해 보이는 것으로 "그렇게 진화되었다"라고 선언하듯 결론이 나버립니다.

믿음은 바라는 것들의 실상이라고 했습니다(히 11:1). 믿음대로 보인다고 해석해도 될 듯합니다. 진화를 믿으면 살아 있는 모든 것이 진화의 결과로 보입니다. 창조를 알게 되면 하나님의 솜씨와 그분의 능력과 성품을 간접적으로 알게 됩니다.

10

베린스키라는 수학자

프랑스에서의 한 인터뷰에서 수학자 베린스키(David Berlinski)가 진화론자들을 반대하며 경멸적인 말을 사용한 것은 매우 놀라운 일이었다. 베린스키의 글은 'Intelligent Design the Future'에서 볼 수 있다. 베린스키는 진화론의 힘은 과학(science)이기 때문이 아니라, 단순히 돈, 지위, 명예와 관련되기 때문이라는 것이다. 그는 지도자적 진화론자들인 유진 스코트(Eugenie Scott), 폴 그로스(Paul Gross), 리처드 도킨스(Richard Dawkins) 등에 대해 경멸적인 표현을 사용하면서, 그들을 공상가(ideologues)들이라고 불렀다.

-Intelligent Design the Future

베렌스키라는 수학자가 진화에 대해 과격한 발언을 한 모양입니다. 유명한 수학자들이 1960년경에 이미 진화는 불가능하다는 결론을 내렸습니다. 확률상으로 불가능하다는 것을 아주 잘 알았기 때문입니다. 확률적으로 불가능함에도 불구하고 진화를 믿는 것은 그야말로 믿음입니다. 종교적이라는 것입니다. 믿음은 과학이 아닙니다. 수학자 베린스키가 이를 잘 지적한 것 같습니다.

그러나 진화론에서는 확증적으로 어떤 프로세스를 내지 못합니다. 늘 비슷한 것만 찾아다닙니다. 그것을 진화의 증거라고 합니다. 우마차, 자전거, 오토바이, 삼륜차, 자동차는 진화된 것일까요? 그럴

리가 없습니다. 하지만 진화론에서는 설계도를 놓고 진화론적 근연관계를 그럴싸하게 설명할 수 있습니다. 진화를 믿는 외계인이 있었다면 지구에 내려와서 이런 것들을 보면서 진화를 그렇게 설명할 수도 있을 것입니다. 하지만 우리가 알고 있듯이, 그것은 각자 완성된 제품들입니다. 매일 수만 대가 생산되면서 생산과정의 에러가 쌓여서 디젤차가 휘발류 차량이나 혹은 전기차량, 수소차량으로 진화된 것이 아닙니다. 그와 비슷한 소식조차도 들은 적이 없습니다. 진화론에서는 이런 문제를 가볍게 취급합니다. 그냥 "그렇게 진화되었을 것이다"라고 하고 끝입니다.

"자전거에서 오토바이로 돌연변이의 축적으로 진화되었을 것이다."
"오토바이에서 자동차로 돌연변이의 축적으로 진화되었을 것이다."
"자동차에서 헬리콥터로 돌연변이의 축적으로 진화되었을 것이다."

이런 식의 기술은 웃음거리가 될 것입니다. 그러니 학자들은 이런 말을 쓰면 안 됩니다. 만약 앞에서 말한 명제들이 정말 사실이라면 우연히 자전거에서 오토바이 엔진으로 발전되는 중간단계를 찾아내야 합니다. 그래서 자전거 페달이 조금씩 바뀌어서 엔진 기관으로 바뀌는 중간단계를 보여줘야 하는 것입니다. 그것도 누군가의 의도나 설계가 아닌 우연의 결과로 말입니다.

수학자들은 그럴 확률은 0이라는 것을 잘 알고 있었습니다. 그래서 과격해 보이는 발언도 하게 되나 봅니다. 과격한 발언을 한 이유는, 그들(진화론자)이 자전거에서 오토바이로 진화한다는 식의 얼토당토않은 말을 그럴싸하게 써먹기 때문인 것 같습니다. 현재 존재하는 모든 생물은 완전한 상태이고, 살아 있는 화석들입니다. 변화가 없었다는 증거입니다. 수학자들의 판단이 맞는 것 같습니다. 그들이 지지하는 것은 지적설계인 것 같습니다.

11

정말로 진화가 되고 있다고 가정해 봅시다

　만약에 정말로 진화가 진행되고 있는 상태라고 가정을 해봅시다. 그러면 생물체 안에는 쓸모없거나 부적절한 상태로 작동하는 기관들이 제법 있어야 합니다. 그러니까 진화 중인 기관, 혹은 현재는 별로 필요 없는 기관 같은 것 말입니다. 그리고 새로운 기능을 하는(진화 중인) 불완전한 기관들이 제법 있어야 합니다. 예수님 시절에는 피부가 비늘이었다가 지금은 그야말로 사람의 피부가 된 것 같은 변화들이 있어야 합니다. 그런 것이 있었다면 진화의 증거로 들이댈 만할 것입니다. 사람의 경우 흔적기관, 정크 DNA, 눈(eye)의 문제 같은 것들이 진화의 증거라고 알려져 있었습니다.

　예전에는 헤켈이라는 사람이 생물의 배아 그림을 그려서 진화의 증거처럼 써먹었습니다. 그 그림은 상당히 오랜 기간 동안 진화의 증거로 쓰였습니다. 지금은 그것이 조작된 그림이라는 게 밝혀졌지만 말입니다. 사실 오래전에 밝혀졌지만 진화를 설명하기 위해(?) 교과서에 오랫동안 남아 있었습니다. 이것은 학문에서 있을 수 없는 일이었습니다. 어쨌거나 진화가 팩트라고 하면, 그 증거는 널려 있어야 마땅합니다.

　사람의 꼬리뼈 아시죠? 그게 원숭이, 아니 공통조상으로부터 내려온 쓸모없는 뼈의 흔적이라고 하던 때가 있었습니다. 인간도 꼬리가 있었는데 그게 퇴화되었다고 했습니다. 지금은 아닙니다. 진화론자도 그런 말은 하지 않습니다. 왜 그럴까요? 사람의 꼬리뼈(coccyx)는 미저골(尾骶骨) 또는 미추(尾椎)라고도 하는데, 사람의 엉덩이에 있는 대둔근 같은 중요한 근육의 작용점으로서, 직립 자세에 큰 역할을 한다고 합니다. 또한 앉을 때에도 골반의 다른 뼈들과 함께 몸을 지탱해 주고 균형을 유지하는 데 도움을 준다고 합니다. 잘라 버려도 상관없는 곳이 아닙니다.

가장 잘 알려진 흔적기관으로 맹장이 있습니다. 충수라고 합니다. 한때는 아무런 필요 없이 퇴화된 기관이라고 생각했는데 그렇지 않은 모양입니다. 최근의 연구결과에 따르면, 충수(맹장)가 나름대로 기능이 있는 장기라고 밝혀졌답니다. 특히 장내세균, 즉 박테리아의 역할과 면역체계에 있어서 그들의 중요성 등이 새롭게 밝혀지면서, 충수(맹장)의 기능 역시 새롭게 조명되고 있다고 합니다. 박테리아와 충수에 관해 오랫동안 연구해 온 학자에 의하면, 충수(맹장)는 사람의 몸에 유익한 박테리아들을 생성하고 보관하는 제조창과 같은 역할을 한다고 합니다. 즉 장내 박테리아는 면역작용을 하는 분자들과 함께 생체막과 같은 것을 형성하여 사람의 면역체계에서 중요한 역할을 하는데, 이러한 생체막의 밀도가 가장 높은 곳이 바로 충수 부위라고 합니다.

눈의 경우도 적정하지 않은 설계의 증거라고 많이 나오던 종목 중 하나였습니다. 눈의 망막 앞에 거추장스럽게 존재하는 혈관은 '잘못된 설계'(bad design)의 증거이자 좌충우돌하는 진화의 증거로 알려져 왔습니다. 그래서 아직도 이것은 진화론자들이 유력한 진화의 증거로 알고 있는 분들이 많은 것 같습니다. 도킨스의 책에도 그렇게 나와 있는 것을 본 적이 있습니다. 그런데 이제 진화론 목록에서 이것도 뺄 때가 된 모양입니다.

미국 물리학회(American Physical Society, 2015.3.5)의 보도자료에 따르면, 이것이 도리어 최적의 설계라는 것이 밝혀졌다고 합니다. 생물학회가 아니고 물리학회인 것을 보면 빛의 회절이나 뭐 그런 물리적 차원에서 규명이 된 것 같다는 추정을 해봅니다. 자세한 내용은 살펴보질 못했지만, 어쨌든 진화의 유력한 증거(?)가 또 하나 스러져갔습니다. 진화론자들에게는 안타까운 소식입니다.

그동안 이런 것들이 한둘이 아니었습니다. 인간의 꼬리뼈를 비롯해 108개나 존재한다고 믿었던 흔적기관 가운데 지금까지 흔적기관이라고 인정되는 곳은 10개 정도입니다. 하지만 지금까지의 추세로 보아서 이들도 그 기능이 밝혀질 때가 올 것이 확실합니다. 기관에 대해서 무지했던 무지의 흔적이라고 하는 것이 더 정확한 것 같습니다.

인간의 꼬리뼈도 그렇고 충수(맹장)도 그렇고 실제로 중요한 역할을 하고 있었던 것입니다. 쓸모없이 진화의 흔적으로 남아 있는 것은 아닙니다. 게놈의 대부분을 차지한다고 믿었던 정크 DNA도 이미 진화론 목록에서 사라졌지요. 그 용어도 역시 무지의 흔적이었을 뿐입니다. 유력한 증거가 이제 뭐가 남아 있는지 잘 모르겠습니다.

아 참, 그런데 왜 그나마 퇴화되는 것만 이야기되는지 모르겠습니다. 새로운 기능으로 나아가는 기관들이 있어야 하지 않을까요? 예를 들어 턱이 아가미처럼 바뀌어 가고 있다거나 하는 식으로 말입니다. 없던 기능들에서 발전해 나가는 것은 없고, 잘 해봐야 쓰지 않아서 퇴화되는 것이 고작입니다. 뭔가 이상합니다.

인간의 진화에 대해서 반드시 나오는 것은 두뇌입니다. 인간은 두뇌가 커지고 지능이 높아져서 자연의 지배자가 되었다고 합니다. 그런데 인간 태아의 두뇌가 커서 출산은 혼자 하지 못합니다. 만약 혼자 출산하게 되면 위험해집니다. 애 낳는 일은 쉬운 일이 아닙니다.

그래서 여자들이 아이를 낳을 때 고통스러워합니다. 골반이 충분히 열리지 않으면 사고가 발생하기도 합니다. 어쩌면 이런 것도 진화론에서는 대단히 좋아할 현상일 수도 있습니다. 왜냐하면 진화란 원래 좌충우돌하는 것이라고 생각하니까요. 하지만 생물 중에 혼자서 새끼를 낳지 못하는 경우는 유일하게 인간뿐입니다. 굉장히 독특합니다. 이런 게 진화일까요, 아니면 퇴화일까요?

생물들이 혼자 새끼 낳는 일을 못하면 자연에서 생존에 극히 불리합니다. 인간은 임신 기간도 아주 길고, 성체가 되어 독립하는 기간도 아주 깁니다. 여자가 아이를 낳고 기르며 후손을 독립시킬 때까지 해야 하는 수고가 만만치 않습니다. 흔히 우리가 알고 있는 신석기, 구석기 시대에 들판을 떠돌며 이런 일을 해야 한다고 생각해 봅시다. 수컷인 남자는 자기 DNA만 뿌리고 다니기에 골몰했을 것입니다. 그러면 여자와 아이, 특히 임신한 여자는 포식자들에게 아주 좋은 먹잇감이었을 것입니다. 나중에 머리가 좋아져서 자연의 최고위 지배자가 될 것을 진화는 알았을까요? 그럴 리가 없습니다. 진화는 방향이 없다고 합니다. 그런데 인간의 생존에 불리한 방향으로 변화되는 진화란 있을 수 없습니다. 하지만 인간의 태아 생산은 여자에게는 고통스러운 일이며, 자연상태라면 생존에 치명적인 일입니다. 대체 왜 그런 걸까요?

성경에는 여자에게 해산하는 고통을 저주로 주셨습니다.

> **창세기 3:16** 또 여자에게 이르시되 내가 네게 임신하는 고통을 크게 더하리니 네가 수고하고 자식을 낳을 것이며 너는 남편을 원하고 남편은 너를 다스릴 것이니라 하시고

하나님은, 뱀의 미혹을 받아 선악과를 먹고 남편에게도 준 하와

에게 잉태하는 고통을 더하시겠다고 말씀하셨습니다. 그리고 그 말씀대로 되었습니다. 아담과 하와는 애를 낳을 때마다 자신들의 죄를 기억했을 것입니다. 그리고 동시에 구원자로 오실 메시아를 기대했을 것입니다. 여자의 후손으로 오실 메시아를 말입니다. 사람의 출산을 동물들과 다르게 고통을 더하신 것은 죄악의 결과입니다. 그리고 아기가 태어날 때마다 인간에게 죄를 기억하며 또 메시아를 기대하게 하시려는 의도였는지도 모릅니다. 아이를 낳을 때 꾸는 태몽은 그런 바람의 변형일 수도 있습니다.

12
진화론자가 비판하는 다윈

"극히 희박한 과도기 형태의 화석 기록들은 고생물 학자들의 비밀스런 거래 속에만 존속한다. 대학교재에 꾸며진 진화의 나무들 가지 매듭과 끝의 자료만 매달려 있을 뿐이면, 나머지는 '화석들의 증거가 아닌 적당한 추론'일 뿐이다. 다윈은 아직 점진주의에 집착하고 있고, 그는 이러한 융통성 없는 기록들의 부인에 자신의 이론을 내기 걸었다. 아무리 상세하게 관찰해 보아도 지질학적 기록들은 극히 불완전했고, 이런 사실은 왜 우리가 중간 종들의 불완전한 형태를 찾지 못하고, 멸종됐거나 현존하는 모든 생명체들의 형태 사이를 연결시켜 주지 못하는지 설명해 준다. 지질학적 기록들의 본바탕에 있는 부정적인 것들을 보는 자들은 그의 전반적 이론을 당연히 거부할 것이다."

위의 말은 누가 했을까요? 얼핏 보면 창조론자 같습니다. 당연히 아닙니다. 대학교재에 버젓이 나온 진화의 나무에 대해서 감히 "적당한 추론"일 뿐이라고 매도하고 있고, 지질학적 기록들이(화석) 극히 불완전하다는 말도 합니다. 그렇게 다윈을 강력히 비판하고 있습니다. 다윈의 가설을 완전히 뭉개는 듯한 발언입니다. 놀랍게도 이 글을 쓴 이는 창조론자가 아닙니다. 창조론자가 이런 말을 했다면 엄청난 비난과 조롱을 당했을 겁니다. 하지만 이 글은 진화론자가 쓴 글입니다. 그는 고생물학자이며 진화론자인 스티븐 제이 굴드입니다. 'stasis is data', 즉 종의 정지와 평형은 결정적인 과학 데이터라고 한 하버드 대학교 고생물학자입니다. 그는 진화론자이면서도 현재 교과서에 나온 진화론에 대해서 대단히 부정적입니다. 다윈식의 진화는 없다고 단언합니다. 그는 화석 연구의 최고봉인 사람이었습니다.

그러면 이에 대한 반론들이 있을까요? 있습니다! 매우 풍부하게 있습니다. 인터넷을 검색해 보면 이 최고의 고생물학자의 주장을 반박하는 네티즌들이 널려 있습니다. 그들은 종의 정지와 평형을 아주 싫어합니다. 블로그를 살펴보면 눈이 어지러운 계통도와 추론인 이야기를 팩트처럼 이야기합니다.

이런 분들이 확신하며 다윈의 진화론을 지지하는 이유는, 지질학적 데이터(화석기록)가 풍부해서 그런 게 아닙니다. 종의 정지와 평형이 가리키는 방향을 싫어하기 때문입니다. 그게 어느 방향이겠습니까? 중간 종이 없고, 그래서 다윈의 주장이 틀렸다면 남는 것은 창조 혹은 기타 다른 가설인데, 창조는 입에 올리기조차 싫어하니 그런 것입니다. 그래서 확정되지도 않은 논란 중의 애매한 화석들의 사진과 또 다른 추정을 기반으로 그려진 그럴싸한 그림들을 올려놓고 굴드가 틀렸다고 주장합니다. 틀렸기 때문에 틀렸다고 하는 게 아니라 싫어하기 때문에 틀렸다고 하는 것입니다. 물론 그럴싸한 이야기들을 합니다.

2억 개 이상의 화석을 검토한 결과도 그런 거부감 앞에는 그다지 힘을 발휘하지 못하는 것 같습니다.

13
린 마굴리스의 발언

　린 마굴리스는 세포 내 공생설로 잘 알려진 학자입니다. 세포공생설이란 서로 다른 종류와 성질을 가진 원핵생물들이 공존을 택하여 진핵생물로 진화했다는 가설입니다. 즉, 원핵생물에게 먹힌 또 다른 원핵생물이 소화되지 않은 채로 남아서 공존하게 되었다는 것입니다. 미토콘드리아와 엽록체의 기원을 설명하는 가설입니다. 미토콘드리아와 엽록체는 각자 자체적인 유전정보 DNA를 가지며, 자신이 필요로 하는 효소의 일부를 스스로 생산할 수 있습니다. 그래서 어딘지 모르게 서로 독립된 것처럼 보인다는 점에서 착안된 가설입니다. 이런 주장을 했던 그녀가 〈디스커버〉와의 인터뷰에서 의미심장한 발언들을 쏟아냈습니다.

> "자연선택은 제거하고 유지할 수는 있지만, 만들어낼 수는 없다."
> "신다윈주의자들은 돌연변이가 일어나 진화적 변화를 일으켰고, 생물들은 변화되었다고 말한다. 나는 무작위적 돌연변이들의 축적이 진화적 변화를 가져왔다고 계속해서 배웠다…내가 증거들을 찾아보았을 때까지, 그것을 믿었다."
> -Teresi, D., Discover interview: Lynn Margulis says she's not controversial, she's right, discovermagazine.com, 17 June 2011.

린 마굴리스는 철저한 진화론자입니다. 창조론과는 전혀 상관이 없습니다. 그런데 진화론의 핵심이라고 할 수 있는 자연선택과 돌연변이를 부정하고 있습니다. 그러면서도 여전히 진화는 '과학적 팩트'라 믿고 있습니다. 자연선택과 돌연변이, 이 두 가지 축을 빼면 진화론은 아무것도 남는 게 없습니다. 그런데 이 여류 진화론 학자는 그것을 부인하고 있습니다. 이해하기 힘든 발언입니다. 그녀의 말이 맞다면 대체 진화는 어떻게 이루어진 것일까요? 어느 날 갑자기 공룡이 새를 낳기라도 한 걸까요? 이 정도의 이견이라고 하면 원래의 진화론자와는 그 간극을 메우기 힘들어 보입니다. 굴드의 경우처럼 말입니다.

이분이 주장했던 공생설에 대해서도 다시 음미해 봅시다. 세포공생설은 먹이로 먹었던 것이 소화되지 않고 공존하게 된다는 가설입니다. 이런 비슷한 현상을 발견하게 되어 각광을 받기 시작하게 된 가설입니다.

예를 들어, 육식성 조류들을 보면 먹이를 씹어서 먹는 게 아니라 그냥 삼키는 경우가 많아 보입니다. 날카로운 부리와 발톱으로 찢고 고기를 꿀꺽 삼킵니다. 크기가 작은 먹이들은 그냥 삼켜버리기도 합니다. 만약 가마우지 같은 새가 물고기를 꿀꺽 삼켰는데 그게 소화가 되지 않고 내부에 살아 있게 되었다고 해봅시다. 둘 다 엄청나게 괴로울 것입니다. 계속 그 상태가 된다면 결국은 둘 다 죽게 됩니다. 하지만 운좋게 공존하게 되었다고 가정해 봅시다. 그래서 가마우지가 물을 마시면 가마우지 뱃속의 물고기가 그 물 안에 있는 플랑크톤이나 뭐 그런 걸 소화해서 가마우지가 필요한 영양분을 제공할 수 있게 되었다고 해보죠. 불가능한 상황이지만 그렇다고 인정해 보자는 말입니다. 그러면 가마우지와 물고기는 어느 날 서로 한 몸이 되어갈까요?

불가능할 것 같네요. 왜냐하면 어설픈 공존상태는 유전이 되지 않기 때문입니다. 가마우지가 알을 낳는다고 해도 그 알에서 나온 새로운 가마우지 뱃속에 소화되지 못한 물고기가 남아 있을 리 없습니다. 원핵생물은 다를까요? 원핵생물은 두 개로 나뉘면서 증식을 합니다. 뱃속에 소화가 덜된 작은 원핵생물은 어떻게 될까요? 여기서도 운 좋게 두 개로 나누어지는 주기가 같았다고 해보죠. 그래서 서로의 DNA가 얽히게 되고 새로운 종의 원핵생물이 생겨나겠지요(이런 경우가 있는지는 모르지만). 그래야 성공합니다.

그런데 그게 가능할까요? 뒤죽박죽된 DNA에서 이전보다 훨씬 좋아진 새로운 종이 태어나야 합니다. 그게 확률적으로 불가능함은 이미 수학자들에 의해 오래전에 밝혀졌습니다. 그래도 믿고 싶다면 어쩔 수가 없습니다. 하지만 이건 너무 억지스럽습니다. 뒤죽박죽되었는데 그 후손이 완벽한 공존상태가 된다는 것은 좀 말이 안 돼 보입니다. 그렇게 억지스러운 것을 믿고 과학적이라 주장하느니, 차라리 그냥 처음부터 그렇게 정교하게 설계된 것이라고 생각하는 게 편할 것 같습니다. 창조주의 솜씨로 처음부터 미토콘드리아의 기능이 그리 존재하도록 설계했다고 말입니다.

자연은 창조주의 솜씨를 느낄 수 있게 합니다. 우주의 인본주의 원리나 확률적 한계, 지적 필터, 환원불가능한 복잡성, 정보 발생의 문제 등 자연은 지적 설계의 결과임을 보여주고 있습니다. 동시에 진화론은 아무것도 확증되지 못한 채 표류하고 있습니다. 강력한 진화론자들도 진화의 메커니즘은 증명하지 못하고 있습니다. 오로지 유물론적 신앙에 근거한 신념 외에는 남은 것이 없어 보입니다.

14
칼 베르너의 발견

의사인 칼 베르너(Carl Werner)는 진화론에 대한 광범위한 조사를 수행했습니다. 그의 조사 결과는 몇 권의 책과 비디오로 만들어졌습니다. 그는 공룡 지층과 화석에 대한 그의 예측을 'Evolution: the Grand Experiment, Episode 2, Living Fossils'에서 설명했습니다.

"진화론이 사실이 아니라면, 그리고 시간이 지나도 동물들이 변하지 않았다면, 현대적 모습의 식물들과 현대적 모습의 동물들이 공룡이 발견되는 지층에서 함께 발견될 수 있을 것이다. 그리고 이것이 사실 내가 발견했던 것이다."

베르너 박사는 공룡의 화석이 발견되는 지층에서 현대 생물들의 화석이 함께 발견되는 것을 알았습니다. 하지만 자연사 박물관 전시물에서는 발견할 수 없었습니다. 왜냐하면 그것은 그냥 문헌 한 귀퉁이에만 나올 뿐이고 박물관에서는 함께 전시되지 않고 있기 때문입니다. 얼핏 보면 공룡화석, 혹은 공룡의 시대에는 현대의 생물이 없었던 것처럼 보입니다. 사실과 다른 디스플레이를 하고 있다는 겁니다. 착각하게 만드는 디스플레이지만 일반인들이 그런 걸 알 턱이 없습니다. 인터뷰에서 베르너는 이렇게 말했습니다.

"공룡 지층에는 현대적으로 보이는 개구리, 도롱뇽뿐만 아니라, 오늘날 살아 있는 모든 주요 무척추동물 문들, 연골어류들…경골어류들…무악류 화석들이 포함되어 있다. 그리고 공룡들 사이에 섞여서, 오늘날의 모든 파충류 그룹들과 앵무새, 부엉이, 펭귄, 오리, 아비새, 신천옹, 도요새, 가마우지, 뒷부리장다리물떼새(avocets) 등이 발견된다."

결국 공룡 시대라고 해서 공룡 화석만 나오는 것은 아니라는 말씀입니다. 공룡 시대라고 인정되는 지층에서 지금 멀쩡히 살고 있는 현대 조류, 파충류 등이 섞여 나온다는 것인데 이러면 안 되는 것 아닌가요? 화석은 공룡과 지금 생물들이 동시대를 살았다는 강력한 증거입니다. 그런데 그것을 동시에 전시하거나 함께 있었던 것 같은 상상도는 안 보입니다. 상상도에는 하늘에는 오로지 익룡만 보입니다. 그런 상상도에 오리나 부엉이도 함께 있다면 어땠을까요? 일반인이 알고 있던 이미지에 치명적이었을 겁니다. 박물관 측도 이런 것을 알고 있지만 관람자들에게 '혼란'을 주지 않도록 배치를 한답니다. 이상합니다. 왜 사실이 관람자를 혼란스럽게 할까요? 설령 혼란스럽더라도 진실을 알게 하는 것이 먼저 아닐까요?

15
성경과 맞아떨어지는 과학의 발견들

유전자 조사 결과 거의 모든 생물의 시작이 비슷하다고 하는 기사를 읽었습니다. 그뿐만이 아니라 중간 종도 없다는 것입니다. 이것은 창세기의 내용과 비슷한 연구 결과입니다. 진화론은 과학에 의해서 설 땅을 점점 잃고 있습니다. 대신 과학은 창조론으로 더 가까워졌습니다. 〈국민일보〉(2018.6.5) 기사 내용을 그대로 인용해 보겠습니다.

"현존 생물종 90% 같은 시기에 나타났다"
"서로 다른 두 종 사이에 중간 종이 없다"
현존하는 생물종의 90%는 거의 같은 시기에 나타났으며, 생물종은 명확하게 유전적 경계가 나뉘어져 서로 다른 두 종 사이에 중간 종이 없다.

다윈의 '진화론'을 뒤흔들 수 있는 이 같은 연구결과가 지난달 30일(현지시간) 인류진화학 학술전문지인 〈휴먼 에볼루션〉(Human evolution)에 실려 관심이 모아지고 있다. 논문 저자는 마크 스토클(미국 뉴욕 록펠러 대), 데이비드 세일러(스위스 바젤 대) 교수다.
(중략)
'이번 연구에서는 '몇 세대에 걸친 중립 돌연변이가 생물 개체의 생존 기회에 아무런 영향도 미치지 않았다'는 사실도 밝혀냈다. 하 교수는 "진화론자들은 중립 돌연변이의 유사성 정도에 따라 생물종의 출현 시기를 추정해 왔는데, 연구팀이 중립 유전자 변이에 별다른 차이가 없다는 것을 밝혀낸 것"이라고 평가했다.

'중간 종이 없다'는 연구 결과도 주목받고 있다. '중간 종'이란 1861년 독일에서 시조새 화석이 발견된 이후 80여 년간 '진화론을 뒷받침할 수 있는 발견인가'를 두고 논란이 됐던 개념이다.

(후략)

2018-06-03

우리는 지구상 생물이 시간의 흐름에 따라 진화한다고 배우고 있지만, 이런 관점을 뒤집는 충격적인 연구 결과가 나왔다.

(중략)

연구팀은 이번에 생물 10만 종의 DNA 바코드를 분석한 결과, 대부분의 동물이 인간과 거의 같은 시기에 출현했음을 보여주는 명확한 증거를 발견했다.

(중략)

스토클 교수는 "이 같은 결론은 매우 의외여서 나는 가능한 엄격한 반박을 시도했다"라고 말했다. 연구팀은 이른바 중립 유전자 변이에 거의 차이가 없음을 발견했으며, 몇 세대에 거친 미세한 중립 돌연변이는 생물 개체의 생존 기회에 아무런 영향도 미치지 않았다. 즉, 진화를 일으키는 자연 선택과 성 선택에 있어서 중립 돌연변이가 무관하다는 것을 의미한다.

(중략)

서로 다른 두 종 사이에 위치하는 중간 종은 거의 없다는 발견이다. 중간 종이 없다는 사실도 진화론을 주장한 다윈을 당황케 하는 것이라고 스토클 교수는 말했다.

미토콘드리아는 세포에서 에너지를 만들어내는 기관입니다. 이것은 난자로만 유전이 됩니다. 모계 유전입니다. 미토콘드리아는 모계로 유전되고, 그 DNA는 조합이 없습니다. 그래서 유전자 변이의 축적을 측정하기 좋다고 합니다. 이것을 이용해서 인간과 다른 동물의 변이축적 상태를 조사한 것 같습니다. 그랬더니 인간과 다른 동물의 시작 연대가 비슷하다는 쪽으로 결과가 나온 것입니다. 변이 축적 시간을 거꾸로 돌려본 결과입니다.

이게 사실이면 진화론이 놀라 뒤집어질 내용입니다. 왜냐하면, 예를 들어 조류는 인간보다 한참 앞서 1억 년 훨씬 이전에 나타났다고 주장되었기 때문입니다. 인류는 기껏해야 700만 년 전에 영장류와 분기되었다고 주장해 왔습니다. 그러니 대략 9천만 년 이상의 차이가 나야 합니다. 그런데 조사 결과 비슷한 시기라고 하니 정말 놀라운 연구 결과입니다.

제가 이 글을 올렸더니 진화론을 믿는 사람들은 이 기사는 원래 논문의 내용을 왜곡했다고 주장합니다. 그래서 혹시나 하고 그 논문을 찾아서 읽어 봤는데, 영어 실력이 부족하고 전공에 무지해서 그런지 머리가 아팠습니다. 하지만 처음과 끝을 읽어 보니 그다지 왜곡이 아닌 것 같다는 느낌이 들었습니다. 다음은 제가 나름대로 이해한 것인데 맞는지 모르겠습니다.

> Barcode variation in the modern human population is quantitatively similar to that within other animal species.
>
> ....
>
> The simple hypothesis is that the same explanation offered for the sequence variation found among modern

humans applies equally to the modern populations of essentially all other animal species.

…Namely that the extant population, no matter what its current size or similarity to fossils of any age, has expanded from mitochondrial uniformity within the past 200,000 years………………

영어 실력이 되는 분들은 잘 살펴보시죠. 올려놓은 신문기사 내용이 오해였는지 말입니다.

논문 내용은 인류와 다른 동물과 변이축적 정도가 별로 크지 않고, 대략 20만 년 정도로 시작 연대가 비슷하다고 이해가 됩니다. 영어가 짧아서 그런지도 모르겠지만, 결국 이것은 진화론의 치명타라는 말이 맞는 것 같습니다. 성경에는 물고기와 날짐승들을 인류보다 하루 먼저 창조하셨다고 기록되어 있습니다(창 1:19-27). 미토콘드리아 이브도 그렇고, 서로 다른 종간에 쌓인 돌연변이 축적량도 그렇고, 과학은 창세기와 비슷한 그림을 그리는 듯합니다. 모든 것의 시작이 있었다는 빅뱅도 마찬가지입니다.

아인슈타인은 이것을 싫어했습니다. 그래서 그것을 지우겠다고 자기 방정식에 우주상수를 넣었습니다. 창조와 연관되지 않도록 말입니다. 아인슈타인은 전통적으로 우주는 정적이라고 믿었던 사람입니다. 그냥 영원히 그대로 있는 우주라는 뜻입니다. 그런데 일반상대성이론을 전개하며 방정식을 풀어보니, 우주가 동적이라는 결론이 나온 것입니다. 시작이 있었습니다. 그래서 아인슈타인은 정적인 우주를 만들기 위해 우주상수를 식에 집어넣었습니다. 그는 나중에 그것이 자신의 최대 실수라고 한탄을 합니다. 그가 한탄을 했든 안 했든 간에 과학은 우리가 사는 모든 것의 시작이 있었다는 것을 피

할 수 없는 팩트로 밝혔습니다.

  이런 걸 보면 성경이 과학적으로 틀렸다고 말하는 것은 경거망동일 가능성이 큽니다. 과학의 발견이 아직 성경에 도달하지 못했다고 생각하는 편이 맞을 것 같습니다. 진화론이 발표되고 여러 과학자들이 그에 걸맞을 것 같은 연구 결과를 내놓던 시절이 있었습니다. 심지어 가짜 증거도 있었습니다. 그때 많은 기독교인들이 진화를 과학의 팩트로 받아들이는 오류를 범했습니다. 그럴 수밖에 없었을 것입니다. 과학이라는 분야에서 가짜 증거를 들이댔으니 어떻게 할 방법이 없었을 것입니다. 그런데 이제는 과학이 발전할수록 점점 성경의 그림과 비슷해지고 있습니다. 여전히 성경과 다른 부분이 있는 것 같다구요? 기다려 봅시다. 지금은 우리가 희미하게 볼 뿐입니다.

> **고린도전서 13:12** 우리가 지금은 거울로 보는 것같이 희미하나 그때에는 얼굴과 얼굴을 대하여 볼 것이요 지금은 내가 부분적으로 아나 그때에는 주께서 나를 아신 것같이 내가 온전히 알리라

16

인류의 계보에 대한 혼란

고교동창 중에 '릴라'라는 애칭을 가진 놈이 있었습니다. 떡 벌어진 어깨와 긴 팔, 짧은 하체, 그리고 적당히 튀어나온 입 주변, 누가 봐도 고릴라를 연상하게 하는 외모였습니다. 애칭에 걸맞게 힘도 좋고 운동도 잘했습니다. 먹성도 좋았습니다. 점심 시간 전에 자기 도시락은 다 먹고 점심 시간이 되면 젓가락을 들고 이곳저곳을 순회하며 남의 밥을 뺏어 먹곤 했습니다. 고릴라의 골격과 튀어나온 눈두덩이 때문에 고릴라라는 별명을 갖게 되었지만 그를 다들 좋아했고, 그는 반장으로서 리더십도 멋지게 발휘했습니다.

그런데 의외로 성장기의 아이들 중에 이런 모습이 종종 눈에 띕니다. 한참 자랄 때 길게만 자라는 친구들도 있고, 울근불근하게 옆으로 퍼져서 불균형해 보이는 아이들도 제법 있습니다. 그러다 나이가 들면 적당히 균형이 잡히는 것 같습니다. 만약 이런 녀석이 화석으로 발굴된다면 화석학자들이 어떻게 분류했을까요? 아마도 50만 년 전의 인류로 분류되었을 것입니다. 신문을 보니 진화의 혼란스러움에 대한 기사가 났습니다.

"인류 조상 다원설 흔들려…" "한 종의 후손일 수도"
http://www.ytn.co.kr/_ln/0104_201310190056278142

그 내용을 보니, 드마니시에서 발견된 두개골로 인해 이제껏 알고 있던 인류 계통도가 완전히 혼란에 빠졌다는 것입니다. 조상과 후손들이 동시에 한 곳에 모여서 살고 있었다고 합니다. 이제껏 뇌 용량(아주 불안정한 가정에 근거한)이나 안면각도 같은 것으로 인류의 계통도가 그려졌었습니다. 그런데 그게 느닷없이 동시에 나타난 것입니다. 알고 보니 선조나 후손이 아니라 같이 운동하면서 뛰놀던 '릴라'와 그의 친구들쯤이라고나 할까요.

YTN 2013년 10월 19일 기사 내용입니다.

[인터뷰: 다비드 로드키파니체, 조지아 국립박물관]
"우리가 다른 종이라고 생각했던 다양한 특징들이 하나의 종으로 나타날 수 있다는 것을 보여줍니다."
이는 호모 하빌리스와 호모 에렉투스, 호모 루돌펜시스 등 여러 종으로 여겨져 온 인류 조상이 사실상 '호모 에렉투스'라는 하나의 종일 수 있다는 설명입니다.
연구진은 또 아프리카에서 발견된 240만 년 전 인류 화석과 이 화석을 비교한 결과 같은 종이라는 결론을 내렸습니다.
[인터뷰: 조르디 아구스티, 스페인 고생태학연구소]
"우리가 다른 종이라고 생각했던 아프리카의 고대 인류가 같은 종의 하나일 수 있다고 봅니다."
이들의 주장이 받아들여질 경우 인류 진화의 역사는 처음부터 새로 써야 합니다.

이후로 어떤 연구가 진행되었는지 알지 못합니다. 분명한 것은 우리가 보아온 그림들(직립보행으로 변하는 상상도)이나 교과서에 나온 것들, 과학잡지가 인용하던 진화론적 인류 계통도는 근본부터 불확실하다는 것이 분명합니다. 진화론에 관한 한 계속해서 교과서 내용은 바뀝니다. 확실한 것 같았던 것들은 시간이 지나면 삭제되곤 합니다. 그러니 그 권위에 너무 깊이 빠지지 말기를 바랍니다. 진화론은 가설이며, 그 예측과 실제가 다른 것이 너무나 많은 불안정한 가설이기 때문입니다.

17
생명 탄생이 우연히 가능하다고?

MIT 대학의 공학 교수인 머레이 에덴(Murray Eden)은 다음과 같이 말했습니다.

"인간의 우연한 출현은 다음과 같은 방법으로 1천 권의 책이 우연한 타이핑에 의해서 만들어질 확률과 같을 것이다. 먼저 의미 있는 문장이 우연히 만들어지고, 재타이핑 시에 몇 개의 실수가 일어난다. 철자들이 추가되어 좀 더 길게 된다. 그리고 새로운 문장이 의미가 있는지를 알아보기 위해 그 결과가 검사된다. 1천 권의 책이 만들어지기까지 이러한 과정이 되풀이된다."

"만약 우리가 특별한 단백질의 500개의 아미노산을 1초당 10억 개를 재배열할 수 있는 컴퓨터를 가지고 있다고 해도, 진화론자들이 우주의 나이라고 선언한 140억 년 동안 제대로 된 조합을 전혀 찾지 못할 것이다. 더 나아가 만약 컴퓨터가 사이즈가 소형화되고, 우리가 그 컴퓨터들을 넣을 방으로 100억 입방 광년의 방(10^{10150}개의 컴퓨터가 들어가는)이 있다고 하더라도, 그들이 바른 조합을 찾는 것은 아직도 엄청나게 믿을 수 없을 만큼의 시간이 걸리는 작업일 것이다. 이와 같은 컴퓨터로 꽉 찬 거대한 방에서도 3,000억 년 동안에 단지 10^{10180}개의 조합만을 수행할 수 있는 것이다. 더군다나 지구상에 존재하는 단백질들은 사실 서로 모두 다르다. 컴퓨터로 가득 찬 거대한 방에서 3,000억 년 동안 조합을 일으켜도, 그 많은 단백질 중에 단 하나의 단백질도 우연히 만들어낼 수 없다는 것이다."

저는 계산 능력이 부족해서 잘 모르겠습니다. 하지만 결론은 우연한 생명 탄생은 절대 불가하다는 말입니다. MIT 공대 교수님 말씀 아닙니까? 전문성에 있어서 믿어도 될 만한 분의 말입니다.

18

지층이 말하는 진실

아래 그림과 같은 지층은 세계 어디서나 볼 수 있다고 합니다. 단단한 암석층과 무른 암석층이 떡시루처럼 평행하게 경사져 있고, 그것이 다시 한쪽이 깨끗하게 잘린 것처럼 된 지층의 모습입니다. 그런데 이걸 오래된 시간으로 이해를 하려면 여러 가지 문제점이 생깁니다. 강한 지층은 적게 풍화되어 깎이지 않고, 무른 지층은 많이 풍화되어 굴곡이 생겨야 합니다. 하지만 그렇지 않습니다. 즉, 무른 지층과 단단한 지층이 동시에 깎여서 똑같이 평평해진 상태이고, 그 위에 무언가가 또 쌓여 있는 상태라는 것입니다.

(일반적으로 발견되는 지층의 형상)   (진화론적 사고로 예상되는 지층의 형상)

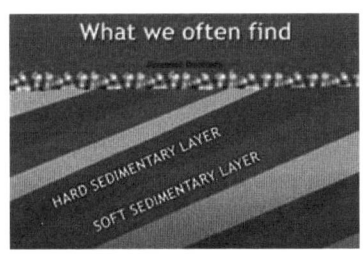 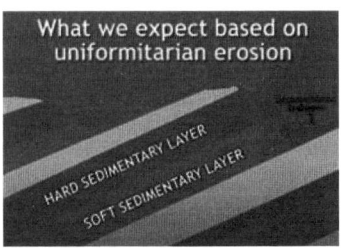

그리고 그 문제점은 현재의 과학으로(사실은 진화론적 사고) 해결되지 못한다고 합니다. 당연한 일입니다. 그렇게 오래된 적이 없었으니까요. 그리고 그 지층은 애초에 격변(대홍수)에 의해 쌓였기 때문입니다. 마이클 토마스라는 분은 이렇게 한탄합니다.

"이론들과 그것을 입증하는 증거들 사이의 연결 고리를 찾으려는 노력에도 불구하고, 지형의 장기적 삭박(削剝, denudation, 물, 바람, 파도 따위의 힘으로 지반이 깎여 평평해지는 일)에 대한 해석은 아직도 추정 단계에 머무르고 있다. 많은 사람들이 평탄화된 지표면이 존재함을 주장해 왔다. 그러나 백여 년에 걸쳐서 대륙들을 관찰하고 연구했음에도 불구하고, 일반적으로 인정받는(평탄면에 대한) 메커니즘은 출현하지 않고 있다."

하지만 노아 홍수를 대입하면 이런 문제는 아주 간단히 이해가 됩니다. 격류에 의해 쓸려온 흙의 입자들은 각자에 걸맞은 입자대로 쌓인 것입니다. 이것은 실험적으로 밝혀진 사실, 즉 팩트입니다. 격류가 흐를 때 평행한 지층이 쌓여갑니다. 그런 뒤에 또다시 지각의 대격변으로 인해 지층이 기울어지고, 아직 지층이 굳어지기 전에 또 다른 물의 급격한 흐름으로 깎여나가면 왼쪽 그림과 같이 동일하게 말끔한 면이 생성되는 것입니다. 노아의 대홍수는 이렇게 풀기 어려운 현상을 깔끔하게 풀어줍니다. 정리를 해보면 다음과 같습니다.

(1) 격변에 의해 흙과 암석이 씻겨서 내려감.
(2) 그것이 입자별로 층을 이루어 평행한 지층을 만들어냄.
(3) 지각 변동으로 평행한 지층이 기울어짐.
(4) 굳어지지 않은 지층들 위로 또다시 격하게 물이 흘러감.
(5) 그 결과 굳은 층과 연약층 모두 동일하게 깎은 듯한 형상이 됨.

과학은 현상을 가장 효율적이고 논리적으로 설명하는 도구입니다. 억지로 동일과정설(uniformitarianism, 오랫동안 지금과 같은 상태로 모든 것이 이루어져 왔다는 주장)에 끼워 맞추려고 하면 설명이 불가합니다. 이것은 다음의 성경 말씀이 생각나게 합니다.

> **베드로후서 3:4-6** 이르되 주께서 강림하신다는 약속이 어디 있느냐 조상들이 잔 후로부터 만물이 처음 창조될 때와 같이 그냥 있다 하니 이는 하늘이 옛적부터 있는 것과 땅이 물에서 나와 물로 성립된 것도 하나님의 말씀으로 된 것을 그들이 일부러 잊으려 함이로다 이로 말미암아 그때에 세상은 물이 넘침으로 멸망하였으되

'그냥 그대로 지금처럼 여전히 있다.' 즉, 동일한 과정으로 그때나 지금이나 자연은 돌아가고 있을 뿐이라는 자들의 주장이 오류로 드러나고 있는 것입니다. 하지만 과학과 증거는 그렇지 않음을 알려주고 있습니다. 진화론, 오래된 연대는 그것을 믿고 싶어 하는 이들이 만든 가설입니다. 이는 증명되지 못하고, 증거도 없습니다. 과학적 팩트가 아니라는 것입니다.

19

하나님이 없으면 행복할까?

도킨스는 무신론 운동을 주도하면서 버스 광고에 이렇게 썼습니다. "아마도 신은 없을 것이다. 걱정하지 말고 즐겨라."

도킨스는 신이 금지한 것들(예를 들면, 십계명)이 인간을 억압하고 삶을 누리지 못하게 한다고 생각하는 것 같습니다. 그래서 인생이 답답하고 힘들다는 생각을 하고 있는 것 같습니다. 얼핏 들으면 그런 것 같기도 합니다. 그런데 정말로 그럴까요? 얼핏 드는 생각에 동의하기 시작하면 잘못된 길로 들어서게 됩니다. 그러나 도킨스는 확실히 잘못 알고 있습니다. 그는 은밀하게 간통하며 즐기고, 은밀하게 도둑질해서 자신의 재산을 늘려가면 삶이 꽤 재미있고 즐거워질 것이라 믿는 것 같습니다. 정말 그럴까요?

예를 들어 봅시다. 아내 몰래 바람을 피우는 남자가 있다고 해볼까요? 남자는 즐거울 것입니다. 그리고 여자 쪽에서도 남편 몰래 바람을 피우면 그 여자도 마찬가지로 즐겁겠지요. 서로를 속이면서 바람을 피우는 것은 꿀맛일지도 모릅니다. 그런데 부부가 서로 함께 있는 시간은 어떨까요? 답답하고 지루하겠지요. 바람피우는 사람들에게는 꼭 필요한 것이 있습니다. 뛰어난 기억력이 있어야 한다는 점과 그럴싸한 거짓말을 할 수 있어야 한다는 점입니다. 그리고 아내나 남편 몰래 쓸 수 있는 돈이 필요합니다. 외간 남자나 여자와 어떤 레스토랑을 갔다고 가정해봅시다. 그런데 부부가 아무 생각 없이 이야기하다가 그만, 그곳이 처음이 아님을 말한다면 어떻게 될까요? 식은땀 나는 상황을 맞게 될 것입니다. 한번 거짓말한 것을 감추려면 또 다른 거짓말이 필요합니다. 더 그럴싸해야 하니까 더 많은 기억력을 필요로 하게 됩니다. 게다가 바람피우는 돈에 대해서도 아내, 혹은 남편이 모르게 처리해야 합니다. 쉽지 않겠지요.

그래도 이건 꽤 괜찮은 경우입니다. 어쨌든 상대방은 상처받지 않는 경우이니까요. 하지만 들켜버리면 문제가 커집니다. 두 사람의 관계는 파국으로 치닫게 될 것입니다. 바람피우지 않고 상대에게 충실했던 쪽의 상처는 더 큽니다. 이혼으로 가는 길은 남들에게 말할 수 없는 처절한 고통과 분노의 길입니다. 바람피운 사람은 얼마간 즐거웠을 수도 있습니다. 하지만 그 아내나 남편은 말할 수 없는 불행을 맛보아야 합니다. 은밀하게 즐기는 자기의 상대편에게는 고통과 불행을 넘겨주게 된다는 말입니다. 남의 아내나 남편을 탐내면 이런 불행이 닥치게 됩니다. 하나님께서 제시하시는 도덕 기준이 약화되면 불행해집니다. 그런 곳은 세상에 널려 있습니다.

뉴욕 할렘가의 예를 들어 볼까요? 할렘가는 뉴욕의 다른 지역에 비해 강도, 강간, 살인 같은 강력범죄 비율이 월등히 높습니다. 요즘은 많이 나아졌다고는 하지만, 아직도 밤에 돌아다니면 안 되는 지역입니다. 자기 물건은 자기가 반드시 챙겨야 합니다. 한순간만 방심을 해도 사라져 버립니다. 도덕 기준이 약화된 곳의 모습입니다. 훔치는 자 입장에서는 즐거울 것입니다. 경찰에게 잡히지 않으면 더더욱 그렇겠지요. 하지만 자기 물건을 잃어버린 사람도 행복할까요?

이런 곳이 인생을 즐길 만한 곳이라 생각할 수 있나요? 대한민국은 치안이 아주 좋습니다. 그래서 늦은 시간에 혼자 돌아다녀도 강력범죄를 당할 확률이 낮습니다. 외국인들이 와서 놀라는 장면 중 하나입니다. 한강변 같은 경치 좋은 곳에는 청춘 남녀의 무리들이 행복한 저녁 시간을 보냅니다. 귀가하는 사람들은 으슥한 곳에서도 크게 두려워하지 않습니다. 핸드폰을 두고 잠시 화장실을 다녀와도 그것을 집어가는 사람이 없습니다. 그게 대한민국의 모습입니다. 할렘가와 대한민국, 당신이라면 어떤 곳에 살고 싶은가요?

헬레나 노르베리 호지가 라다크의 삶을 16년간 기록한 《오래된 미래》에서는 빈곤해도 도덕적으로 훌륭했던 시절의 사람들의 삶이 있었습니다. 그들의 행복지수는 훨씬 높았던 것을 보여줍니다. 문명이 들어오면서 서로에 대한 배려가 사라지고, 도덕의 기준이 흐려졌습니다. 돈을 위한 경쟁이 가열되면서 청소년 문제, 고독한 노인들의 문제가 생겨나고, 가난이 사회문제로 떠오릅니다. 이기적으로 변한 사회에 비극이 만연하기 시작했습니다. 도킨스식으로 극히 일부는 걱정 없이 즐길 수 있게 되었습니다. 고급 차를 사고 빈둥거리며 여자들과 술의 향락에 빠져 사는 사람도 생겨났습니다. 하지만 많은 사람들은 고통으로 빠져들어 갔습니다. 도덕이 약화된 세상의 모습입니다.

하나님이 없으면 객관적 도덕의 기준도 사라집니다. 진화론적 사고가 기초가 되면 우리가 알고 있던 모든 도덕 기준은 그 토대가 사라지게 된다는 말입니다. 절대적 기준이 사라지면 상대적 기준만 남게 됩니다. '남에게 고통을 주지 않는다면 뭘 하든 무슨 상관인가?' 또는 '서로 합의하에 한 일이라면 남들이 뭐라 할 이유는 없다'는 식의 주장들이 나오게 됩니다. 유식하게 말하면 도덕적 상대주의라고 할 수 있습니다.

하지만 그런 주장은 무지에 기반을 둔 합리화일 가능성이 큽니다. 예를 들어, 큰 부자가 되는 과정에는 제도화된 임금 착취라는 과정이 존재합니다. 노동자에게 돌아가야 할 마땅한 대가를 의도적이든 아니든 간에 도둑질을 하는 셈이 되는 것입니다. 자기가 노력해서 부자가 되었다고 할 수 없다는 것입니다. 비록 서로의 합의하에 이루어진 일이라고 해도 기울어진 운동장처럼 한쪽에 유리하기 마련인 것입니다. 합의한다고 해서 만사가 다 정당화될 수는 없다는 말입니다.

박사방이라는 곳이 커다란 이슈가 되었습니다. 청소년들을 위협하거나 돈을 주면서 음란한 영상을 찍게 하고 나눠서 보았다고 합니다. 자기들의 음욕이 충족될 때 그들은 즐거웠을 것입니다. 박사방 조주빈은 큰돈도 벌었습니다. 32억이나 된다는 말이 있습니다. 그는 자기가 하는 일에 대해서 당당했습니다. 그래서 경찰이 그를 체포하려고 할 때 소리를 지르며 저항했습니다. 여기서 도킨스식 사고를 적용해 볼까요? 만약 도덕 기준을 실행하는 경찰이 없었다면 조주빈은 영원히 행복했을까요? 그럴지도 모르죠. 그러면 그들에게 협박당하거나 혹은 돈을 받고(서로간의 합의하에??) 영상에 등장한 아이들도 행복할까요? 천만에요. 한때의 일로 평생을 고통 속에 살아가야 합니다. 하나님이 없으면 행복해진다구요? 도킨스 자신도 절대 행복할 수 없는 삶이 될 것입니다.

도덕 기준이 사라진 곳에서 일어나는 비극은 무수히 많습니다. 진화론자들이 바라는 세상은 빛이 아니라 어둠입니다. 도덕은 이웃을 위한 최소한의 사랑입니다. 사실은 그들의 영혼에도 하나님께서 심어준 객관적 도덕적 기준이 작동합니다. 그 덕에 세상은 그럭저럭 유지되고 있는 것 같습니다. 도덕적 상대주의는 없습니다. 상대주의라는 이름의 절대주의가 있을 뿐입니다.

20
실험으로 입증되지 못한 가설

　진화에 대한 가설은 실험적으로 입증되지 못합니다. 시간이 오래 걸리기 때문이라고 변명합니다. 하지만 오랜 시간을 두고 실험해도 입증이 안 됩니다. 초파리 600세대의 실험에서 진화를 지지할 만한 아무런 증거를 찾지 못했다는 연구조사가 발표되었습니다[캘리포니아 얼바인 대학(University of California Irvine)의 연구원인 몰리 버크(Molly Burke)]. 이것을 인간의 시간으로 치면 최소 1만 2천 년으로 환산할 수 있습니다. 세대당 30년으로 잡아서 계산하면 그렇습니다. 돌을 깨서 쓰던 사람과 우리가 전혀 아무런 차이가 없다고 봐도 된다는 말입니다. 결코 짧은 시간이 아닌데 지지할 증거는 없었다고 합니다. 내용을 간략히 살펴보겠습니다. 〈Nature〉지에 게재된 것입니다.

> "얼바인 대학(University of California Irvine)의 연구원인 몰리 버크(Molly Burke)는 초파리를 600세대 이상 추적하며 유전적 변화를 연구했다. UCI 실험실은 1991년부터 초파리들 중에서 천천히 성장하며 수명이 긴 그룹과, 빨리 성장하며 짧은 수명을 가진 초파리들을 분리시키며 키워왔다. UCI 과학자들은 두 그룹 사이에 초파리의 성장과 수명에 영향을 주는 DNA 염기서열을 비교하였다. 인간으로 12,000년에 해당하는 기간 후에도 초파리들은 놀랍게도 차이가 거의 없음을 보여주었다."

연구자들의 결론을 볼까요?

"성 개체군에서 적응(adaptation)은 유리한 돌연변이들은 고정되어 새로운 것이 생겨난다는 진화론적 진보와는 관련이 없다."
–Burke, M. K. et al. 2010. Genome-wide analysis of a long-term evolution experiment with Drosophila. Nature. 467 (7315): 587-590.

이들은 시간이 짧았다는 변명을 하고 있지만 100배로 늘려도 변화량이 얼마나 될지는 의문입니다. 100배이면 120만 년이고, 인간의 직립보행이 이루어질 수 있는 변화의 시간입니다. 직립보행을 위해서는 엄청난 유전적 변화가 필요합니다. 이들이 그런 징후를 느꼈다면 분명히 이에 대한 언급을 했을 것입니다.

그뿐이 아닙니다. 리처드 렌스키(Richard Lenski)와 그의 동료들은 1988년 이후 지속적으로 박테리아 40,000세대 이상을 추적하면서, 진화의 징후를 찾으려고 조사해 왔습니다. 대장균이 환경에 따라 어떻게 유전적 변이가 일어나는지에 대한 실험입니다. 1988년에 시작해서 아직도 하고 있습니다. 이분들의 엄청난 노력에 경의를 표하고 싶습니다. 하지만 내용은 그다지 진화론에 희망을 주는 것 같지 않습니다. 결국 처음에 시작했던 박테리아 종은 축적된 돌연변이들에 의해서 손상을 입었고, 생겨난 변화란 퇴행적인 것이었습니다. 진화가 원하는 새로운 종으로의 변화는 없었다고 합니다. 사람으로 치면 200만 년 이상의 시간입니다.

여기서 잠깐 짚어야 할 부분이 생각납니다. 창조 시 개과 조상 한 쌍에서 진돗개, 시바견, 미니핀, 웰시코기, 셰퍼드, 스피츠 등등이 나올 수 있습니다만, 이것은 진화가 아닙니다. 각각의 지역과 먹이 관계로부터 변이가 있을 수 있고, 또 인위적 선택으로 유전자가 조합될 수도 있지만 그것은 진화가 아니란 것을 기억해 둘 필요가 있습니다. 대장균도 마찬가지입니다. 그런데 진화론자들은 교묘하게 진화를 지지합니다. 예를 들면 variation(변이, 변화)과 evolution(진화)을 적당히 혼용한다는 겁니다. 그래서 종내에서 일어난 변화를 '소진화'라고 하면서 마치 소진화(variation의 결과)가 대진화(evolution, 새로운 종의 탄생)로 이어지는 것처럼 말한다는 것입니다. 그럴싸한 착시현상입니다. 인터넷에서 발견한 어떤 분의 증언입니다.

"대학 시절 30년 동안 초파리를 계대배양하셨던 유전학 교수님이 계셨습니다. 그리고 퇴직하실 때 한마디하셨죠. '진화는 임파서블이야.' 왜냐구요? 그 무수히 많은 초파리 중에 찌질한 것들은 많이 발생하였지만 최소한 종 수쥰을 뛰어넘는 것은 고사하고 집파리라도 된 놈이 한 마리도 없었기 때문입니다. 30년 동안이나 공들여 키우셨는데 말입니다."

이것이 진실입니다. 글을 쓴 분은 아마도 생명공학을 전공하신 분이 아니었나 싶습니다. 지도교수님의 노력이 물거품이 되어 안타까울 따름입니다. 실패도 연구 업적인 만큼 기억되어야 할 텐데 말입니다. 안타까울 따름입니다.

진화의 증거를 찾으려고 초파리에 방사선(X선)을 쬐는 실험도 했습니다. 허먼 조지프 멀러(Hermann Joseph Muller, 1890~1967년)는 파리에 X선을 쬐어 인위적으로 돌연변이가 일어나는 것을 증명했습니다. 그는 1946년 노벨 생리학·의학상을 받았습니다.

방사선에 노출된 초파리는 여러 가지 이상한 놈들이 생겨났습니다. 그중에 바이코덜이라는 불쌍한 놈들이 있습니다. 바이코덜

(bicaudal)은 신체 대부분이 없는 채로 태어나는 돌연변이 초파리입니다. 하지만 항문은 2개가 서로 반대방향으로 붙어 있거나 뇌와 눈, 그 밖의 이동 기관이 전혀 없기 때문에 태어난 지 두세 시간 동안 그저 엉덩이만 씰룩거리다 삶을 마감합니다.

안테나피디아(Antennapedia)로 불리는 녀석도 있습니다(안트프, Antp). 다리가 지나치게 많이 발달한 돌연변이로, 다리 한 쌍이 제자리에 붙어 있지 않고 더듬이(안테나)가 있어야 할 얼굴 부분에 붙어 있기도 했습니다. 생식기 부분에 각피가 덮인 채 태어나는 놈도 있었습니다. 교미 도중에 성기가 오그라드는 돌연변이도 있습니다. 빙빙 돌거나 이상한 짓을 하다가 굶어 죽는 돌연변이도 생겼습니다. 여러 가지 파괴된 기이한 모습들을 보여주지만, 이들 중에 제대로 된 변이는 없는 것 같습니다. 안타까운 일이지요. 그나마 새로운 종으로 이어질 희망이나 징조를 찾지 못한 것 같습니다.

인간은 다를까요? 나가사키와 히로시마에 투하된 원자폭탄의 경우는 어떨지 검색해 봤습니다. 사망자가 히로시마에서 14만 명, 나가사키에서 7만 명으로 추정하고 있습니다. 피폭된 분들은 열, 폭풍, 방사능, 2차 피폭 등에 의해 신체적인 면은 물론 재산의 손실, 장애로 인한 노동력 상실, 가정의 파괴 및 결손, 방사선에 의한 질병(암 등)과 후유증 등 2차적인 피해까지 다양합니다. 2세들도 기형·유전성 난치병 등에 시달리고 있다고 합니다. 안타까운 일입니다. 어느 누구도 X맨 같은 슈퍼급으로 진화된 사람은 없습니다. 돌연변이가 더 유리하다는 것은 영화에나 나오는 환상입니다.

이미 아먼드 르로이의 《돌연변이》에서도 말씀드렸지만, 돌연변이는 99.999퍼센트가 자연선택에서 사라집니다. 유리하다고 하는 것도 정상이 아닌 경우입니다. 수갑을 채우려 했더니 수갑을 채울 두 손이 없는 경우 같은 것입니다. 이런 것은 진화가 아니라 퇴화입니다.

비극입니다. 창조주 하나님께서는 '종류대로' 살아가도록 하셨습니다. 창조질서가 깨어진 곳에는 비극뿐입니다.

인위적 선택인 육종의 경우도 일종의 진화실험이지만 결국은 종의 한계를 넘지 못합니다. 질병이나 기형으로 죽어버리거나 어떤 한계에 달하면 더 이상 생식을 안 하기도 합니다. 진화론은 전혀 실험적으로 입증되지 못했습니다. 브리스톨 대학의 세균학 수석 교수인 알란 린톤(Alan Linton)은 자신의 실험에 대한 상황을 이렇게 요약했습니다.

"실험적 증거는 어디에 있는가? 한 종이 다른 종으로 진화한 것을 보여준다고 주장하는 문헌은 존재하지 않는다. 독립적 생명체의 가장 단순한 형태인 박테리아는 이런 종류의 연구에는 이상적이다. 한 세대의 시간이 20~30분이며 18시간 후에 개체군 집단을 이룬다. 그럼에도 150년 동안의 세균학을 통하여, 박테리아 개체군들이 강력한 화학적 돌연변이원(mutagens)들과 물리적 돌연변이원들에 노출됐음에도 불구하고, 그리고 독특하게 염색체 외의 전달 플라스미드(transmissible plasmids)를 가지고 있음에도 불구하고, 한 종의 박테리아가 다른 종으로 변했다는 그 어떠한 증거도 없다. 단세포의 가장 단순한 형태들 사이에서도 종의 변화는 없기 때문에, 고등한 다세포 생물로의 진화는 말할 것도 없고, 원핵세포로부터 진핵세포로의 진화에 대한 그 어떠한 증거도 없다는 것은 놀라운 일이 아니다."

창조/진화

제3장

믿기 힘든 연대 측정

01
지질학적 연대 측정의 모순

지층이나 지형을 보면서 학자들은 쉽게 수만 년, 수억 년이라는 연대를 이야기합니다. 그러면 그것을 듣는 사람들은 자연과 오래된 연대에 대한 경외심 같은 것을 느끼게 됩니다. 대자연의 위대함 같은 느낌이 들게 되는 것입니다. 이에 관련된 책자를 찾아보면 고생대니 신생대니 하면서 일목요연하게 분류되어 있습니다. 토질 관련 공부를 하는 사람이라면 이 도표를 기본적으로 암기해야 합니다. 이 도표에서 좀 더 세분해 들어가면 더 많은 지층들이 보입니다. 아주 과학적으로 잘 분류된 것 같습니다. 하지만 이쯤 되면 슬슬 질리기 시작합니다. 머리가 어지럽습니다. 그쯤에서는 상식이 아니라 전문적이라 생각하고 책을 내던지게 됩니다.

어마어마한 시간은 경외감과 신비를 느끼게 합니다. 그리고 그 오랜 시간 동안에는 호랑이도 담배를 피웠을 것 같은 착각을 일으킵니다. 오래된 연대는 온갖 마법이 자연스럽게 허용될 것 같은 관용성을 갖고 있습니다. 심지어 과학도 그런 느낌을 부인하지 않고 잘 이용하는 것 같습니다. 그런데 그 오래된 연대는 진짜 사실일까요? 과학적으로 엄밀하게 판단된 것일까요? 수십만 년, 수천만 년, 수십억 년이라는 연대 말입니다. 아래의 에피소드를 보면서 생각해 보시지요. 이것은 제가 지어낸 것이 아닙니다. 어딘가에서 퍼왔는데 기억은 나질 않습니다.

(펌글)

"영자네 집은 어디? 철수네 옆에.
그럼 철수네 집은 어디? 영자네 옆에…^^"
지질학도 일반인들에게는 어려운 말로 설명되지만 핵심 내용은 그와 같습니다.

질문자: "지질학적 시대는 어떻게 결정되나요?"
지질학 교수: "그건 그 시대에 해당되는 지층을 통해 결정합니다."
질문자: "그럼, 그 지층의 연대는 어떻게 알 수 있습니까?"
지질학 교수: "지층에 포함된 화석을 통해 알 수 있습니다."
질문자: (의도한 대로 대화가 흘러감을 알고) "그렇다면, 탄소 연대 측정법은 비교적 최근의 연대를 측정할 때만 사용 가능하고, 방사성 연대 측정법은 화석의 연대를 측정하는 데는 사용되지 않는 것으로 알고 있는데, 화석의 나이는 어떻게 결정합니까?"
지질학 교수: "그 화석이 발견된 지층의 나이로 결정합니다."
질문자: "그건 순환오류가 아닌가요? 화석의 나이는 바위의 나이로 측정하고, 바위의 나이는 화석으로 측정한다고 하면 순환논리의 오류라 생각합니다."
지질학 교수: "…그런 것 같군요. 하지만 그것이 우리가 할 수 있는 최선입니다."

난 이 교수님의 정직함에 감사한다. 특히 이 대화가 일반 대학생들로 가득 찬 교실에서 이루어졌다는 것을 생각해 보면 더욱 그렇다. 반면에, 그들의 입장이 이런 순환오류가 있음을 인정하지 않는 동일과정설 지지자들, 특히 소위 크리스천이라 하는 자들에게는 넌더리가 난다. 바이오 로고스 사람들처럼 그들은 계속해서 증명하고 싶어 하는 것("현재가 과거에 대한 열쇠다")에 대해서 단언하기만 할 뿐이다. 어떤 논증도 없이 말이다.

오래된 연대를 정하는 방식이 순환논리라는 것입니다. 서로의 꼬리를 물고 빙빙 돌아가는 순환논리로는 사실상 아무것도 알아낼 수 없습니다. 이거 정말 놀라 자빠질 일 아닙니까? 과학이 이렇게 허망한 방식으로 연대를 결정하다니요. 전혀 과학적으로 보이지 않습니다. 어떤 지층에서 공룡의 화석이 나오면 최소한 6,500만 년 전이라고 단정합니다. 왜냐하면 공룡이 6,500만년 전에 멸종되었다고 믿고 있기 때문입니다. 그걸 어떻게 알았을까요? 절대연대 측정법으로 알았을까요? 아닌 것 같습니다. 위에서 인용된 지질학 교수의 말은 그것이 아닙니다.

화석에는 방사성 동위원소법을 적용하기 곤란합니다. 왜냐하면 화석은 용암처럼 생성된 것이 아니기 때문입니다. 화석은 어딘가에서 밀려온 흙과 돌 조각들로 인해 생성된 것입니다. 그것을 방사성 동위원소법으로 측정하면 화석을 구성하는 알갱이의 생성 연대를 측정하게 됩니다. 화석의 생성 연도와는 상관이 없는 것입니다. 그래서 지층의 연대를 기준으로 결정을 합니다. 그러면 지층의 연대는 어떻게 알까요? 지층도 마찬가지로 직접 방사성 동위원소법을 적용하기 곤란합니다. 그래서 공룡화석이 나왔으므로 그런 지층은 6,500만 년 전이라고 판단하게 됩니다. 물론 간접적 방식이 있기는 합니다만, 그것조차도 신뢰성은 낮아 보입니다.

게다가 지층의 절대연대를 측정한 결과가 이상한 것도 한둘이 아닙니다. 제주도에 딸린 비양도의 예도 그렇고(기록은 1천 년, 연대 측정은 2만 년 이상), 유명하게 알려진 케이스로는 KBS Tuff 논란이 있습니다. 1967년 지질학자 리차드 리키는 케냐에 있는 Kay Behrensmeyer Site(KBS)에 있는 암석을 당시 연대 측정의 권위자였던 F.J. Fitch와 J.

A. Miller에게 가져다가 칼륨/아르곤 측정법을 통해 약 2억 3천만 년 전 지층이라는 결과를 얻습니다. 이 지층에 대한 연대가 결정되었는데 나중에 문제가 생겼습니다. 이 지층의 위아래에서 돼지나 코끼리의 화석, 또 유인원들의 화석이 발견된 것입니다. 진화론에 따르면 이들은 200만 년~500만 년 이상 될 수 없었습니다. 그래서 이들은 새로운 연대 측정 샘플을 달라고 요청했고, 이후 여러 연대 측정들이 실시되었는데, 최고 261만 년에서 52만 년 사이의 측정 결과가 나왔습니다. 놀랍게도 현대적 동물의 화석이 발견된 이후에 측정을 하니 그런 결과가 나왔답니다! 신기한 일입니다. 현대적 동물 화석이 나오기 전에는 방사성 동위원소법으로 2억 3천만 년이었다가 화석이 발견된 후에 100분의 1 내외로 줄어들었습니다. 이런 측정법을 믿어도 되나요? 결국 진화론적 연대와 비슷해지기는 했지만 그나마 500배가 넘는 오차율이 있었습니다.

이상하죠? 틀렸다고 생각하자 재측정을 했고, 결국은 대충 들어맞았다는 겁니다. 대체 처음에 측정된 연대는 왜 틀린 걸까요? 오염 때문이라고 할까요? 그때는 오염된 것을 몰랐다가 나중에 새로운 화석의 발굴로 오염이라는 것을 판단하게 된 것입니다. 이상한 점은 또 있습니다. 나중에 측정된 연대는 오염되지 않은 것일까요? 오염이 아니라는 것을 어떻게 알 수 있을까요? 화석 때문에 그렇다고 할 것 같네요. 그러면 뭐 하러 연대 측정을 하는 걸까요? 이미 결정된 현대적 화석이 있는데 그냥 그 화석으로 연대를 판정하면 그뿐일 텐데요. 순환논리가 작동하고 있습니다. 역사의 유물에 대해서도 이런 이상한 일은 일어납니다. 다음은 퍼온 글입니다.

△하와이 지구물리연구소는 킬라우에아 산의 화산석을 방사성 연대로 측정한 결과 30억 년이라는 연대를 얻었다. 이 바위들은

1801년의 화산 폭발로 만들어진 것이었다.

△1980년 분출 이후에 형성된 미국 세인트헬렌스 산에 있는 암석은 방사성 연대 측정 결과 35만 년에서 280만 년으로 연대가 나왔다.

△호주 국립대학의 맥두걸은 1,000년이 되지 않은 것으로 알려진 뉴질랜드의 용암석을 측정해서 46만 년이라는 연대를 얻었다.

△1991년 남아프리카 총립지에서 락 페인팅(돌에 그린 그림)이 발견되었다. 옥스퍼드 대학교에서 방사성 탄소 가속기를 이용해 측정한 결과 약 1,200년 전의 것으로 판명되었다. 그러나 나중에 밝혀진 바로는 조앤 아렌스라는 여자가 공예 강습 시간에 만들어 정원에 두었다가 도난당한 물건이었다.

연대 측정자는 역사학자들과 미리 이야기를 많이 하도록 해야 합니다. 미리 이야기를 한다는 것이 무슨 말일까요? 절대연대 측정법이라고 하면서 역사학자들의 견해를 들어야 할 이유가 있나요? 대체 왜 그럴까요? 엉뚱한 결과를 걸러내기 위해서 그렇게 한다고 합니다. 말하자면 엉뚱한 결과가 나오는 것을 측정자들도 잘 알고 있다는 뜻입니다. 그리고 측정 결과를 어쩌면 조작(?) 또는 조절(?)해야 한다는 뜻인지도 모릅니다. 그래서 역사가들이 알고 있는 연대나 예측하는 연대와 전혀 다른 결과를 미리 숨아내기 위한 것입니다. 전혀 엉뚱한 결과는 오염되었다고 판단합니다. 그러면 오염인지 아닌지 모르는 연대에 대해서는 어떻게 걸러낼 수 있을까요? 예를 들면 수억 년이라는 연대는 무슨 수로 오염 여부를 결정할까요?

아무것도 모른 채 측정을 해서 확실한 결과를 내주어야 '절대연대 측정'이라 할 수 있습니다. 그런데 왜 이런 오차 수정(?) 의도를 가진 작업들이 발생할까요? 질량분석법이네 뭐네 하는 최첨단의 기기들이 동원이 되는데, 그나마 500배 정도의 오차율이 나는 측정법이라면 아무래도 믿기 어렵습니다. 절대연대 측정법에는 오염을 제거하기 위한 어떤 과정이 꼭 필요한 모양입니다. 그것도 기계적인 어떤 것이 아니라 다른 기준을 참조하는 과정이라니 너무 허망합니다. 사실상 수천만 년, 수억 년 같은 오래된 연대는 오염을 솎아낼 방법이 없는 셈입니다.

혹자는 교차검증이라는 말을 합니다. 또 다른 방사성 동위원소로 교차검증을 하면 정확해진다고 말합니다. 방사성 원소는 한둘이 아니니까요. 왠지 그럴싸합니다. 다른 원소로 측정했더니 비슷한 결과가 나왔다면 나름 신뢰할 수 있을 것입니다. 그렇게 해서 결과들이 나오니 믿을 만하다고 주장합니다. 하지만 이상합니다. 다른 원소들 중에서 오염되지 않은 것들이 있다는 것은 무엇을 기준으로 알 수 있을까요? 그들이 동일하게 평균적으로 일정한 측정결과를 내주는 것도 아닌 듯한데요. 아리송합니다.

다시 위의 측정 결과로 돌아가봅시다. 애초에 케냐에 있는 Kay Behrensmeyer Site(KBS) 지층의 연대 측정을 할 때는 교차검증을 안 한 것일까요? 교차검증을 안 해서 그렇게 된 것이라면 지금 책이나 매스컴에서 떠들고 있는 연대들의 태반은 교차검증이 되지 않은 것일 가능성이 농후합니다. 이 지층은 여러 가지 연대의 기준처럼 언급되기도 했었습니다. 그런 기준이 된 지층을 틀리게 했다면 무책임한 것입니다. 그냥 화석과 한 가지 방사성 동위원소만 갖고 측정해서 발표된 연대는 모조리 재검토되어야 합니다. 과학이라고 하면 마땅히 그래야 합니다. 하지만 그런 것 같지 않습니다. 만약 KBS 지층에서 화석이 나오지 않았으면 재검토는커녕 그 지층은 여전히 2억 3천만 년 된 지층으로 남았을 것입니다. **게다가 첫 번째 나온 값(2억 3천만 년)과 나중에 나온 값(50~261만 년)은 일종의 교차검증 값이라고 볼**

수도 있습니다. 화석이 없었을 때 이런 두 값이 나오면 어떤 값이 정확하다고 판단할 수 있을까요? 어떤 것이 오염되지 않은 값일까요?

화석의 연대는 지층의 연대로 판단되고, 지층의 연대는 화석의 연대로 판단됩니다(진화론에서 볼 때). 현대적 화석이 50~261만 년 된 것이라는 것은 무엇으로 판단된 것입니까? 지층으로 판단되었겠지요. 그러면 그 지층의 연대는 어떻게 측정될까요?

왠지 바보들의 행진 같다는 느낌입니다. 어떻게 과학이라는 이름으로 이런 일이 발생하는지 모르겠습니다. 이런 일이 한두 건으로 끝나는 해프닝이 아니라는 데 더 문제가 있습니다. 앞서도 얼핏 언급했지만, 제주도의 비양도는 기록에 1천 년 전으로 나타납니다. 연대 측정은 2만 년이 넘은 것으로 나옵니다. 전곡리 구석기 유적은 두 번 측정했는데 4만 년과 20만 년 두 가지로 나옵니다. 이런 이상한 결과들은 한둘이 아닙니다. 대체 수억 년, 수천만 년은 어떻게 믿을 수 있을까요?

우리가 알고 있는 오래된 연대의 과학은 이렇게 구멍이 숭숭 뚫려 있습니다. 그런 것은 일반에는 알려지지 않고 그냥 과학이라는 책 속에 덮여 있습니다. 과학의 권위가 바보들의 행진을 영웅들의 퍼레이드로 바꾸고 있는 것 같습니다. 지금도 화석의 연대는 지층의 연대로 결정되고 지층의 연대는 화석의 연대로 결정되고 있습니다. 희한하지만 그것을 과학이라고 말합니다. 솔직하게 그냥 모른다고 하면 될 일입니다. "임금님 귀는 당나귀 귀~~~!?"

02

비양도의 진실

　여름이면 일주일 정도의 시간을 내어 제주도 선교를 다녀오곤 했습니다. 제주도는 삼다도라 했지만 그중에 여자들은 육지로 나가버렸습니다. 그래도 삼다도는 맞는 것 같습니다. 왜냐하면 여행객 중에 남자보다 단연 여자들이 많으니까요. 여자들, 특히 젊은 여자들끼리 삼삼오오 아름다운 바다와 카페를 찾는 모습은 그 자체로 아름다운 풍경입니다.
　단기선교에도 적지 않은 젊은 청춘들이 제주도를 찾아옵니다. 상처가 많은 제주도를 위로하고, 작은 교회와 연계해서 여름 성경학교를 하기도 하고 노방전도를 하기도 하며 은혜를 함께 나눕니다. 우리는 작은 헌신이지만 연계 교회는 생기를 얻고 활동의 동력이 되기도 하는 것 같습니다.
　연계된 교회 중에 비양도교회가 있습니다. 아주 작은 교회를 목사님께서 자리를 지키며 목양하는 귀한 연계 교회였습니다. 비양도는 제주도의 섬, 즉 섬의 섬인 곳입니다. 해안선 길이가 3.5킬로미터, 동서 및 남북의 길이가 850미터, 면적이 0.59제곱킬로미터에 불과한 작은 섬입니다. 빠른 걸음으로 한두 시간이면 섬 한 바퀴를 돌 수 있어 관광객들이 당일치기 여행에 딱 좋은 곳입니다.
　이 비양도는 약 1천 년 전 화산 활동으로 물 밑에서 솟은 섬입니다. 비양도는 제주에서 가장 늦게 태어난 젊은 섬입니다. 고려시대에 화산 폭발로 탄생했다는 기록이 〈신증동국여지승람〉 제3권에 남아 있습니다. 비양도 압개포구 선착장에 도착하면 제일 먼저 보이는 표지판에 "고려 목종 5년(서기 1002년) 6월에 산이 바다 한가운데서 솟아나는데 산꼭대기에 4개의 구멍이 뚫리어 붉은 물이 솟다가 닷새 만에 그쳤으며 그 물이 엉겨 모두 기왓골이 되었다"는 기록이 보입니다(한겨레). 기록은 1천 년인데 방사성 동위원소법으로는 2만 7천 년으로 나온답니다. 주민들은 비양도를 천년섬이라고 하기도 하고, 제주도와 비양도를 잇는 연락선의 이름을 천년호라고 하는 등 작은 섬에 천 년이라는 단어가 많이 보입니다.

멀리서만 본 섬은 보통의 섬과 다를 바 없어 보였습니다. 푸른 나무들과 숲, 바다와 돌들을 보면 그곳에 1천 년 전에 뜨거운 용암이 흘렀다는 게 믿기지가 않습니다. 동네들을 보면 그곳에 작은 텃밭과 꽃들이 피어 아름답습니다. 우리나라 전형적인 시골의 모습입니다. 천 년이면 용암 바위 섬이 풍화되어 흙이 생기고, 거기에 풀씨가 날아와 꽃이 피고 나무숲이 우거질 수 있다는 살아 있는 증거입니다. 수백만 년이나 수천만 년이 지나야 식생이 형성되는 것이 아니라는 것입니다. 생각보다 빠르게 자연은 회복되는 것 같습니다. 용암이 식어서 흙이 되는 시간까지 의외로 짧아 보입니다.

과학은 비양도가 2만 7천 년 되었다고 하는데, 기록은 1천 년입니다. 어떤 것이 맞을까요? 당연히 기록이 맞습니다. 역사에서 가장 중요한 것은 1차 사료(기록)라고 합니다. 기록이 가장 먼저이고, 그다음이 유물이고, 그다음이 방사성 동위원소 연대측정입니다. 절대연대라는 이름이 부끄럽게도 방사성 동위원소법으로 측정된 값은 그야말로 시장의 떨이 물건처럼 취급됩니다. 심지어 1+1처럼 치욕적인 취급을 당하기도 합니다. 기록이나 유물의 연대와 맞는 것 같으면 써

주고, 기록과 틀리면 거들떠보지도 않습니다. 우리가 매스컴에서 듣고 보던 것과는 실상이 다릅니다. 이게 진짜 실증주의랍니다. 물론 1차 사료도 교차 검증 등의 방식으로 검증이 되어야 합니다.

기왕에 방사성 동위원소법 연대 측정에 대해서 말이 나왔으니 계속해 보겠습니다. 과학이론은 디테일에서 결판이 난다고 할 수 있습니다. 아무리 우주의 심연을 다루는 이론이라 해도 막상 실제의 실험이나 관측에서 틀린 값이 나타나면 그 이론은 재고되어야 마땅합니다.

방사성 탄소 연대 측정법(放射性炭素年代測定法, Radiocarbon dating)은 탄소화합물 중에 탄소의 극히 일부에 포함된 방사성 동위원소인 탄소-14(14C)의 조성비를 측정합니다. 그래서 연대를 추정하는 것이 방사능 연대 측정의 한 방법입니다. 간단하게 탄소연대측정이라고도 부릅니다. 원소의 반감기를 통한 연대 측정법의 기본 내용은 이미 널리 알려져 있으니 여러 말을 할 필요가 없습니다. 반감기에 대한 기본원리도 매우 간단합니다.

처음 방사성 원소가 2분의 1이 되는 기간과 그것이 다시 2분의 1이 되는 시간이 같습니다. 만약 8분의 1일의 원소량이 남아 있으면 반감기를 세 번 거친 것입니다. 그러면 알려진 반감기의 3배 기간의 연대를 가진 지층이나 돌이라는 뜻이 됩니다. 아주 명확하고 간단해 보입니다.

그런데 이 책에서 저자는 이상한 말을 많이 하고 있습니다. 한마디로 말하면, 절대적 연대의 기준이 되어야 하는 이 측정법이 사실은 전혀 그렇지 않다는 것입니다. 절대연대 측정법이라고 하기에는 수상쩍은 여러 가지 보정과 좌우를 살펴야 하는 초라한 연대측정법이라는 것입니다. 나무의 나이테(브리슬콘 소나무)를 따져봐야 하기도

하고, 측정값의 통계적 보정, 심지어는 이웃 연구소와 비교를 통해서 시스템의 보정도 해야 합니다. 그뿐만이 아닙니다. 그것만으로도 모자라서 고고학자와 토론을 통해서 '대충' 그 유물의 연대를 미리 파악해야 한다는 것입니다!

어느 정도 답을 파악해야 하다니 이상한 느낌이 들지요? 얼핏 생각하기에는 탄소동위원소법이 먼저이고, 그다음이 유물이나 유적의 형태, 기록을 통한 연대추정이 나중일 것 같은데, 완전히 그 반대입니다. 그렇게 해도 나중에 고고학에서 추정한 연대와 차이가 나면 그 측정값들은 버려집니다. 실제로 그렇습니다. 역사학자들은 1차 기록물을 가장 신뢰합니다. 연대측정은 그런 신뢰를 그저 보조해주는 또 다른 자료에 지나지 않습니다. 1차 사료와 다른 값은 발표하지 않기도 합니다. 이상하지 않은가요?

동위원소 측정법 중에 가장 정확하다고 믿어지는 탄소연대측정법은 온갖 변수에 시달립니다. 아무리 보정을 하고 또 해봐도 스스로는 답을 찾지 못합니다. 결국은 고고학자의 추정에 근접한 값을 들고 나서는 것 외에는 방법이 없습니다. 어찌 보면 끼워 맞추기처럼 보입니다. 이게 방사성 동위원소 측정법의 민낯입니다.

다른 동위원소의 경우는 어떨까요? 수억 년, 혹은 수십억 년의 연대를 측정한다고 하고, 지구 나이는 45억 년이라고 주장합니다. 거기에도 우리 같은 일반인이 모르는 숨겨진 이야기들이 있습니다. 애초에 딱 떨어지게 45억 년이라는 수치가 측정된 것이 아니라는 것입니다. 가장 오래된 운석으로 측정한 값이라고 하는데, 우주 나이라고 믿어지는 연대 값도 나오고 절반도 안 되는 값도 측정되었습니다. 하지만 교과서나 매스컴은 45억 년이라고 확정된 수치를 말합니다. 이 수치를 너무 믿을 필요가 없습니다. 이론만 보면 아주 심플하고, 측정 방법만 정확하면 절대적인 값을 줄 것 같은데, 그 측정 결과값은 신뢰도가 많이 떨어집니다. 사실 신뢰도라고 하기도 민망한 값들이 나오곤 합니다.

또 다른 사실 한 가지가 있습니다. 동일한 암석에서 반감기가 짧은 원소로 측정하면 연대가 젊게 나오고, 반감기가 긴 동위원소로 측정하면 늙은 값이 나오기도 한다는 것입니다. 신기한 일입니다. 측정원소에 따라 길게도 나오고 짧게도 나온다고 하니…. 매스컴에 나오는 값을 너무 신뢰하지 말기를 바랄 뿐입니다.

올해도 비양도는 뜨거운 태양 아래 푸른 숲을 기르고 있을 것입니다. 그곳의 파도가 생각나고, 천년호 운반선도 생각이 납니다. 심지어 천년식당이라는 간판도 있었던 것 같습니다. 비양도는 생각보다 젊은 섬입니다. 방사성 동위원소법 측정치보다 27배나 젊습니다.

저렇게 푸른 섬이 겨우 10세기 전에는 붉은 용암이 흘렀던 곳이라니 아무리 봐도 믿기 어려운 모습입니다. 그런 섬으로 우리의 청년 성도들이 1년이면 한 번씩 찾아갑니다. 주민들에게 사영리를 전하고 작은 교회에서 함께 예배를 드립니다. 감사하고 감격적인 풍경입니다.

03

바다와 물의 기원

　바닷물은 짭니다. 염전에서는 바닷물을 증발시켜서 소금을 만들어 냅니다. 소금은 흔한 것 같지만 과거에는 아주 귀했습니다. 그래서 로마 병사들에게는 급료로 소금을 주기도 했습니다. 그래서 salary(급료)라는 말의 어원이 소금이랍니다. 금의 가치와 거의 동등할 정도로 귀한 대접을 받기도 했습니다. 유럽 같은 곳에는 소금(암염) 생산으로 부를 축적하던 도시도 있습니다. 영국에서 -wich로 끝나는 지역 이름은 한때 소금의 원천이었다는 것을 의미한다고 합니다. 아무튼 바닷물에는 소금이 대략 3퍼센트 정도의 농도로 녹아 있다고 합니다.

　이 소금은 어떻게 바다에서 생겨날까요? 옛날이야기 중에 소금이 나오는 맷돌 이야기가 있습니다. 어쩌다 그것이 빠져서 지금도 소금을 만들어내고 있다고 합니다. 하지만 그것은 옛날이야기일 뿐입니다. 그러면 진짜 소금의 시작은 어떻게 되었을까요?

　한마디로 말하면 빗물이 토양 속의 나트륨과 염소이온을 녹여서 그렇게 된답니다. 지구 8대 원소 중 하나인 나트륨은 강물과 빗물에 녹아서 바다로 흘러들게 됩니다. 나트륨과 염소 이온이 합해져서 소금이 됩니다. 그래서 매년 바닷물은 그만큼 더 짜게 됩니다. 매년 4억 5천만 톤의 나트륨이 바다로 들어갑니다. 하지만 그대로 전부 다 바다에 남는 것은 아닙니다. 이 나트륨의 27퍼센트가 매년 바다 밖으로 나가게 됩니다. 나머지 나트륨은 바다에 단순히 쌓이게 됩니다. 물은 증발하고 소금은 바다에 남아서 점차로 소금의 농도가 증가하게 됩니다.

재미있게도 바다 안에서도 소금의 농도 차이가 납니다. 바닷물이 염도가 높아지면 밀도도 높아지기 때문에 무게에 의해 바닥에 가라앉아서 쌓입니다. 이 때문에 사실상 바다 속의 호수가 형성된다고 합니다. 영어로 brine(브라인)이라고 하면 보통 바닷물이나 소금물을 뜻하는데, 해양생물학 등에서 brine이라고 하면 이 바다 밑바닥에 가라앉은 고염도 바닷물을 의미합니다. 이곳의 염도는 그야말로 사해 수준이라서 보통의 생물들은 살지 못한다고 합니다.

만약에 바다가 나트륨이 전혀 없는 상태에서 시작되었다고 하면, 현재의 유입과 유출율로도 6천만 년 정도에 현재의 농도에 이르게 된다고 합니다. 이것은 바다의 진화론적 추정 연대인 30억 년보다 훨씬 더 짧은 기간이 됩니다. 이 연대대로 하면 바다의 짠맛은 공룡 멸종보다 나중에 시작된 셈입니다. 그렇다면 공룡들은 소금 맛도 못 보고 죽었던 것입니다. 공룡들이 소금 없이 신진대사가 가능했는지 저는 잘 모르겠습니다. 하지만 사람은 물론이고 동물도 소금 없이는 살아갈 수 없다고 합니다. 우리 몸에서 나트륨이 부족하면 신경전달에 필요한 전위차가 발생하지 않아 몇 분 안에 사망합니다. 육식동물은 먹이에 있는 염분을 통해 충분한 소금을 섭취할 수 있지만, 초식동물은 풀과 나뭇잎의 염분만으로는 부족하기 때문에 몸에서 땀이나 오줌으로 소금이 빠져나가지 않도록 합니다.

만약 진화론에서 주장하는 대로 30억 년 동안 바다의 염분 농도가 높아져 왔다면 어찌 되었을까요? 지구는 그냥 소금 덩어리가 되었을 것입니다.

창조론에서 이런 이의를 제기하자 이제 소금의 발생과 기원에 관해서 이론이 바뀌기 시작했습니다. 즉 바다는 처음부터 지금과 비숯한 농도였고, 지금도 염도를 그대로 유지하고 있다고 말입니다. 그렇게밖에는 할 말이 없었을 것입니다. 지구생성 초기에 지구가 냉각되어 가면서 화산활동으로 인해 다량의 맨틀 물질이 수증기와 함께 분출되었다고 합니다. 이 분출된 물질(과잉휘발성물질)이 냉각된 수증기 속으로 녹아 들어간 것이 초기 바다의 소금이 된 것이라고 주장합니다. 지구생성 당시 지표의 바위에서 뿜어져 나오던 수증기와 염화수소가 바위 속 산화나트륨과 충돌하여 그중 일부가 염화나트륨이 되어 증발했다고 합니다. 그러다가 차츰 지구가 식으면서 수증기가 비가 되어 내릴 때 소금이 함께 녹아 땅에 쌓이며 바다가 되었다는 것입니다. 그런데 이게 정말 확실한 팩트에 근거한 추론일까요? 매우 의심스럽습니다. 한번 살펴볼까요?

우주 진화론에 의하면 지구는 초기에 불덩어리였습니다. 태양처럼 속이나 겉이나 불덩어리였습니다. 그렇다가 식었다고 합니다. 그래서 용암 덩어리의 지구가 생성되었다고 합니다. 그러니 초기 지구에는 물이 없었습니다. 단 한 방울도 있을 리가 없습니다. 하지만 현재 지구의 표면만 해도 70퍼센트가 물로 덮여 있습니다. 지구 지름이 1만 2,700킬로미터이므로 부피비로 대략 0.15퍼센트를 차지하고 있습니다. 바다의 평균 수심이 대략 3.8킬로미터입니다. 지구에 산이나 해령이 없이 매끈하다면 지구표면을 3킬로미터 정도 덮을 수 있는 엄청난 양입니다.

대체 이 물은 어디서 생겼을까요? 처음에 그것은 혜성에서 왔을 것으로 추정했습니다. 얼음 혜성 같은 것들이 있으니까요. 그게 정설처럼 믿어지다가 이제는 그렇게 이야기하지 않게 되었습니다. 혜성의 물을 조사했더니 혜성의 물은 중수소의 비율이 현저하게 높았다는 게 밝혀진 것입니다. 혜성의 물을 마시면 죽습니다. 생물이 살 수 없는 물입니다. 그래서 이 가설은 폐기되었습니다. 이제는 물의 기원에 대한 특별한 무엇이 없습니다. 이제 혜성이 아니라 소행성 충돌에서 그 답을 찾으려고 하지만 그것도 여의치는 않습니다. 자, 이제 진화론에서 말하는 초기 지구의 모습으로는 바다는 둘째치고 물의 기원도 알 수가 없습니다. 물은 엄청나게 많이 있는데 시작을 해명하지 못합니다. 물의 기원도 불분명한데 바위에서 휘발성 기체가 나와서 수증기와 만났다구요? 물도 어디서 왔는지 모르는데 수증기는 어디서 나옵니까? 그냥 그것이 있었다고 할까요?

진화론은 물의 기원도, 바다의 염분 문제도 명확한 답을 주지 못합니다. 그냥 진화론적인 기원을 믿고 거기에 여러 가지 추정으로 현재에 맞춰보려고 무진 애를 쓸 뿐입니다. 거기까지입니다. 성경은 뭐라고 할까요? 성경에서는 물이 처음부터 있었다고 기록합니다.

창세기 1:2 땅이 혼돈하고 공허하며 흑암이 깊음 위에 있고 하나님의 영은 수면 위에 운행하시니라

And the earth was without form, and void; and darkness was upon the face of the deep. And the Spirit of God moved upon the face of the waters(KJV)

그리고 셋째 날 바다가 생겼다고 합니다.

창세기 1:10 하나님이 뭍을 땅이라 부르시고 모인 물을 바다라 부르시니 하나님이 보시기에 좋았더라

And God called the dry land Earth; and the gathering together of the waters called he Seas: and God saw that it was good.

그리고 하루가 지난 뒤 다섯째 날에 바다의 큰 짐승과 물고기를

만드셨습니다. 생물들을 창조하시기 전에 먼저 해와 달을 만드셔서 생물들이 살아갈 무대 배경을 완성하셨습니다. 그러고 나서 생물들이 헤엄치고 하늘을 날고 땅을 기어다니게 해주셨던 것입니다.

> **창세기 1:21** 하나님이 큰 바다 짐승들과 물에서 번성하여 움직이는 모든 생물을 그 종류대로, 날개 있는 모든 새를 그 종류대로 창조하시니 하나님이 보시기에 좋았더라

04

네팔 절벽의 비밀

　어제 주일 아침 "SBS 스페셜"에서 네팔에 대한 다큐를 보았습니다. 네팔의 절벽 동굴 속에는 배율이라는 유토피아로 가는 길이 있다고 합니다. 일반인은 접근하기 힘든 절벽 중간에 굴을 파고 그곳에 티벳 밀교 비밀의 경전을 숨겨두기도 했다고 합니다. 인류학자들이 그 일부를 조사한 결과 실제로 경전의 일부가 발견되었고, 그곳에서 사람의 인골도 발견했답니다. 인골은 주전 200년경 사람의 것이라고 합니다. 절벽 동굴은 매장지이기도 하고 사찰 역할도 한 것 같습니다. 그렇지만 어떻게 그런 높은 곳까지 관이나 경전을 매고 올랐을까요? 촬영팀 중에 산악 전문가와 경험이 있는 두 사람이 절벽을 타고 어렵사리 오를 수 있었다고 합니다. 길 없는 길을 간 걸까요? 아니면 티벳 밀교의 공중부양이 있었을까요??
　발굴했던 인류학자에게 물어보니 대답이 싱겁습니다.
　"그 당시는 그곳의 지형이 지금과 달랐어요. 그때는 동굴 입구까지가 완만하게 경사진 언덕이었죠."
　사람이 접근하는 데 아무 어려움이 없는 언덕이었다고 하는 말입니다. 그랜드캐니언의 대협곡을 연상케 하는 절벽들과 계곡이 대략 2천 년 내외 만에 현재의 모습이 되었다는 것입니다. 세상에나! 수억 수천만 년이 아니고 겨우 2천 년 남짓이라니…. 지질이나 지형에서 흔한 수치가 수억 년 아니면 수천만 년인데, 이 장엄한 지형이 겨우

2천 년 남짓 만에 만들어졌답니다. 놀랍네요.

암튼 그런 경사 언덕은 침식과 지반의 변화로 차츰 낮아졌고, 거기에 맞춰 다시 좀 더 아래쪽에 동굴을 뚫었습니다. 그러다 보니 동굴은 2층, 3층이 되었는데 그것도 현재로서는 일반인이 접근 불가능한 위치가 되어 버렸다는 겁니다. 그런 사실을 모르고 현재의 상태로 그것을 바라보니 그저 신비로울 수밖에 없는 것입니다. 그래서 공중부양이라는 생각까지 하게 되는 것입니다.

관광지 동굴에 가면 수억 년, 수천만 년이라는 기간도 엄밀한 과학적 측정보다는 진화론적 추정에 의한 것이라는 것을 한마디 덧붙이고 싶습니다. 동굴이 수억 년은 되어야 왠지 신비스러워 보이기도 합니다. 석순이나 종유석 같은 것의 자라는 속도는 조건만 잘 맞으면 아주 빨라질 수 있습니다. 비양도의 경우도 그랬지만 우리가 보는 지형들은 생각보다 오래되지 않은 것일 수 있습니다. 학자들은 그랜드캐니언의 거대한 협곡도 단시간에 형성된 것을 밝히고 있습니다. 격변으로 형성되었다는 것입니다. 이것은 노아 홍수, 즉 전 지구적 격변에 잘 들어맞는 증거라고 합니다.

05

지르콘 연대 측정

아래의 글은 〈PNAS〉지(2015.3.11)에 올라와 있는 내용입니다.

"지르콘(zircon, ZrSiO4)은 광범위한 지질학적 과정을 통하여 연대와 지화학적 정보를 보존하고 있는, 지질연대측정에서 가장 일반적으로 사용되는 지오크로노미터(geochronometer)이다. 그러나 지르콘 우라늄-납(U-Pb) 지질연대측정은 방사성 납(radiogenic Pb)의 재분포에 의해서 영향을 받을 수 있다. 〈중략〉 그곳에서 이온 이미지(ion imaging)는 심각하게 연대를 교란하는, 충분히 여러 다른 종류로 이루어진 마이크로 이하의 분역(domains)을 나타낸다. 어떤 경우에서는 젊은 지르콘으로부터 명백한 하데이언 시기 (Hadean, >46억 년 전부터 38억 년 전까지의 시대) 연대를 나타낸다."

어려운 용어와 조금 이상한 번역으로 인해 내용을 정확히는 모르지만 대충 이해는 됩니다. 지르콘(저어콘)은 무색투명하고 반사율이 높아서 다이아몬드로 오해를 받는 광물이랍니다. 그런데 내부에 소량의 우라늄이나 토륨을 담고 있어서 이들 핵종원소들이 붕괴하고 그 흔적을 그 자리에 남기게 됩니다. 그래서 지르콘 같은 광물은 연대측정을 위한 기준역할을 하는 것 같습니다. 예를 들어, 수억 년 된 것이라 믿어지는 지층이 있다고 가정을 해봅시다. 그 오랜 기간 동안 그 지층에 엄청난 변화들이 있었을 것입니다. 지하수의 변화는 기본이고, 알 수 없는 이유로 인해 어떤 원소들이 들어오거나 빠져나갈 수도 있었을 것입니다. 풍화나 변성작용 같은 것에 의해서 내부 구성물질의 변화 같은 것이 있을 수 있습니다. 다행히도 그런 것에 영향을 거의 안 받는 게 지르콘이라는 광물이라고 합니다. 게다가 지르콘은 생성 초기에 지르콘 내부에는 납의 양이 거의 없다고 알려져 있습니다. 내부의 우라늄이 붕괴하면서 납을 남기게 됩니다. 그래서 지르콘에 남아 있는 모 원소(우라늄)와 딸 원소(납)의 비율이 연대 측정의 중요한 요소가 됩니다. 다른 광물에서는 이런 게 부정확할 수 있다는 것입니다. 하지만 지르콘은 초기치에서 측정에 아주 좋다는 것입니다. 그래서 이 지르콘이 연대 측정의 기준이 된다는 말을 하는 것입니다(geochronometer).

그런데 이 기준이 되는 광물조차도 이러저러한 이유로 실제로는 부정확한 경우가 많다는 말을 하고 있습니다. 마지막 문장이 한마디로 그것을 나타냅니다. "**어떤 경우에서는 젊은 지르콘으로부터 명백한 하데이언 시기(Hadean, >46억 년 전부터 38억 년 전까지의 시대) 연대를 나타낸다.**" 이상한 일입니다. 기준이 되는 광물조차도 전혀 엉뚱한 결과가 드러난다고 합니다.

우라늄-납 법으로 측정한 연대가 만약 5억 년, 10억 년, 50억 년으로 나왔다면 어떤 것을 맞다고 해야 할까요? 평균할까요? 평균하기에는 너무나 편차가 크죠. 아니면 최소값을 기준으로 최소 5억 년 이상 되었다고 할까요? 이 정도면 사실상 버려야 할 측정결과입니다. 위의 글 내용으로 보면 이미 생성연대를 잘 알고 있는 젊은 지르콘을 대상으로 조사해도 40억 년 이상의 연대가 나오곤 한다고 합니다. 편차가 엄청나다는 것입니다. 하지만 젊다는 것을 모르는 상태에서 그런 연대가 나오면 무엇이 맞는지 어떻게 알까요?

다른 원소로 교차검증을 하는 방법이 있다고 합니다

만약에 다른 방사성 원소로 다시 측정을 했더니 다행스럽게도 9억 년과 10억 년 사이로 측정이 되었다고 하면 어떨까요? 그러면 당연히 10억 년 내외가 맞다고 생각하게 될 것입니다. 그런데 다른 원소는 우라늄-납 법과 같은 치명적인 한계가 없을까요? 만약 그렇다고 하면 처음부터 우라늄-납 법이 아닌 그 원소로 측정하면 될 일입니다. 원래 우라늄-납 법을 선택한 이유가 있었습니다. 초기 조건이 아주 명확하기 때문이었습니다. 그러나 다른 원소도 우라늄의 경우처럼 부정확해지는 요인이 동일하게 나타날 수 있습니다. 그래서 제3의 방사성 원소에 의한 측정도 미심쩍다면 다시 제4의 원소로 측정해야 할 것입니다. 그래서 운 좋게 10억 년 내외의 측정치를 보여준다면 조금 신뢰성이 높아질 수 있습니다. 그런데 만약 제5의 원소 측정으로 이상한 값이 나오면 어떻게 할까요? 그럼 곤란해지겠지요.

뭐, 이런 식으로 10개의 원소로 측정했다고 칩시다. 그랬더니 대체로 10억 년에 가까운 결과가 나왔다면 그 값이 정확한 값이 될 수 있을까요? 저는 못 믿겠습니다. 왜냐하면 우라늄-납 법에서처럼 다른 모든 원소들에서도 측정을 흐리게 만드는 동일한 현상들이 없었다고 아무도 보장을 할 수 없기 때문입니다. 교차검증도 확증된 답을 줄 수는 없다는 말입니다. 왜냐하면 다 마찬가지 조건일 테니까요.

만약 교차검증을 훌륭하게 통과한 측정값이 있다고 해볼까요? 설령 그렇다고 해도 이에 대해서는 분명히 변경의 여지가 있다는 것을 알게 해줘야 합니다. 하지만 그런 것은 없습니다. 지금이라도 검색을 해보십시오. 지르콘에 의한 우라늄-납 법 측정 방식이 완벽한 것처럼 인용됩니다. 그래서 우리 같은 일반인들은 쉽게 믿게 되는 것이지요. 오래된 연대일수록 신뢰성이 낮은데 말입니다. 아래에 인용된 글도 신뢰성이 낮다는 것을 보여줍니다.

"화산 폭발에 의해 표면 지각으로 운반되어 나와서 맨틀 안에 형성되어 있는 다이아몬드들에서이다. Zashu 등은 자이레에서 출토된 10개의 다이아몬드들에 대한 K-Ar isochron 연대측정에서 60±3억 년의 결과를 얻었는데, 이것은 분명히 과도한 40Ar 때문이었다. 왜냐하면 다이아몬드가 지구의 나이보다 많을 수 없기 때문이다. 같은 다이아몬드들에서 40Ar/39Ar 연대들은 50~57억 년을 나타내었다."

이게 또 다른 원소에 의한 측정결과입니다.

06

화석 속의 방사성 탄소동위원소

요즘 탄소가 말이 많습니다. 공기 중에 탄소량이 많아져서 기후가 더워진다고 합니다. 그로 인한 지구적 피해는 상상을 초월합니다. 일상생활에서 쓰는 석유나 화석연료, 그리고 우리가 먹고 쓰고 버리는 것들을 위해 쓰이는 에너지에서 탄소가 발생합니다. 이것이 공기 중에서 농도가 짙어지면 지구의 열을 우주로 방출하는 걸 방해하는 모양입니다. 지구로 쏟아진 햇볕이 지상에서 반사될 때 파장이 길어진다고 합니다. 그러면 대기 중에 있는 탄소를 벗어나지 못하고 다시 지상으로 반사됩니다. 그래서 지구 온도가 올라가는 온실효과가 생깁니다. 그리하여 국가 간에 협정을 맺기도 하는 모양입니다. 한계에 도달하기 직전이라니 지구가 걱정스럽습니다.

이런 탄소가 공기 중에서 방사성 원소로 변하는 경우가 있다고 합니다. 그것은 우주에서 날아오는 입자들 때문이라고 합니다. 지금도 우주에서는 지구로 엄청난 입자들이 쏟아져 내리고 있답니다. 그것들이 공기 중 탄소와 충돌합니다. 그러면 그것들이 방사성 동위원소로 변합니다. 화학기호로는 ^{14}C라고 하죠. ^{12}C는 우리가 보통 알고 있는 탄소입니다. 자연에 거의 대부분 존재하는 원소이고, ^{14}C는 양성자가 두 개 더해진 방사성 동위원소입니다. 식물은 그것을 흡수해서 광합성을 하고 유기물을 만듭니다. 식물이 만든 유기물 속에 ^{14}C가 끼어들어 있게 됩니다. 그것을 동물들이 섭취하게 되면 동물의 몸에도 ^{14}C가 남게 됩니다. 물론 식물 속에도 남습니다.

그런데 동물이나 식물이 죽는 순간부터 ^{14}C는 더 이상 축적되지 않고 줄어들게 됩니다. 절반으로 줄어드는 기간을 반감기라고 하는데 ^{14}C는 수명이 대략 5천 년 정도 됩니다. 5천 년 정도 되면 2분의 1, 또다시 5천 년이 지나면 2분의 1의 2분의 1, 그러니까 4분의 1이 되는 것입니다. 이렇게 줄어가다 보면 측정 불가할 만큼 줄어들게 되는데, 그게 아주 길게 잡아도 8만 년 정도입니다. 8만 년 이상 되면 사실상 ^{14}C가 없다고 보는 게 맞습니다. 그래서 화석 같은 경우, 오래된 것들은 ^{14}C 측정을 하지 않습니다. 다른 원소로 합니다. 왜냐하면 측정이 불가할 정도로 줄어들어 있기 때문입니다. 당연하죠. 그런데 이상한 일이 계속 드러나고 있습니다.

이러한 예상과는 달리, 1984~1998년 사이의 과학적 문헌만 보더라도, 5억 년 이상에 걸친 화석들, 석탄, 석유, 천연가스, 그리고 지질시대의 화석을 가지고 있는 대리석 등으로부터 70여 건의 사례에서 ^{14}C가 남아 있었음이 보고되었습니다. 이들 시료들은 모두 존재 연한이 기껏해야 10만 년 미만인 방사성탄소(^{14}C)를 함유하고 있었다는 겁니다.

진화론적 연대 틀로 3천2백만~3억 5천만 년 전으로 추정되는 화석화된 나무(fossilized wood)와 석탄(coal) 시료의 ^{14}C 연대 측정 결과가 놀랍습니다. 겨우 2~5만 년의 연대를 나타내고 있었으니까요. 그리고 10~30억 년 전으로 추정되는 다이아몬드에 대한 ^{14}C 연대 측정 결과도 단지 5만 5천 년을 나타나고 있구요. 7,500만 년 이상 되었다는 공룡화석에서도 ^{14}C가 나옵니다. 이외에도 많은 곳에서 ^{14}C가 검출되고 있습니다. 거의 모든 곳에서 다 나온다고 봐야 합니다.

이런 현상을 어떻게 생각하십니까? 나오면 안 되는 곳에서 ^{14}C 같은 원소가 측정되고 있습니다. 그것은 아주 젊은 연대이기 때문일 수도 있고, 측정 오류라고 할 수도 있습니다. 그런데 측정의 오류라고 하기에는 너무나 많은 건수가 보고되고 있습니다. 게다가 위의 내용은 세속 학술지에 보고된 내용입니다. 종교와는 아무런 상관도 없습니다. 만약 오염이라고 한다면 너무나 많은 곳에서 오염이 생겨난 것입니다. 그러면 어떻게 ^{14}C 측정결과를 믿을 수 있을까요? 지금껏 측정된 것은 오염의 결과가 아니라고 누가 확증할 수 있을까요?

만약 오염이 아니라고 한다면 지구의 연대는 아주 젊다는 것을 인정해야 합니다. 지구과학이 인정해 왔던 수천만 년이나 수억 년이라는 수치들은 재고되어야 합니다. 성경은 대략 6천 년 되었다고 합니다. 아래의 내용은 공룡 화석에서 방사성 탄소(^{14}C)가 나왔다는 보고 내용입니다.

"한 팀의 연구자들은 8마리의 공룡(dinosaur) 표본에서 채취한 많은 뼈들에 대해 방사성탄소(^{14}C) 연대 측정을 실시했고, 그 결과를 싱가포르에서 개최된 2012년 서태평양 지구물리학 회의(Western Pacific Geophysics Meeting)에서 프레젠테이션 발표를 했다. 측정결과는 22,000~39,000년의 연대를 나타내었다. 이러한 연대는 창조론자들이 예측했던 대략의 범위 내에 들어가는 연대이다. 공룡들이 정말로 수억 수천만 년 전에 살았다면(그리고 6,500만 년 전에 멸종했다면), 공룡 뼈에서 ^{14}C(반감기 5,730년)는 남아 있지 않아야만 한다.

그 학회는 미국 지구물리학 연맹(American Geophysical Union, AGU)과 아시아 오세아니아 지구과학 협회(Asia Oceania Geosciences Society, AOGS)의 공동 이벤트였다. 연구자들은 현대적 탄소의 오염 가능성을 배제하기 위한 매우 고통스러운 제거 과정을 포함하여, 극도로 철저한 과정을 거쳐 연대 측정을 실시했다. 선임 발표자인 토마스 세일러(Thomas Seiler) 박사는 뮌헨 기술대학에서 학위를 받은 독일 물리학자이다. 그의 프레젠테이션 영상이 유튜브에 올라가 있다."

http://www.youtube.com/watch?v=QbdH3l1UjPQ

　더 재미있는 것은 있어서는 안 될 ^{14}C만 있는 것도 아닙니다. 공룡의 탄성 있는 살점이나 혈관 구조물들도 발견되기 시작하고 있습니다. 최소한 6,500만 년 이상 되었다고 주장하는 공룡화석에서 쫄깃한 살점과 ^{14}C가 측정됩니다. 6,500만 년 이상이 된 것으로 알려진 화석에서 살점이나 단백질이 나오는 일은 이제 아주 흔해졌습니다. 처음에 이것이 발견되었을 때 진화론자들은 믿지 않았습니다. 오염된 자료라고 했습니다. 절대로 있을 수 없다고 했습니다. 다들 멘붕 상태였습니다. 수천만 년 전 화석에서 쫄깃한 살점이란 있을 수 없는 현상이었습니다. 하지만 이제는 인정하지 않을 수 없게 되었습니다. 오염된 것이 아니라는 게 밝혀졌기 때문입니다.

　이전에는 절대 있을 수 없는 일이라고 믿었기 때문에 이런 조사는 아예 하지 않았습니다. 하지만 한번 발견되자 여기저기서 그런 조사를 시작했습니다. 결과는 어땠을까요? 네, 봇물 터지듯이 거의 모든 화석에서 유기물이 발견되기 시작했습니다. 심지어는 무려 5억 년이라는 어마어마한 시간이 되었다고 주장하는 화석에서도 내부 연조직까지 발견되었습니다. 그냥 유기물이 아니라 조직의 형태가 보존되었다는 것입니다. 이게 말이 됩니까? 무려 5억 년입니다. 〈서울신문〉(송현서 입력, 2021.7.6) 기사를 인용해 봅니다.

"이번에 발견된 화석에는 5억 4,100만~4억 8,800만 년 전 지구상에 서식했던 곤충과 벌레, 갑각류 등 최소 118종의 2,800개 이상의 표본이 포함돼 있다. 이중 17종은 지금까지 알려지지 않았던 신종 생명체로 분류됐다.
미국 펜실베이니아 주립대학 연구진은 쿤밍 인근의 퇴적층에서 해당 화석들을 한꺼번에 발견했으며, 화석 표본의 절반 이상이 성체가 되기 전의 것이라고 설명했다. 일부 알과 유충의 화석에서는 내부 연조직까지 고스란히 보존되어 있어 연구가치가 매우 높은 것으로 알려졌다."

캄브리아기 폭발이라는(진화론이 풀지 못하는 숙제입니다) 기간의 화석입니다. 5.4억 년이나 된 화석이라고 하는데, 그중에 연조직까지 고스란히 보존되어 있었답니다. 화석은 원래 유기물이 무기물로 치환되면서 생겨난 '돌'입니다. 돌이라면 풍화만 없다면 오래 견디는 것은 상식입니다. 하지만 유기물은 어떨까요? 그전까지는 최대기간을 100만 년으로 잡았습니다. 아주 좋은 상태에서 말입니다. 생각해 보세요. 진화론적으로 보면 지구 5.4억 년의 역사에서 무슨 일들이 있었을까요? 지각변동, 지진, 화산폭발 같은 거시적인 상황과 맞물려서 화석 내부에 물의 침투와 건조, 화학물질의 침투, 중력의 영향과 지압과 지온의 영향 등 온갖 물리적, 화학적 영향을 받았을 것입니다. 그런데 내부 연조직까지 보존이 되었다니 말이 됩니까? 결국 그런 것에 대한 해명은 없고 "연구가치가 높다"라고 평가하네요.

　게다가 이런 유기물의 보존이 어쩌다 한 군데라면 정말로 운이 좋아서 그렇다고 할 수도 있습니다. 하지만 한두 군데가 아닙니다. 조사하는 족족 거의 모든 화석에서 다 나옵니다. 이걸 어떻게 봐야 할까요? 정말로 5억 년이 되었다고 봐야 할까요?

　애초에 유기물은 있을 수 없다고 펄쩍 뛰던 진화론자들이 변했습니다. 이제는 이런 유기물이나 살점이 있을 수 없다고 하지 않습니다. 이것을 두고 진화론자들은 머리를 싸매고 갖가지 가설과 그럴싸한 예를 찾고 있습니다. 유기물이 수천만 년, 심지어는 수억 년을 버틸 수 있는 갖가지 가설을 찾아내려고 애를 쓰고 있습니다. 하지만 진실은 뻔합니다. 진화론에서 말하듯 화석들은 그렇게 오래된 것이 아닌 것입니다. 간단합니다. 하지만 그걸 부인하려고 하니 별의별 상상을 더 하게 되는 것입니다. 하지만 '팩트'는 화석에서 ^{14}C와 유기물(심지어 적혈구 같은 것)까지 나왔다는 것입니다. 6,500만 년이라고 하면 말이 안 되는 소리입니다. 그러다 보니 온갖 가설들이 또 따라붙게 됩니다. 참 심란한 가설입니다. 다시 정리를 해볼까요?

(1) 화석에서 ^{14}C들의 발견이 줄을 잇고 있다(10만 년 이내).
(2) 화석에서 유기물, 연부 조직의 발견도 줄을 잇고 있다(수천 년 이내?).

화석을 보면 자동적으로 오래된 연대를 연상합니다. 공룡이나 뭐 그런 흔적 때문에 그렇습니다. 하지만 과학의 발견은 그런 상상과 다른 결과를 내고 있습니다. 그렇다면 우리는 어떤 선택을 해야 할까요? **정답은 성경이 말씀하는 대로의 선택입니다.** 성경은 지구와 인류 역사를 6천 년 정도라고 합니다. 과학이 성경과 다르면 기다릴 줄 아는 게 지혜가 있어야 되겠지요. 과학이 맞다고 한 걸음씩 걸어가지 말라는 말씀입니다. 불과 100여 년 전, 그러니까 헤켈의 배아, 필트다운인 같은 거짓과 있지도 않은 흔적기관, JUNK DNA, 인간 두개골과 지능의 연구, 말의 계보…이런 것들에 휩싸여서 수많은 기독교인들이 진화론자나 유신 진화론자가 되었습니다. 과학이 성경과 다른 말을 하면 일단 스톱! 하세요. 100여 년 전에 저질렀던 실수를 반복할 이유가 없습니다. 기다려 보면 진실은 나올 테니까요.

> **베드로후서 3:16** 또 그 모든 편지에도 이런 일에 관하여 말하였으되 그 중에 알기 어려운 것이 더러 있으니 무식한 자들과 굳세지 못한 자들이 다른 성경과 같이 그것도 억지로 풀다가 스스로 멸망에 이르느니라

07

연대의 수정

진화를 절대적 팩트로 인정하는 사이트에 들어가보니 "네안데르탈인과 초기 현생인류가 만났다는 동굴, 아닌 것으로 밝혀져"라는 기사가 올라와 있습니다. ^{14}C 검사로 2만 9천~3만 4천으로 되어서 평균 잡아 3만 2천 년 정도에 크로아티아의 빈디자 동굴(Vindija Cave)에서 네안데르탈인과 초기 현생인류가 밀회(密會)했다고 추정했었습니다. 이게 현재의 진화론적 추정과는 잘 맞지 않으니까 재조사를 한 모양입니다. 그래서 결론은 4만 년으로 올라갔고, 그래서 진화론이 안심하게 되었다는 내용의 기사였습니다.

그런데 좀 이상하네요….

처음에 측정된 연대값조차 15퍼센트 정도 오차가 있다 하고, 나중에 재측정된 것과는 최고 35퍼센트 정도까지 차이가 납니다. 여기서도 절대연대 측정법은 불안정함을 보여줍니다. 오차범위를 벗어난 값들을 산출하고 있습니다. 이런 불안정한 연대를 믿어야 할 이유가 있는 걸까요? 처음 측정된 것은 오류이고 나중 것이 정답이라는 근거는 뭐죠? 처음에는 연구원이 착각을 하거나 시료에 오염이 된 걸 몰랐나요? 정밀한 검사를 하면서 그런 필터링도 없다는 것은 이상합니다. 그럴 리가 없을 것 같은데…의문 투성이 검사 결과입니다. 그러면 나중에서야 첫 번 것이 잘못된 것임은 어떻게 알았나요? 연대 측정 안 해봐도 그 연대를 알 수 있는 무엇이 있었다는 말이 되네요. 어떤 것이 정답인지 판단할 수 있는 기준이 있었다는 말이 됩니다. 그게 뭐죠? 나중 것이 틀릴 수도 있고, 도리어 먼저 측정한 것이 정답일 수도 있을 텐데…

다르다면 진화론 시나리오와 다르다는 점뿐입니다. 그러니까 진화론 시나리오와 다르면 틀린 것이고, 그것에 부합하면 정답이라는 판단을 내리는 것입니다. 이상합니다. 절대연대 측정법이 절대적으로 맞다고 하면서도 정답 판정 기준에 자신이 있지 않습니다. 결론적으로 말하면, 방사성 동위원소 측정법은 기준이 아니라는 것입니다. 틀리기도 하고 오차도 나고 오염도 되고 때로는 제멋대로의 결과를 보여주기 때문에 보정이 되어야 하고, 다른 것(진화론 시나리오나 나무의 나이테, 역사학자가 추정하는 연대 등등)을 잘 참조(?)해야 정답이 나온다는 말입니다. 이런 현상은 다른 경우도 비일비재합니다. 그게 잘 드러나지 않을 뿐입니다.

한 가지 의문이 또 있습니다. 처음의 연대측정 결과값을 학회에 발표할 때 연구자나 조사자들은 대충합니까? 그들도 갖가지 보정과 교차측정 등등의 방법으로 자신들이 측정한 연대가 맞다는 것을 확증하고 논문 발표를 할 텐데요. 설마 그때는 그런 게 없었을까요? 저렇게 이슈화가 되고 기존 진화론 시나리오에서 벗어나는 연대를 발표하면서 그 정도로 소홀했을까 싶은 의문이 듭니다. 그 정도라고 하면 여태껏 발표된 연대들은 어떤가요? 믿어도 됩니까? 혹시 진화론 시나리오를 믿는 것은 아닌가요?

^{14}C는 가장 정확하다고 인정되고 있는 측정법입니다. 그런데 스스로의 오차를 줄이기 위해 보정법까지 있습니다. 물론 이 측정법도 초기치 문제를 해결한다는 아이소크론 방식으로 계산한 것입니다. 2퍼센트 이내의 오차로 측정된다고 호언장담하던 방식입니다. 그런

데 30퍼센트의 오차는 뭔가요? 2퍼센트라고 하는 오차 범위는 어쩌면 기계 성능에 대한 오차인 것 같습니다.

　어쨌든 결과를 보신 진화론자들은 안도감을 느꼈을 것 같습니다. 왜냐하면 진화 시나리오에 맞는 것 같은 결과가 새로 나왔으니까요. 이전 것은 틀렸다고 판단할 수 있게 되었으니까요. 그런데 정말 이전 것이 틀렸나요? 그걸 어떻게 알죠?

08

화석 속의 유기물

"중국 남부 윈난성 쿤밍 인근에서 거의 완벽하게 보존된 화석 수천 개가 한꺼번에 발견돼 학계의 관심이 쏠렸다. 이번에 발견된 화석에는 5억 4,100만~4억 8,800만 년 전 지구상에 서식했던 곤충과 벌레, 갑각류 등 최소 118종의 2,800개 이상의 표본이 포함돼 있다. 이중 17종은 지금까지 알려지지 않았던 신종 생명체로 분류됐다.
미국 펜실베이니아 주립대학 연구진은, 쿤밍 인근의 퇴적층에서 해당 화석들이 한꺼번에 발견됐으며, 화석 표본의 절반 이상이 성체가 되기 전의 것이라고 설명했다. 일부 알과 유충의 화석에서는 내부 연조직까지 고스란히 보존되어 있어 연구 가치가 매우 높은 것으로 알려졌다." –서울신문 나우뉴스(2021.7.6.)

신문기사가 참 흥미롭습니다. 무려 5억 년 정도 되는 화석이 쏟아져 나왔다고 하는 내용입니다. 그런데 그 기사를 가만히 보면 "내부 연조직까지 고스란히 보존되어 있어"라는 문장이 흥미롭습니다. 내부 연조직이 뭘까요? 정확한 내용은 기사에 나와 있지 않습니다. 내부 연조직이 화석화되어 있는 것인지 아니면 내부 연조직이 그대로 남아 있다는 말인지 잘 모르겠습니다. 그런데 이런 비슷한 기사가 종종 눈에 띕니다. 연합뉴스입니다.

"7천5백만 년 전에 살았던 공룡의 화석에서 공룡의 것으로 추정되는 혈액세포와 콜라겐 섬유의 흔적이 발견됐다. 영국 임페리얼 칼리지 런던 연구팀은 100여 년 전 캐나다 앨버타 주에서 발굴된 뒤 런던 자연사박물관에 옮겨져 보관해 온 공룡화석의 발톱 뼛조각에서 연조직(soft tissue)의 흔적을 발견했다고 BBC 등 영국 언론이 9일 보도했다. 연구팀은 뼛조각에서 내부가 혈액세포와 유사한 물질로 채워진 타원형 구조를 발견했으며, 다른 화석 조각에선 현대 동물의 힘줄, 인대 등에서 발견되는 콜라겐과 유사한 섬유 조직을 찾아냈다고 밝혔다."

−서울=연합뉴스(2015.6.10)

이 기사를 보면 공룡화석에서 공룡의 것으로 보이는 유기물 덩어리, 즉 혈액세포, 콜라겐 섬유가 발견되었다는 것입니다. 놀랍지 않습니까? 무려 7,500만 년 전의 화석에서 유기물이 썩거나 사그라지지도 않고 남아 있었답니다. 말이 안 될 것 같은데 과학자들이 발견한 것입니다. 그러니 앞서 5억 년 전의 내부 연조직이라는 말도 결국은 유기물의 발견이라는 뜻으로 들립니다. 애초에 이런 유기물의 발견은 논란거리였습니다. 6,500만 년 된 화석에 그런 것이 남아 있을 수 없다고 생각했기 때문에 조사조차 없었습니다. 그러나 메리 슈바이처 박사는 그것을 찾아냈습니다. 찾아냈지만 믿을 수 없었습니다. 말도 안 되는 증거물이었기 때문입니다. 그래서 바이러스나 뭐 그런 것의 산물일 수 있다고 조사를 했습니다. 하지만 아니었습니다. 2007년 당시 슈바이처와 그녀의 동료들은 T.rex 단백질의 화학적 구조를 분석했습니다. 그리고 그들이 발견한 이 단백질들이 실제 공룡의 연조직에서 유래한 것임을 알아냈습니다. 이 조직은 콜라겐이었고, 그들은 사이언스지에 발표했습니다.

논란의 이유는 단백질의 존재 수명 때문이었습니다. 과학자들은 연조직을 이루는 단백질이 최상의 조건에서도 1백만 년 이내에 분해된다고 생각해 왔습니다. 그런데 그것이 6,500만 년 이상으로 거슬러 올라간 겁니다. 무려 65배 이상 오래 존재할 수는 없었습니다. 그런데 그것이 거기에 있었습니다! 유기물의 발견은 계속되었습니다. 이제는 무려 5억 년 전 화석과 또 다른 화석에서도 흔하게 발견되는 모양입니다. 무려 5억 년이면 예상치보다 5만 배 이상 존속 기간이 늘어난 것입니다. 믿어지나요?

진화론자들은 그러다가 철과 결합한 경우는 생각보다 오래간다는 것을 발견했습니다. 무려(?) 2년간 철분과 결합된 유기물은 거의 원형을 유지한 것입니다. 단지 2년간 실험이었습니다. 그런데 그것으로 5억 년은 버틸 수 있다고 믿기 시작한 것입니다. 저는 그게 더 놀랍습니다. 화석의 연대가 오래된 것조차도 믿기 힘든 상황입니다. 앞서 말한 대로 지층과 화석은 서로 순환론적 모순 속에 있습니다. 방사성 동위원소법이 얼마나 불확실하고 틀린 결과를 내는지 이야기 했습니다. 화석이 5억 년 되었다거나 6,500만 년 되었다는 것도 사실상 불확실합니다. 거기에 있는 유기물의 존재 또한 의심스럽습니다. 철과 결합한다고 해도 유기물이 5억 년을 버티다니요.

화석은 격변의 상황에서 만들어집니다. 천천히 쌓이는 곳에서는 화석이 만들어질 수 없습니다. 급격하게 매몰되어 산소도 차단된 상황에서 화석이 만들어집니다. 화석이 있는 지층은 천천히 쌓인 것이 아니라 급격히 형성된 것이라고 보면 됩니다. 격변은 노아 홍수를 더 잘 설명해주는 현상입니다. 그뿐만이 아닙니다. 그 안에 유기물이 존재한다고 합니다. 이것 또한 사실은 화석이 오래된 것이 아니라는 증거가 될 수도 있습니다. 그러나 진화를 철석같이 믿는 이들은 철성분과의 화합을 금과옥조로 여깁니다. 그것이 정답이라서가 아니라 그것 외에는 그나마 오래된 유기물을 설명할 방법이 없기 때문입니다. 이들은 또 이런 식으로 자신들의 신념을 이어갈 것 같습니다. 화석의 연대…. 저는 그게 참 믿기 어렵습니다.

****

1993년, 공룡 뼈에서 혈액세포(blood cells)가 발견되어 메리 슈바이처를 소름 끼치게 했다.

1997년, 공룡 티라노사우루스 렉스의 뼈에서 적혈구(red blood cells)와 헤모글로빈(hemoglobin)이 확인되었다.

2003년, 단백질 오스테오칼신(osteocalcin)이 확인되었다.

2005년, 탄력성을 가진 인대(ligaments)와 혈관(blood vessels)이 발견되었다.

2007년, 티라노사우루스 렉스의 뼈에서 콜라겐(collagen, 뼈의 중요한 구조 단백질)이 확인되었다.

2009년, 오리주둥이 공룡에서 깨지기 쉬운 단백질 엘라스틴과 라미닌, 그리고 추가로 콜라겐이 확인되었다. (공룡 화석이 정말로 수천만 년 전의 것이라면, 이들 단백질 중 어떤 것도 존재해서는 안 된다.)

2012년, 공룡 뼈에서 뼈세포(osteocytes), 단백질 액틴(actin)과 튜불린(tubulin), 그리고 DNA가 보고되었다. (이들 단백질과 특히 DNA에 대해 측정된 분해속도에 의하면, 그것들은 6천5백만 년 동안 지속될 수 없다는 것을 보여준다. 이것은 수천 년의 성경적 시간 틀과 더 적합하다.)

2012년, 공룡 뼈에 측정 가능한 방사성탄소(^{14}C)가 남아 있었다. [그러나 ^{14}C는 너무도 빨리 붕괴되기 때문에(반감기 5,730년), 10만 년 이상의 시료에서는 검출되어서는 안 된다.]

09

아담의 나이

아담은 창조되자마자 자기에게 맡겨진 일을 시작했습니다. 하나님께서 동물들을 그 앞으로 이끌어 오실 때 그 많은 동물들의 특징을 따서 이름을 붙여주었습니다. 하나님의 명령을 따라 정복하고 다스리기 위해서 동물들의 분류작업을 시작한 것입니다. 그 분류작업과 이름들은 지금 우리가 알고 있는 분류방식(린네)과는 달랐을지도 모릅니다. 그러나 기록이 남아 있는 것이 없으므로 우리는 그것을 알 수가 없습니다. 하지만 아담이 이름을 붙이고 분류를 했던 동물들에 관한 것은 전승이 되어 노아에게로, 그리고 히브리어나 수메르어 속에 숨어 있을지도 모릅니다. 어쨌거나 창조의 기록에는 아담이 어린아이로 창조되어 그가 성인이 될 때까지 기다렸다는 기록은 없습니다. 분명히 처음부터 성인이었습니다. 심지어 그는 이튿날 하와를 보고 탄성을 지릅니다. 건강한 남자 성인이었다는 것입니다.

창세기 2:21-23 여호와 하나님이 아담을 깊이 잠들게 하시니 잠들매 그가 그 갈빗대 하나를 취하고 살로 대신 채우시고 여호와 하나님이 아담에게서 취하신 그 갈빗대로 여자를 만드시고 그를 아담에게로 이끌어 오시니 아담이 이르되 이는 내 뼈 중의 뼈요 살 중의 살이라 이것을 남자에게서 취하였은즉 여자라 부르리라 하니라 아담은 처음부터 성인 남자였습니다. 그런데 만약 치과에서 그의 이(치아)를 조사했다면 어떻게 나왔을까요? 성인 남자라고 하기에는 이의 마모도 같은 것이 너무 깨끗했을 것입니다. 이빨만으로 아담의 나이를 측정할 수 없었을 것이라는 말입니다. 신체 기관의 작동은 분명히 성인으로 하는데, 그 일부를 뜯어다가 조사하면 당연히 얼마 되지 않은 것으로 나옵니다. 하와는 어땠을까요? 마찬가지입니다. 아담이 그녀를 보고 탄성을 지를 만큼 완벽한 여성이었습니다. 둘 다 사춘기를 겪지 않았으니 중2병 걸린 아들들을 이해하지 못했을 가능성이 큽니다(가인과 아벨). 어른인데 사춘기를 겪지 않았던 그들입니다.

지구의 나이가 오래되어 보이는 이유도 이와 비슷할 것 같습니다. 자연상태라면 수십억 년이 걸렸어야 할 시간이지만, 하나님께서는 처음부터 성년의 아담을 창조하시듯 창조하셨습니다. 지구는 마치 수십억 년을 거쳐서 안정화된 것처럼 대기와 땅이 안정된 상태였습니다. 그래서 어찌 보면 젊고, 어찌 보면 오래된 것처럼 보일 수 있습니다. 그러나 아담이 첫날부터 20대로 창조되었다면 지구가 첫날부터 오래된 것처럼 보이지 않아야 할 이유가 없습니다. 그러니 아담의 신체적 나이로 실제 나이를 결정하는 것은 어떤 면에서는 틀린 것이 됩니다. 그러니 지구 나이가 6천 년이 되었다고 하는 성경의 기록이 이상할 게 없다는 말입니다.

다른 생물들도 그랬을 겁니다. 동물들은 첫날부터 암수가 함께 있었고, 나무들과 초목은 첫날부터 꽃을 내어 벌들이 살고 열매를 내어 동물들이 먹고 살도록 충분한 크기로 자란 상태로 창조되었습니다. 그 나무가 10미터가 되었으니 50년이 되었다고 할 수는 없습니다. 창세기의 나무는 나이테가 100개 있었어도 단 하루밖에 되지 않은 나무였습니다. 바위도 그렇고 바다도 그렇고 산도 마찬가지였습니다.

재미있게도 인간의 성염색체는 아담에게서 하와를 만드신 것을 지지하는 것 같습니다. 왜냐하면 인간의 염색체는 쌍으로 존재하는데, 남자의 성염색체는 'XY'이고 여자의 성염색체는 'XX'입니다. 하나님께서 XY 남자 성염색체에서 XX를 만들어 내셨을 것입니다. XX에서는 뽑아서 XY를 조합하지 못합니다. 만일 여자를 먼저 창조하셨다면 옆구리 뼈를 사용하지 않으시고 남자를 독립적으로 창조하셨을 것 같습니다. 하지만 여자는 남자에게서 뽑아내실 수 있다는 것입니다. 재미있는 통찰입니다.

10

성경이 말하는 연대

(오래된 연대를 받아들이면 안 되는 이유)

신앙인들은 성경이 말하는 대로 예수 그리스도께서 우리 죄를 대속하여 죽으시고 성경대로 사흘 만에 부활하신 것을 믿습니다. 성경 어디에도 예수님께서 우리를 착하게 살라고 십자가를 지셨다는 말은 없습니다. 성경말씀에 대한 이해가 부족한 부분은 있을지라도 성경이 말하지 않는 것까지 자기 이해 범주로 끌고 들어와서는 안 됩니다. 이게 신앙의 기본입니다. 성경은 창조와 관련해서 뭐라고 말하나 볼까요?

1) 마태복음에는 예수님의 족보가 상세하게 나옵니다

그 안에는 이방 여인도 있고, 시아버지와 며느리 사이에 낳은 자식도 나옵니다. 유대인들에게는 부끄러운 족보입니다. 심지어는 그 족보에서 빠진 인물도 있습니다. 신앙의 계보에서 빼내야 할 인물로 추정을 합니다. 어쨌든 마태는 예수님을 믿음의 조상과 하나님 나라를 확장한 영웅의 후손으로 묘사합니다.

마태복음 1:1 아브라함과 다윗의 자손 예수 그리스도의 계보라

창세기에는 아담으로부터 시작하는 족보가 있습니다. 아담으로부

터 요셉까지를 따져보면 대략 2천4백 년 정도의 시간이 됩니다. 성경은 그 연대를 따질 수 있도록 상세하게 기록했습니다. 앞에서도 말했지만 성경은 사실의 기록입니다. 그래서 그 기록들을 조사하면 여러 가지 정보가 다 나옵니다. 지구가 6천 년이라는 것도 성경의 사실 기록에 의해 나온 것입니다. 성경은 애매하게 말하지 않았습니다. 그런데 일부 신앙인들은 지구 6천 년을 믿지 않습니다. 과학이, 아니 진화론이 더 신뢰할 만하다고 생각하는 것 같습니다.

2) 성경 어디에도 수억 년 같은 수치를 지지하지 않습니다

출애굽기 20:11 이는 엿새 동안에 나 여호와가 하늘과 땅과 바다와 그 가운데 모든 것을 만들고 일곱째 날에 쉬었음이라 그러므로 나 여호와가 안식일을 복되게 하여 그날을 거룩하게 하였느니라

하나님은 7일째 되는 날을 거룩히 지키라고 하셨습니다. 그러면서 여기서 '욤'이라는 단어를 쓰셨습니다. 그리고 창세기에서도 동일하게 '욤'이라는 단어를 쓰셨습니다. 6개의 시대가 아니라 분명히 6일이라고 하신 것입니다. 하늘과 땅을 6일 만에 창조하신 것은 틀림없는 사실입니다.

3) 노아 홍수의 증거는 널려 있습니다

화석은 천천히 생성되지 못합니다. 생물이 죽으면 부패합니다. 부패하면 화석이 될 시간이 없습니다. 화석은 생물이 격변에 의해 흙 속에 묻히고 부패하기 전에 공기가 차단되어야 만들어집니다. 그러니 지층이 1센티미터 쌓이는 데 몇백 년, 몇천 년이 걸려서는 화석이

만들어질 수가 없습니다. 화석은 격변의 증거입니다. 게다가 화석은 전 세계적으로 어마어마하게 널려 있습니다. 국부적으로 산재하느냐 하면 그렇지 않습니다. 예를 들어, 나우틸로이드(Nautiloid) 캐니언의 레드월(Redwall) 석회암층의 오징어 화석들은 엄청난 넓이에 걸쳐 퍼져 있습니다. 그랜드캐니언의 지층의 어떤 것은 우리나라 한반도의 몇 배나 되는 것도 있습니다. 이것은 국지적인 격변으로 설명이 불가한 것들입니다. 이런 증거는 한둘이 아닙니다.

4) 예수님은 성경대로 창조를 말씀하셨고, 진화에 대한 언급을 하신 적이 없습니다

하나님의 아들이신 예수님께서는 분명히 창조를 말씀하시고 노아 홍수를 말씀하셨습니다.

> **마가복음 10:6** 창조 때로부터 사람을 남자와 여자로 지으셨으니
> (But at the beginning of creation God made them male and female)

예수님께서는 인류가 원숭이 비슷한 영장류에서 시작되었다고 하시지 않았습니다. 처음부터 완전한 남녀 인간이었음을 선포하셨습니다. 예수님은 사람의 창조에 관여하신 분입니다. 또한 노아 홍수를 전적으로 인정하시고 인용하셨습니다. 국지적 홍수였다면 하나님의 심판에 대해서 다른 식으로 말씀하셨을 것입니다.

5) 진화론의 오래된 연대를 인정한다면 성경은 다 틀린 것이 됩니다

진화는 태어나고 죽고를 반복하는 가운데 일어나는 것입니다. 처음부터 죽음과 살육이 있었다고 인정하는 것입니다. 하나님 보시기에 좋았다고 하셨는데, 그곳에 죽음과 피 흘림이 있었다는 게 말이 됩니까? 하나님은 인자와 자비가 무궁하신 분입니다. 이방신처럼 살육을 즐기며 "좋았더라" 하시는 분이 아닙니다. 그것은 창조주 하나님에 대한 모독이 됩니다. 성경은 분명히 죄로 인해 죽음이 들어왔다고 했습니다.

> **로마서 5:12(KRV)** 이러므로 한 사람으로 말미암아 죄가 세상에 들어오고 죄로 말미암아 사망이 왔나니 이와 같이 모든 사람이 죄를 지었으므로 사망이 모든 사람에게 이르렀느니라

죽음의 원인은 죄라고 분명히 밝히고 있습니다. 진화론에서는 자연현상이라고 합니다. 확실히 인간은 노화와 질병으로 죽습니다. 그러나 그것은 자연현상 너머 인간의 죄로 인한 것임을 알아야 합니다. 만약 단순한 자연현상이었다면 예수님은 죄를 대속하실 필요가 없으셨을 겁니다. 자연현상으로 일어나는 일을 막자고 하셨으면 그냥 생명의 약을 만들어내셨어야 합니다. 뭐 하려고 친히 십자가를 지고 죄를 대속하셨겠습니까? 그러므로 수억 년, 수십억 년을 인정하는 것은 죽음의 원인이 죄도 아니고, 예수님의 십자가는 쓸모없는 것이라고 인정하는 것과 같습니다.

6) 수십억 년이라는 연대는 과학적 측정이나 사실이 아닙니다

앞에서 누누이 말했듯이, 오차와 불일치가 많은 것을 그냥 진화론적 시나리오에 따라 맞춘 것입니다. 객관적인 분석 결과는 젊은 연대를 지지하는 것들도 있습니다.

(참조: https://creation.kr/BiblicalChronology)

11

멋진 동굴 벽화들

만화를 좋아해서 어린 시절에 재미 삼아 그림을 좀 그리곤 했는데, 가장 쉽게 그릴 수 있는 게 귀여운 캐릭터들입니다. 비례만 조금 생각해서 특징을 그리면 쉽게 그릴 수가 있습니다. 요즘 만화는 그것도 쉽지 않을 정도로 캐릭터들이 대단합니다. 어쨌거나 어린 시절엔 동네 애들 사이에서는 좀 그리는 편이었습니다.

제일 어려운 것은 동물들 그림이었습니다. 동물들은 여간해서는 잘 그려지지 않았습니다. 기껏 그려보면 어딘지 어색해서 촌스럽게 느껴지곤 했습니다. 게다가 색채까지 가미하는 것은 더더욱 쉽지 않았습니다. 그래서 손으로 그린 일본 애니메이션을 보면 경탄을 하곤 합니다. 어떻게 저렇게 모든 장면과 동작을 멋지게 그려낼 수 있을까 싶습니다. 그런데 구석기 시대의 그림을 보고 깜짝 놀랐습니다. 지능이 현대인에 비해 월등히 떨어진다고 믿었고, 원숭이처럼 돌을 깨서 조금 이용할 줄 안다고 믿었던 시대의 인류가 그린 그림이라고는 믿기지 않을 정도로 잘 그렸기 때문입니다.

라스코 동굴 벽화는 1만 5천 년 전으로 추정된다고 합니다. 뭘 가지고 그런 연대를 추정하는지 알 수는 없지만, 벽화를 보면 그 세련미가 대단합니다. 절대로 만만한 솜씨들이 아닙니다. 사냥하는 사람들은 만화의 캐릭터처럼 그려져 있는데, 특징을 잘 살려내서 애니메이션 캐릭터로 전혀 부족할 것이 없어 보입니다. 화살에 맞은 사슴과 그 무리를 너무나 잘 그렸습니다. 지금 스마트폰 시대를 살고 있는 저보다 월등히 잘 그렸습니다! 놀라울 따름입니다. 비례와 색채, 그리고 동작에 대한 묘사, 디테일… 알타미라 동굴 벽화(18,500~14,000)는 자연염료를 쓰고 심지어 명암법까지 적용해서 상당히 사실적으로 그렸습니다. 명암법이라니!! 지금도 훈련받지 못한 사람들은 명암을 잘 넣지 못합니다. 잘해봐야 단선으로 겨우 모양만 흉내낼 뿐입니다. 그런데 이분들은 색채에 명암까지 넣었습니다. 정말 놀랍다는 말을 반복하게 만드는 그림들입니다. 만약 이분들이 요즘 시대에 나온다면 동물 애니메이션을 충분히 그리고도 남을 것 같습니다.

구석기 벽화 중 최고 오래된 것으로 밝혀진 벽화는 인도네시아 술라웨시 섬 남부에 위치한 석회암 동굴인 '리앙 불루 시퐁4'에서 발견되었습니다. 무려 4만 3,900년 전(?)이라고 주장하고 있습니다. 사람들이 원숭이처럼 여전히 돌을 깨서 쓰던 시절이라고 알려져 있던 때입니다. 그런데 그 동굴에는 그냥 사람과 가축 등 동물의 형상만 그려진 것이 아니었습니다. 사람과 동물 형상이 결합된 상상의 산물인 '반인반수' 형상도 포함돼 있어, 인류의 상상력이 이미 이전에도 있었다는 추론을 가능하게 합니다. 정말 놀라서 쓰러질 지경입니다. 겨우 돌이나 깨서 고기를 자르던 시절에 반인반수 상상을 하다니요. 말이 안 됩니다!

인류가 만든 가장 오래된 반인반수 예술은 독일에서 발견된 4만 년 전 상아 조각인 '사자-인간'으로, 사자 머리에 인간의 몸을 갖추고 있습니다. 그런데 사자의 얼굴이 기가 막힙니다. 대충 타제석기로 긁어낸 것이 아니라 완전히 정교합니다. 금방이라도 사자가 으르렁댈 것처럼 사실적입니다. 지금이라도 라이언 킹의 캐릭터로 써먹어도 전혀 손색이 없습니다. 마치 현대의 장인이 만들어낸 것처럼 생생합니다. 잘 만들었을 뿐만 아니라 반인반수라는 상상력이 더해졌으니 놀라움을 더할 수밖에 없습니다. 대단합니다!

그런데 이걸 만든 도구가 정말 타제석기였을까요? 굉장히 의심스럽습니다. 그리고 반인반수라는 상상력을 가진 존재가 겨우 돌을 깨서 썼다는 게 말이 됩니까? 뭔가 이상합니다. 게다가 이런 믿기 어려운 발견은 세계 곳곳에서 발견됩니다. 그 시절에 교류가 있었을 리도 없는데 이렇게 멋진 예술품이 발견된다는 것입니다. 더 이상합니다.

한 가지 의문이 더 생깁니다. 저런 것이 발견된 것은 그 시절 유물 중에서 100분의 1도 안 되는 것입니다. 우리가 고조선 시대의 유물로 찾은 것은 몇 가지 정도의 금속 제품들이나 점토 제품이 고작입니다. 그 시절의 수준 높던 의복이나 여러 가지 가구 같은 것의 99퍼센트는 사라졌습니다. 수백만 개 중에서 겨우 몇 개만 남았다는 겁니다. 다시 말해서 한 개의 유물이 발견되었다는 것은, 그 시절에 그와 비슷하거나 그 이상의 제품들이 수천 개 혹은 수만 개 있었다고 추론해도 되는 것입니다. 자, 이제 그 시절에도 이런 추론을 적용해 볼까요? 무려 4만 년 전의 사람들이(지능이 현저히 떨어지는??) 멋진 그림들을 그리고 반인반수의 조각상들을 집이나 자신들 몸에 지녔다고 생각해 봅시다. 그리고 그런 수준의 문화를 갖추고 이용하고 즐겼다고 생각해 보십시오. 그런 사람들이 정말 겨우 돌이나 깨서 도구로 썼을까요? 도무지 앞뒤가 맞지 않습니다.

그런데 또 한 가지 의문이 있습니다. 과학자들이 조사한 연대 측정법은 ^{14}C, 즉 탄소 동위원소법이 아니었나 봅니다. 자연염료를 사용했으니 그것으로 ^{14}C 적용이 가능할 법도 한데, 왜 그것을 적용 안 했는지 궁금합니다. 대신에 우라늄-납 법을 사용했다고 합니다. ^{14}C의 반감기는 대략 5천 년입니다. 그리고 우라늄의 반감기는 대략

45억 년입니다. 그러니 과학자들이 연대 측정을 할 때 그 유물이나 운석 등의 연대를 미리 짐작하고 측정할 원소를 결정하게 됩니다. 예를 들어, 수억 년 될 것으로 예측되는 운석이나 화석에는 ^{14}C를 적용하지 않습니다. 왜냐하면 ^{14}C는 대략 8만 년 이상이 되면 거의 없어지기 때문입니다. 그래서 심지어는 측정하는 원소에 따라서 반감기가 긴 원소로 측정하면 오래된 연대로, 짧은 원소로 하면 젊은 연대가 나온다는 말이 있습니다. 그런데 이 프로젝트에는 독특하게도 우라늄-납으로 시대를 측정했습니다. 어딘지 잘 안 맞는 듯한 느낌입니다. 고개가 갸웃해집니다. 겨우 4만 년 내외로 추정되는데, 왜 굳이 우라늄-납 측정이었는지 모르겠습니다.

과학자들은 벽화 위에 쌓인 석회암 막의 우라늄을 이용해 연대를 측정했다고 합니다. 하지만 전문가들은 이 기술의 정확도에 대해서 논란의 여지가 있는 만큼 향후 연구를 지켜볼 필요가 있다고 말했습니다. 문제가 있다구요? 부정확하다는 의미일 것 같습니다. 절대연대 측정법이라는 용어가 무색합니다.

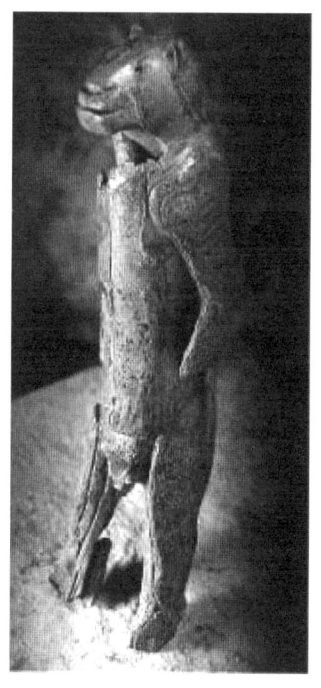

그런데 그 시절에 돌을 깨서는 만들 수 없는 조각품과 명암법까지 적용한 훌륭한 벽화를 남겼습니다. 그 시절에는 매우 흔한 일이, 다들 그 정도의 문화 수준을 충분히 누렸을 것입니다. 그러니 대체 누가 구석기인들을 원숭이 비슷한 존재로 상상할 수 있겠습니까?

창조/진화

제4장

잘못된 상식

01
알아야 할 상식

"우리는 또한 중세 초기의 사회가 그 모든 궁핍과 불평등과 결점들에도 불구하고, 대부분의 점에서 그 뒤를 이은 제국의 문화보다 훨씬 더 공정했고, 관대했고, 그리고 (궁극적으로) 보다 평화로웠으며, 또한 근대 초기의 민족국가의 승리를 통해 만들어진 사회보다 헤아릴 수 없이 훨씬 더 평화롭고, 심지어 훨씬 관대했음을 발견한다."
─데이비드 벤틀리 하트, 《무신론자들의 망상》

중세 때 교회는 지구나 인간이 우주의 중심이었다고 착각했고, 그것을 코페르니쿠스가 뒤집었다고 합니다. 그런데 그게 역사 연구자들에 의하면 거짓말이라고 합니다. 그런 적이 없었다는 것입니다. 인간이나 지구를 우주의 중심에 둔 적이 없었다는 것이 정설이라고 합니다. 단테의 《신곡》에서도 우주의 중심에는 사탄이 자리 잡고 있는 것으로 나오며, 당시 중세 식자층의 상식은 아리스토텔레스의 세계관을 근거로 했는데, 아리스토텔레스는 지구를 전혀 우주의 중심으로 두고 있지 않았다고 합니다. 우주의 웅덩이쯤으로 낮게 취급했다고 합니다.

코페르니쿠스는 이런 잘못된 상식에 도리어 지구의 위치를 격상시킨 것이라고 하는데, 계몽주의자들에 의해 묘하게 뒤틀렸다고 합니다. 아리스토텔레스는 지구를 평평하다고 한 적이 없고 둥글다고 생각했습니다. 중세 때도 이미 지구의 반경까지 계산이 되었다고 합니다. 식자층에게 지구가 평평하다는 생각은 없었다는 것입니다. 코페르니쿠스나 갈릴레이에 대한 탄압도 과학과 종교의 갈등 차원이 아니라 야망과 정치적 견해 등의 차원이라고 하는 견해가 정확한 것 같습니다. 그는 심지어 교황을 조롱하기까지 했답니다. 게다가 탄압이라고 하기도 뭐한 게 코페르니쿠스는 잘 먹고 잘살다가 자연사했고, 갈릴레이도 비록 연금 상태였지만 그는 죽을 때까지 연금을 받았다고 합니다. "그래도 지구는 돈다"라는 유명한 말은 사실 있지도 않았다고 합니다. 역사학자 스틸만 드레이크에 의하면, 갈릴레이의 일화는 18세기 이탈리아 작가 주세페 바레티의 창작이라고 합니다. 기독교에 대한 부정적 이미지를 갖게 한 천동설이나 평평한 지구(성경에 없음), 코페르니쿠스와 갈릴레오 갈릴레이에 대한 탄압 등등은 역사적 사실이 아니었습니다. 후대의 계몽주의자들에 의해 비틀려지고 왜곡된 것입니다. 그런데 그것이 마치 상식인 양 자리를 차지하고 있는 것입니다.

　기독교가 지배하던 중세를 암흑기라고 합니다. 그래서 천 년 이상 마녀사냥을 하고, 성직을 매매하면서 가난한 자를 착취하고, 십자군을 파견해서 학살하고 이성을 마비시켰다고 합니다. 하지만 정말 그럴까요? 앞에서 인용된 내용을 보십시오. 중세 기독교 사회는 그 후로 발생한 국가들보다 **"헤아릴 수 없이 훨씬 더 평화롭고, 심지어 훨씬 관대했음을 발견한다"**(데이비드 벤틀리 하트)라고 합니다. 영주의 성에는 가난한 자들을 먹이고 병든 자들을 보호하는 시설이 있었다고 합니다. 지금의 무상 복지제도와 크게 다를 바 없어 보입니다. 이런 것은 잘 알려져 있지 않습니다.
　마녀사냥이 엄청났다고 하지만 그것도 그야말로 엄청나게 과장되어 있습니다. 마녀 재판소의 기본 임무는 마녀사냥을 자제시킬 수 있도록 법적 절차를 마련한 것이라고 합니다. 실제로 마녀라고 제소된 경우, 증거 불충분으로 기각된 경우가 대부분이라고 합니다. 하지만 이런 사실들은 가려져 있습니다. 특정한 어떤 부분만 강조되고 부각되어 어마무시한 짓들을 한 것처럼 이미지가 조작되어 있습니다.

또 다른 사람의 말을 들어보겠습니다. 영국 케임브리지 대학에서 과학사(History of Science)로 박사학위를 받은 제임스 핸남(James Hannam)은 다음과 같이 지적했습니다.

> "중세에 가톨릭 교회는 과학의 많은 부분을 적극적으로 지원했고, 신학의 어떤 추정이 (과학에) 영향을 주는 것을 통제했다. 더 나아가 대중적 믿음과 반대로, 교회는 지구가 평평하다는 생각을 결코 지지하지 않았고, 사람의 해부를 결코 반대하지 않았으며, 과학을 부정하지 않았고, 물론 과학적 생각을 가진 이를 결코 화형에 처하지도 않았다."

> "대중들의 생각, 신문이나 잡지의 상투적 표현, 그리고 역사적 오해에도 불구하고, 최근의 연구에 의하면, 중세 시기는 과학, 기술, 문화에 있어 거대한 진보의 시기였다는 것이다. 나침반, 종이, 인쇄술, 등자, 화약 등은 모두 주후 500~1500년 사이에 서유럽에서 나타났다."

우리가 보통 알았던 중세의 모습과는 전혀 다릅니다. 상식이라는 게 얼마나 왜곡될 수 있는지 보여주고 있습니다. 기독교가 지배한 중세는 음울하게 민중을 억누르고 광기로 다스려진 시대가 아니었습니다. 자유롭고 이성적이며 관용적이었습니다. 물론 그 시절이 천국이 아니었으니 일부의 범죄행위와 비이성적인 행위가 전혀 없었다고 할 수는 없습니다. 그렇다고 그런 일탈들이 그 시대 전체를 대변하는 것은 아닙니다.

이성적이고 자유롭다고 주장하는 현대는 어떤가요? 광기가 사라지고 이성적이며 평화로운가요? 전혀 아닌 것 같습니다. 상식을 초월한 광기는 우리 주변에서도 자주 목격됩니다. 과거 독재자 시절에 대한민국에서 빨갱이 사냥은 마녀사냥으로 비유됩니다. 독재체제에 맞서는 사람들을 잡아들여서 고문과 협박으로 간첩이나 빨갱이를 만들어내던 시절도 있었습니다. 그때 당한 고문은 인간을 완전히 물건으로 취급하는 혹독한 것이었습니다. 욕설과 폭행은 기본이었습니다. 옷을 다 벗기고 고춧가루 물을 코에다 붓거나 전기로 충격을 가하기도 했고, 물속에 머리를 처박아서 질식 직전까지 이르게 하곤 했습니다. 의사를 대기시켜서 비상사태를 대비하는 잔혹함까지 갖추었습니다. 이런 시대를 앞으로 500년 뒤에 보면 뭐라 하겠습니까? 지금 우리가 잘못 알고 있는 중세처럼 비이성과 폭력이 난무하던 시절이라고 하겠지요?

자유의 상징인 미국에서조차 한때 메카시 열풍이 분 적이 있습니다. 한동안 미국은 빨갱이 사냥에 미쳤습니다. 메카시가 아무 증거 없이 "너 빨갱이지?" 하면 곧바로 그 대상은 빨갱이로 몰렸습니다. 스스로 빨갱이가 아니라는 것을 밝히지 못하면 빨갱이가 되어버리는 궁지에 몰리곤 했습니다. 하지만 어떻게 공산주의자가 아님을 밝힐까요? 예를 들어, "나는 레닌이나 마르크스를 미워한다"라고 공언하더라도 사람들은 그것을 의심할 것입니다. 왜냐하면 속마음은 그렇지 않은데 거짓말로 자신을 보호하려고 한다고 믿게 된다는 것입니다. 심지어 그가 빨갱이를 때려잡는 일을 했다고 해도 의혹의 눈초리 앞에서는 자신이 공산당이 아님을 증명할 수는 없습니다. 이것이 그토록 경멸하던 중세의 마녀사냥과 뭐가 다를까요?

　백인들이 북미 대륙에 살던 인디언 원주민들을 학살했습니다. 평화롭게 살던 그들을 서부 개척 운운하면서 씨를 말렸습니다. 영화에서야 카우보이 어쩌구 하면서 엄청나게 미화시켰지만 사실은 인디언 살육시대였습니다. 스페인의 남미 대륙 정복도 마찬가지였습니다. 7천만 명 정도의 원주민들이 학살을 당했거나 그들이 옮긴 전염병으로 죽었습니다. 인디언들과 원주민은 우리와 같은 핏줄이라고 합니다. 독일은 나치즘에 미쳐서 날뛰었습니다. 그 결과가 600만 유대인 학살과 전쟁이었습니다. 진화론에 의해 장애우들을 20만 명 죽이기도 했습니다. 중세 때 그런 일이 있었나요?

　일본이 국가주의와 천황에 미쳐서 2차 대전에 피를 흘리게 한 숫자가 무려 3천만 명이나 됩니다. 근현대에서 광기는 차고도 넘칩니다. 100여 년 만에 발생한 일입니다. 중세 사람들이 근현대를 바라보면 무슨 말을 할까요? 암흑기보다 더한 용어로 표현했을 것입니다. 그들이 현대에 살고 싶어 했을까요? 그럼에도 사람들은 현대를 암흑기라고 하지 않습니다. 대단한 자유가 있고 평화를 누리며 이성으로 통제가 되는 사회라고 착각합니다. 매우 의심스러운 생각입니다. 왜 유독 유럽의 중세를 암흑기라고 할까요? 뭔가 냄새가 납니다.

　르네상스에 대한 이야기를 해보겠습니다. 중세시대가 끝나는 즈음에 르네상스가 일어났습니다. 당시 종교의 타락에 대한 반발로 시작되었습니다.

　르네상스(이탈리아어: Rinascimento, 프랑스어: Renaissance, 영어: Renaissance) 또는 문예부흥(文藝復興), 학예부흥(學藝復興)이라고 합니다. 유럽 문명사에서 14세기부터 16세기 사이 일어난 문예부흥 또는 문화혁신운동을 말합니다. 과학 혁명의 토대가 만들어져 중세를 근세와 이어주는 시기로 평가합니다. 문화, 예술 전반에 걸친 고대 그리스와 로마 문명의 재인식과 재수용을 의미합니다. 옛 그리스와 로마의 문학, 사상, 예술을 본받아 인간중심(人間中心)의 정신을 되살리려 하였다고 합니다.

그런데 로마와 그리스는 정말 인간중심이었는지 의심스럽습니다. 그때가 다신교 사회였음을 잘 아실 것입니다. 도시마다 수호신이 있었고, 사제와 신전이 있었습니다. 해와 달, 바다에도 신이 있다고 믿었습니다. 그 신들은 사람들을 개, 돼지 취급을 했습니다. 아리따운 처녀가 있으면 동물로 변신해서 강간을 하곤 했습니다. 여자에 대한 최소한의 존중은 없었고, 미색에 대한 욕심만 있는 신들이었습니다. 신들은 화가 나면 남자들을 파리목숨처럼 죽였습니다. 기록도 없이 숱하게 많은 사람들이 죽기도 합니다. 신에게 강간당한 여자가 아이를 잉태하고 낳게 되면 그 신들이 길러 주었느냐 하면 그렇지 않았습니다. 그냥 사생아로 자랐습니다. 자식도, 여자도 그다지 존중받지 못했습니다. 그리고 영웅들이 있었습니다. 신과 인간의 결합으로 태어난 영웅들은 주로 전쟁을 통해서 영웅성을 인정받습니다. 따지고 보면 살육의 영웅입니다.

민주주의가 있었다고 하지만 그것도 극히 제한되어 있었습니다. 예를 들면, 로마시 안에 거주하는 모든 사람들이 공평하게 투표를 하거나 하지 않았습니다. 그 안에는 노예도 있었고, 전혀 참정권도 투표권도 없었던 여자들이 있었습니다. 불평등이 자연스러웠던 시절이었고, 이방인들은 짐승처럼 야만의 대접을 받았습니다. 하층민들은 가축과 별반 차이가 없기도 했습니다. 피정복지의 서민들은 엄청난 착취로 가난 속에 죽어 갔습니다.

만약 그런 시절로 돌아간다면 찬성하겠습니까? 르네상스가 중세 종교의 타락에 대한 반작용인 것은 인정하지만, 고대 그리스나 로마가 마치 인간들에게 황금의 시대인 것처럼 인식되는 것도 틀린 것입니다. 왕은 신으로 군림했고, 하층민은 가축과 다를 바 없었던 시대, 그런 시대를 그리워할 이유가 뭔가요? 단지 창조주 하나님에 대한 저항 때문에 미화된 것은 아닐까요? 전쟁이나 철학의 영웅들이 자기들 뜻대로, 이성을 따라서 결과를 낸 것이 좋아 보여서 그럴 수도 있을 것입니다. 하지만 분명한 것은 고대 그리스, 로마가 엄청나게 좋았던 것은 극히 일부의 사람들에게뿐이었습니다. 이상하게도 그때가 지금의 세상과 닮아 있기도 합니다. 1퍼센트에게는 천국 같은 세상이었습니다. 나머지는 힘들고 고단한 삶이라는 말과 같습니다. 현대는 세계의 1퍼센트가 세계 자산의 절반을 쥐고 있습니다. 가난한 하위 50퍼센트는 자산의 1퍼센트를 보유하고 있습니다. 그리스와 로마를 닮겠다고 일으킨 르네상스의 결과는 참혹합니다.

중세시대에 대한 과도하게 나쁜 이미지와 르네상스나 계몽주의에 대한 과도한 좋은 이미지는 목적이 불순해 보입니다. 기독교 신앙이 미신적으로 보이게 하고, 대신에 인간의 이성이 신앙 위에 있어 보이게 하려는 의도가 아닐까 하는 생각을 해봅니다. 믿음은 불확실하고 근거도 없는 것이고, 이성이야말로 확고한 토대 위에 세워진 것이라고 믿고 있는 것입니다. 뭐, 그런 의도가 없었다고 해도 잘못된 상식으로 인해 기독교에 대한 오해를 갖게 하고, 이성이 믿음보다 우위라는 생각을 갖게 된 것은 사실입니다.

이성은 맛보고, 만져보고, 두들겨보고 무게를 재보는 사람의 생각에 기초합니다. 육신의 감각을 재료로 합니다. 하지만 이성은 그다지 탄탄한 것만은 아닙니다. 포스트 모더니즘이 그것을 말하고 있고, 패러다임이 그것을 보여주고 있습니다. 포스트 모더니즘은 아주 극단적으로 말해서 정답이 하나가 아니라고 주장하는 철학입니다. 이

성주의는 답이 하나라고 합니다. 하지만 인간의 이성은 모든 자료와 사실을 결코 전부 다 검토할 수 없습니다. 주어진 한도 내의 것만을 갖고 판단할 뿐입니다. 검은 백조가 나타나기 전까지 백조는 하얗다고, 그렇게 판단하는 것을 이성적이라고 했던 것처럼 말입니다. 귀납적 사고는 이로 인해 근거가 흔들리고 말았습니다.

  패러다임 또한 이성의 한계를 보여줍니다. 패러다임(paradigm)은 어떤 한 시대 사람들의 견해나 사고를 근본적으로 규정하고 있는 테두리로서의 인식의 체계, 또는 사물에 대한 이론적인 틀이나 체계를 의미하는 개념을 말합니다. 토머스 쿤이라는 사람이 제안한 개념입니다. 말이 좀 어렵지요? 한마디로 말해서 사고의 틀, 더 심하게 말하면 잘 인식하지 못하는 선입견 같은 것이라고 생각해도 됩니다. 예를 들면, 상대성이론 같은 것에서 패러다임 전환이 일어났습니다. 아인슈타인 이전에는 당연히 시간과 공간을 불변의 것으로 생각하고 모든 논리를 전개했습니다. 그런 당연한, 그리고 잘 드러나지 않는 선입견 같은 것을 패러다임이라고 합니다. 이런 패러다임이 잘못된 것을 알아내기는 쉽지 않습니다. 천재들이라고 해도 마찬가지입니다.
  진화론을 믿는 사람들에게는 현재 생물의 상태가 진화된 결과로 보입니다. 왜냐하면 진화에 대한 패러다임에 푹 빠져 있기 때문입니다. 그래서 온갖 가설들을 들이대면서 현재 상태를 진화의 결과로 만들어냅니다. 진화의 결과가 아니고 성경의 창조가 맞다고 아무리 증거를 들이대도 생각이 잘 바뀌지 않습니다. 왜 그럴까요? 바로 사고의 틀, 선입견, 혹은 패러다임 때문입니다. 진화가 틀렸다는 증거가 분명하지만 사고의 틀이 바뀌지 않기 때문에 어찌하든 자기의 사고의 틀(패러다임)로서 그 이유를 만들어내게 된다는 것입니다. 이성의 한계 중 하나입니다.

하나 더 이야기할까요? 괴델의 완전성 정리(Gödel-完全性定理, Gödel's completeness theorem)의 예를 들어 보겠습니다. 이것은 모든 무모순적 공리계는 참인 일부 명제를 증명할 수 없으며, 특히 스스로의 무모순성을 증명할 수 없다는 정리라고 합니다. 말이 무척 어렵습니다. 쉽게 말해서, 결국에는 논리만으로 스스로를 자기가 증명할 수 없는 한계가 있다는, 뭐 그런 식으로 이해하시면 됩니다. 엄밀하게 꼭 맞는 뜻은 아닐 수도 있지만 그 정도로 이해하시면 편합니다. 어쨌든 여기서도 이성의 한계라는 게 드러나 보입니다. 괴델은 아인슈타인이 극히 존경하던 논리학자입니다. 그가 만들어낸 정리이니 맞을 거라고 생각합니다.

천문학에서는 우주의 구성물질 중에 94퍼센트가 암흑 에너지, 암흑 물질이라고 합니다. 우리가 재어보고 맛보고 두드려본 것은 겨우 4퍼센트라고 합니다. 지구의 내부도 여전히 암흑 물질의 존재는 오리무중입니다. 땅을 뚫어본 가장 깊은 시추공은 2011년 러시아의 사할린 섬에서 사할린-I Odoptu OP-11 시추공이 12,345미터 깊이로 최고입니다. 땅을 파보고 알게 된 사실은 지하의 암석들이 물로 포화되어 있다고 합니다. 노아 홍수 때도 지하의 깊은 샘들이 터졌다는 기록과 뭔가 맞는 것 같아서 재미있습니다. 게다가 수소가 엄청 나왔다고 합니다. 진흙이 부글부글 끓었다고 하는데, 이것은 예기치 못한 일이라고 합니다. 지각 12킬로미터 밑도 우리는 잘 모르고 있었던 것입니다. 그런데 지구 반경은 6,371킬로미터입니다. 지구의 내부 모습은 지진파 같은 것으로 개략적으로 추론해 낸 것입니다. 우리가 뭘 안다고 하는 것에 대해서 조심하는 게 맞지 않을까요? 지구조차도 500분의 1 정도 잠깐 들여다보았을 뿐입니다.

너무 인간의 이성을 믿거나 좋아하지 마시기 바랍니다. 눈으로 보고, 듣고, 무게를 재어보고, 두드려보면 좀 더 확실히 알 수 있겠지요. 하지만 거기까지입니다. 자연조차 우리가 아는 것은 극히 제한적입니다. 그것이 궁극의 답까지 줄 것이라고 착각하지 않았으면 합니다. 결국에는 믿음의 문제로 종착될 것입니다.

> **히브리서 11:1-3(KRV)** 믿음은 바라는 것들의 실상이요 보이지 않는 것들의 증거니 선진들이 이로써 증거를 얻었느니라 믿음으로 모든 세계가 하나님의 말씀으로 지어진 줄을 우리가 아나니 보이는 것은 나타난 것으로 말미암아 된 것이 아니니라

02
《장하석의 과학, 철학을 만나다》에서

　물이라고 생각하는 액체를 영하 10도에 냉장고에 두었는데 얼지 않았다고 하면 그것은 물이 아니라고 생각하게 됩니다. 어떻게 물이 아니란 것을 알게 되었을까요? 물이 0도에서 얼게 된다는 것을 미리 알고 있었기 때문입니다. 이것은 관측이 이론(가설)을 포함하고 있다는 예가 됩니다, 즉 물은 0도에서 얼고, 100도에서 끓는다는 이론을 갖고 관측을 하게 되는 것입니다. 재미있는 이야기입니다.
　장하석 박사는 귀납법의 한계에 대해서 이야기한 뒤에 "그러면 과학의 이론은 그 정당성을 어디서 찾을까?"라고 질문합니다. 가설을 세우고 관측이 맞으면 그 가설이 맞다고 생각합니다. 하지만 사실은 이미 그 관측 안에 어떤 가설이 내포되어 있기 때문에, 심지어는 관측장비조차 어떤 가설에 근거해서 만들어지고 작동하기 때문에 그 객관성을 담보할 수 없다는 것입니다. 좀 헷갈립니다.
　한때 두뇌의 특정 부위에 자기장을 쏘면 종교적 환상을 경험할 수 있다는 실험이 크게 보도된 적이 있었습니다. 영국 요크 대학교와 미국 UCLA 공동 연구팀이 '경두개 자기자극'(transcranial magnetic stimulation, TMS)이라는 기술을 통해 실험 참가자들의 두뇌 일부 기능을 '차단'해 본 결과 피실험자들이 매우 놀라운 현상들을 겪었다고 합니다. 그래서 도킨스도 직접 이 실험대에 오르기까지 했습니다. 물론 그가 종교적 환상을 보거나 하지는 않았습니다. 하지만 그는 이 실험을 극찬했습니다. 종교가, 특히 기독교가 그저 인간의 두뇌가 만들어낸 산물임을 밝힐 수 있다고 믿었던 것 같습니다. 하지만 얼마 지나지 않아 이 실험은 힘을 잃었습니다. 왜냐하면 다른 연구소에서 교차검증 결과 아무런 것도 찾을 수 없었기 때문입니다.

이 실험을 준비한 사람들의 생각에는 이미 종교는 인간이 만들어낸 것이라는 가설이 장착되어 있었던 것 같습니다. 그들의 강력한 믿음으로 갓 헬멧을 만들어낸 것입니다. 자신들의 가설이 없었다면 그런 장비는 만들지 않았을 겁니다. 장비에 이미 이론이 장착되어 있었다는 말입니다. 게다가 실험자가 자신들의 가설에 대한 믿음이 컸던 모양입니다. 피실험자들에게 그들이 경험하게 될 상황을 암시하는 말들을 자주 했다고 합니다. "이것을 쓰시면 좀 이상한 현상이 느껴질 겁니다. 그러면 잘 기억했다가 진술해 주세요." 이런 식으로 말입니다. 본인들은 의식을 못했지만 피실험자들에게 일종의 최면을 걸고 있었던 것입니다.

과학자들의 말과 생소하고 묘한 기계와의 접촉으로 피실험자들은 실험자들이 암시해 준 대로의 경험을 하게 됩니다. 물론 다 그런 것도 아니었습니다. 어쨌든 실험자들은 자기들이 믿었던 결과를 얻었습니다. 한때 이로 인해 매스컴이 떠들썩했습니다. 아직도 블로그 같은 곳에는 이 실험을 철석같이 믿고 있는 이들이 있습니다.

똑같은 유전자의 두 마리 쥐를 두 개의 연구소에 한 마리씩 보냅니다. 한쪽에는 매우 지능이 높은 쥐라고 하고, 다른 쪽에는 그 반대라고 해서 보냅니다. 결과는 어땠을까요? 놀랍게도 그에 걸맞은 결과가 관측된답니다. 이상하죠? 냉정하고 차갑게 똑같은 결과가 나와야 하는데 그렇지가 않았습니다. 다시 말하면, 관측자가 갖고 있는 생각에 걸맞은 관찰이 나오더라는 말입니다.

그래도 살짝 혼란스럽습니다.

우리는 과학이란 엄밀한 객관성을 바탕으로 한다고 알고 있었습니다. 그리고 그렇게 해서 얻어진 결과는 유용하게 적용할 수 있기도 합니다. 그래서 과학이 맞다고 한 것은 틀림이 없다고 생각합니다. 하지만 실제로 깊이 파고 들어가보면 우리가 알고 있는 과학이 그렇게 대단하고 단단한 기반을 갖고 있지 않을 수도 있는 것 같습니다.

이런 복잡한 이야기들을 늘어놓는 이유가 있습니다. 과학에도 한계가 있음을 인정하자는 말입니다. 과학자들의 말이나 과학으로 증명되었다고 하는 것에 대해서 그냥 "음, 그렇군" 하는 정도로 생각하자는 것입니다. 100퍼센트 맹신은 곤란합니다. 특히나 만약 성경과 다른 사실이 과학의 이름으로 발표되었다면, 슬쩍 그것을 뒤로 밀어 놓고 기다려 보는 게 지혜일 수 있습니다. 과학이 100퍼센트 맞으니 과학과 다른 성경의 기록이 틀린 것이라고 생각하거나, 성경의 기록을 문학적 표현 정도로 낮추어서 이해하려는 태도는 지혜롭지 못하다는 말입니다. 우리가 알고 있는 과학 지식은 앞으로 100년 뒤에 완전히 새로 뒤집힐 수도 있습니다. 백조는 하얀 것이라고 철석같이 믿었지만 오랜 세월 뒤에 흑색의 백조가 발견되었듯이 말입니다. 우리가 지금은 구리 거울을 들여다보는 것처럼 희미하게 알 뿐입니다.

고린도전서 13:12(현대인의성경) 우리가 지금은 거울을 보는 것같이 희미하게 보지만 그때에는 얼굴과 얼굴을 맞대고 볼 것이며 지금은 내가 부분적으로 알지만 그때에는 하나님이 나를 아신 것처럼 내가 완전하게 알게 될 것입니다.

03

용에 대해서

　12지신을 잘 알 겁니다. 자축인묘진사오미…하루를 12구간으로 나누어 거기에 맞는 동물을 내세운 것이라고 합니다. 사람 띠를 결정하기도 합니다. 12지신은 하늘의 별자리와 방위와 관련이 있다고 합니다. 12지신은 춘추전국시대 이전에 이미 만들어졌다고 합니다. 이 12지신은 대부분 우리 주변의 실제적 동물들입니다. 쥐, 소, 범, 고양이…개, 돼지까지 있습니다. 아프리카의 임팔라나 악어 같은 것은 없습니다. 그런데 다섯 번째로 출현하는 용은 유일하게 주변에서나 우리가 현실에서 접할 수 있는 동물이 아닙니다. 용은 보통 상상의 동물로 신화 같은 곳에나 나온다고 알려져 있습니다. 그런 것을 왜 흔히 접할 수 있는 짐승들과 함께 끼워 넣었을까요? 신화적인 동물로 천마, 봉황, 비호 같은 것도 있지만 그런 것은 빠졌습니다.

　어쩌면 그때는 지금 우리가 용에 대해 갖는 이미지보다 훨씬 실제적 동물로 인지한 것은 아니었을까 하는 생각을 해봅니다. 우리나라만 해도 금수강산 방방곡곡 산과 계곡 바닷가에 용과 관련된 전설과 지명이 숱하게 널려 있습니다. 용은 신화 속에 빈도 높게 등장하는 파충류였습니다. 그게 너무나 많아서 그랬는지도 모르지만 암튼 용은 과거에는 지금과 비교할 수 없는 현실성을 갖고 있었던 게 분명합니다.

　중국은 말할 것도 없고 동남아시아 사찰이나 도교 사원에는 이

용의 인기가 하늘을 찌릅니다. 사찰마다 용이 기둥을 휘감고 있는 것을 볼 수 있습니다. 지붕의 용마루에도 뾰족하게 머리를 하늘로 향한 용들이 보입니다. 저는 징그럽고 무섭기만 한데 그 신도들은 아무렇지도 않은 것 같습니다. 그렇게 징그러운 용을 숭앙하기까지 하는 것 같습니다. 꿈에서 용이라도 나오면 대단한 길몽이라고 합니다.

용의 이야기는 동양에만 있는 게 아닙니다. 용은 서양에서도 과거에 상당히 현실적 존재로의 이미지를 갖고 있었던 것 같습니다. 가장 널리 알려진 이야기는 공주를 구하는 왕자님 이야기입니다. 멋지고 잘생긴 훈남 왕자가 용을 죽인다는 이야기입니다. 그리고 용이 지키고 있던 성에서 아름다운 공주를 구출합니다. 그리고 그녀와 결혼하는 이런 해피엔딩의 동화도 있습니다. 너무나 흔한 이야기입니다. 동양에서 용은 두려움과 경외의 대상이었지만, 서양의 용은 악을 상징하는 타도의 대상이었던 것 같습니다. 아마도 기독교의 영향 때문에 그랬을 것이라는 추측도 해봅니다. 그런데 용은 아프리카에서도 나타납니다. 조각 같은 걸 보면 용이 종종 보입니다. 물론 동양만큼 카리스마적이지 않습니다. 그래도 용은 용입니다.

이렇듯 용은 동서양을 막론하고 세계 모든 지역에서 출현한 듯합니다. 이게 단순한 상상이라고 하기에는 너무 광범위하고, 신화에 거의 보편적으로 등장합니다. 신기하죠? 어떤 특정 지역에서 꾸며내거나 상상한 산물이라면 이렇게 널리 퍼지기 힘들었을 것입니다. 과거에 SNS가 있었던 것도 아니고, 정보는 거의 구전으로 전달되던 때였습니다. 그런 시절에 전 지구적으로 용에 대한 이야기, 그와 관련된 지역들이 산재한다는 것은 신기합니다. 혹시 정말로 뭔가가 있지 않았을까요? 혹시 용은 거대 파충류로서 실제로 존재했던 것은 아닐까요? 멸종되어 가던 거대 파충류에 대한 기억이 용으로 형상화된 것은 아닌가 하는 생각이 듭니다.

멕시코 아캄바로에서 수만 개의 점토상들이 발굴되었습니다. 그 중에 수천 개가 공룡 모양이라고 합니다. 사람과 짐승, 그리고 공룡 모양의 점토상이 뒤섞여 도로 밑이나 이곳저곳에서 출토되었다고 합니다. 사람이 공룡을 타고 있는 조각도 있습니다. 누군가가 이런 걸 가짜로 만들었다고 하면 어지간히 할 일도 없는 사람이었을 것입니다. 특별히 돈이 되는 것 같지도 않은데 수만 개나 만들었다고 하면 제정신이 아닐 것입니다. 이 조각된 그림들은 과거에 화석학자들이 묘사했던 상상 속의 공룡보다 더 정확했다는 사실도 나중에 밝혀졌습니다. 과학자들의 공룡 상상도가 틀리고 이 시골구석에서 발굴된 공룡의 모습이 정확했다니 놀라운 일입니다. 우리가 알고 있는 자연사 박물관 대부분의 공룡 그림들은 몇 개의 뼛조각으로 그려진 상상도입니다. 그런데 이렇게 출토된 점토상이 과학자들의 상상도보다 더 정확했다고 생각해 보세요. 화석학자들의 상상도는 더 많은 화석 발굴이 이루어지면서 폐기되곤 했습니다.

공룡에 대한 기록은 다른 곳에서도 나옵니다. 마르코 폴로의 《동방견문록》에서도 나옵니다. 과거 역사가들의 책에 나오기도 합니다. 물론 우리나라의 기록들도 있지만 우리는 그것을 그냥 전설로만 이해를 하고 있습니다. 그런데 그런 것들이 정말 전설이었을까요? 혹시 목격담이 아니었을까요? 합리적 의심을 해볼 필요가 있습니다. 어쩌면 용은 거대 파충류를 직접 관찰한 기록들일 수도 있다는 것입니다. 워낙에 무섭고 덩치가 큰 놈들이라 신화나 전설이라는 포장이 덧입혀졌을 수도 있을 것 같습니다. 이들의 기록은 심지어 성경에도 나옵니다. 욥기의 내용입니다.

욥기 40:15-24(새번역) 베헤못을 보아라. 내가 너를 만든 것처럼, 그것도 내가 만들었다. 그것이 소처럼 풀을 뜯지만, 허리에서 나오는 저 억센 힘과, 배에서 뻗쳐 나오는 저 놀라운 기운을 보아라. 꼬리는 백향목처럼 뻗고, 넓적다리는 힘줄로 단단하게 감쌌다. 뼈대는 놋처럼 강하고, 갈비뼈는 쇠빗장과 같다. 그것은, 내가 만든 피조물 가운데서 으뜸가는 것, 내 무기를 들고 다니라고 만든 것이다. 모든 들짐승이 즐겁게 뛰노는 푸른 산에서 자라는 푸른 풀은 그것의 먹이다. 그것은 연꽃잎 아래에 눕고, 갈대밭 그늘진 곳이나 늪 속에다가 몸을 숨긴다. 연꽃잎 그늘이 그것을 가리고, 냇가의 버드나무들이 그것을 둘러싼다. 강물이 넘쳐도 놀라지 않으며, 요단 강의 물이 불어서 입에 차도 태연하다. 누가 그것의 눈을 감겨서 잡을 수 있으며, 누가 그 코에 갈고리를 꿸 수 있느냐?

베헤못에 대해서 묘사된 것을 보면 딱 공룡입니다. 파라케라테리움에 대한 묘사라고 주장하는 분도 있습니다. 그게 뭐가 되었건 우리가 보는 동물은 아닌 게 확실합니다. 욥기의 묘사가 공룡이라는 주장을 하면 단번에 아니라고 하는 분들이 있습니다. 두 번 생각할 필요조차 없다고 합니다. 공룡은 무조건 6,500만 년 전에 사라졌다고 확실히 믿으니까요. 그러니 6,000년도 안 된 성경 기록에 어떻게 공룡이 기록될 수 있겠느냐는 겁니다. 굉장히 과학적인 사고를 하는 것 같은 느낌입니다. 하지만 6,500만 년이라는 연대는 절대적으로 완벽하게 확정된 연대가 아닙니다. 그리고 앞에서 이야기한 대로 전 세계에 퍼진 용에 대한 이야기와 성경의 기록들을 어떻게 설명할 수 있을까요? 6,500만 년을 절대적으로 신뢰하면 성경의 기록은 신화, 혹은 문학적 표현일 뿐이라고 하게 됩니다. 과학이 말하는 것들이 신뢰성이 높기는 합니다. 하지만 과학과 성경이 충돌하면 저는 성경을 선택합니다. '성경이 틀렸다고 생각하는 것'이 틀렸다는 것을 과학이 스스로 계속 증명하고 있기 때문입니다.

성경에서 용은 하나님께 저항하는 세력으로 상징됩니다. 즉, 사탄입니다.

요한계시록 12:7-9 하늘에 전쟁이 있으니 미가엘과 그의 사자들이 용과 더불어 싸울새 용과 그의 사자들도 싸우나 이기지 못하여 다시 하늘에서 그들이 있을 곳을 얻지 못한지라 큰 용이 내쫓기니 옛 뱀 곧 마귀라고도 하고 사탄이라고도 하며 온 천하를 꾀는 자라 그가 땅으로 내쫓기니 그의 사자들도 그와 함께 내쫓기니라

용이 상징하는 바는 인간에게 끔찍한 것들입니다. 하지만 동양에서는 용을 영웅의 상징으로 사용합니다. 인물이 태어나거나 출세할 때 용 꿈을 꾸기도 합니다. 생각해 보면 세상적 영웅은 용의 대리인 역할을 하는 것 같습니다. 다시 말해, 세상의 힘과 권력을 상징합니다. 공중 권세 잡은 자가 누구입니까?

04
마르코 폴로가 보았던 용

마르코 폴로(Marco Polo, 1254. 9. 15.~1324. 1. 8.)를 잘 아시지요? 유명한 《동방견문록》을 남긴 인물입니다. 이 책에는 신기하고 재미있는 기록도 많은 것 같습니다. 그래서 정확한 기록으로 인정은 받지 못합니다. 하지만 그의 기록 중에는 나중에 확인된 사실들(원나라의 화폐 만드는 과정이나 동식물 등)도 있다고 합니다. 그의 기록 중에 용에 관련된 내용이 있어서 가져왔습니다. 용, 공룡은 6,500만 년 전에 멸종된 것으로 알려져 있는데, 마르코 폴로는 그것을 생생하게 기록하고 있습니다.

《동방견문록》을 썼던 마르코 폴로(Marco Polo)는 카라얀(Karajan) 지방의 여행에서 목격했던, 거대한 뱀(serpents)에 대한 기록을 남겼다. 그 뱀은 앞쪽에 두 개의 짧은 다리(two short legs)가 있었고, 각각 세 개의 갈고리 발톱(three claws)을 갖고 있었다는 것이다. '턱은 사람을 삼키기에 충분하도록 넓었고, 이빨은 크고 날카로웠다. 그 생물의 모습은 너무도 공포스러워서, 사람이나 어떤 종류의 동물도 두려움 없이 접근할 수 없었다'(Polo, Marco, The Travels of Marco Polo, 1961, pp. 158-159).

마르코 폴로는 지역 주민들이 그 생물을 어떻게 사냥하고 죽였는지를 설명하고 있었다. 그 파충류는 낮에 열기를 피해 '동굴'에 머무르며, [빵(loaf)보다 더 큰 눈을 가진] 야행성 동물로서, 먹이를 먹은 후에 호수, 샘, 강과 같은 물이 있는 곳에서 발견될 수 있다고 기록하고 있었다. 그들의 거대한 몸체는 '마치 무거운 기둥이 지나가며 모래 위에 자국을 남겨놓은 것처럼' 경로에 깊은 자국을 남겼다는 것이다. 그 생물은 예측할 수 있도록 같은 경로를 자주 지나갔기 때문에, 원주민들은 땅을 파고, 끝이 날카로운 철로 된 커다랗고 뾰족한 '나무 기둥'들을 묻은 후에, 그 위를 모래로 덮어두었다 (p. 159). 분명히 이 창들은 그 생물에 치명적인 부상을 입혔고, 그 생물은 곧 죽었다는 것이다.

다리가 있는 뱀, 공룡처럼 보이는 파충류에 대해, 그리고 그것을 사냥하는 것에 대해 상당히 생생하게 기록을 하고 있습니다. 대단한 현실감이 느껴집니다. 공룡이 정말 6,500만 년 전에 멸종된 것일까요? 네스호의 괴물 목격담도 있습니다. 아프리카나 아마존 지역에서는 공룡 같은 괴물의 목격담도 많았습니다. 그것이 모두 다 착각이라고 하기에는 뭔가 좀 부족한 느낌입니다.

05

구석기, 신석기…진짜?

16세기 아즈텍과 마야는 석기시대였습니다. 이들은 청동기나 철기를 사용할 줄 몰랐습니다. 그러면서 동시대에 수학과 천문학은 엄청 발달되어 있었고, 백금과 금을 녹여 정교한 장식품을 만들 줄 알았습니다. 재미있는 사실입니다. 귀금속을 다룰 줄 알았고, 정교한 수학을 배우고 가르쳤는데도 삶은 석기시대였습니다.

아래 사진은 그들이 사용하던 석기입니다. 루이지애나 주립대에서 발굴한 것인데, 조사 결과 물고기와 육류를 자르는 데 쓰였다고 합니다. 교과서에서 흔히 볼 수 있는 석기시대 유물과 다르지 않습니다. 이상합니다. 최초의 석기는 에티오피아의 고나에서 발견된 270만 년에서 258만 년 정도 된 것이라고 합니다. 그리고 기원전 약 9000-8000년에 석기시대는 끝을 맺은 것으로 고고학계에서는 추측하고 있습니다. 하지만 저 석기는 겨우 500년 정도 된 것으로 보입니다. 저런 석기를 사용하는 사람들이 뛰어난 수학을 구사하고 금은을 녹여 정교한 장식을 만들 줄 알았다니 놀랍기만 합니다. 석기시대가 대략 1만 년 전에 끝났다는 것은 확실할까요? 뭔가 이

상합니다. 만약 저 사진에 나온 것이 아즈텍이나 마야의 것인 줄 몰랐다면 필시 구석기와 신석기 중간쯤 되는 것으로 판단했을 겁니다.

지금 우리 시대를 돌아볼까요?

핸드폰으로 세계를 들여다보고 소통하지만 아프리카나 아마존 정글 속에서는 여전히 석기시대를 사는 사람들도 있습니다. 1915년 아인슈타인이 상대성이론을 발표할 때도 조선은 집을 지을 때나 묘지 터를 잡을 때 좌청룡 우백호를 따졌습니다. 그렇다고 아인슈타인의 머리와 한국 사람의 머리가 원숭이와 사람 수준으로 차이 났다고 볼 수는 없습니다. 만약 어떤 격변으로 인해 1915년 아인슈타인의 논문과 조선의 기와집이 같은 지층에 묻혔다고 해볼까요? 그리고 아무것도 모르는 상태에서 발굴이 되었다면 뭐라고 할까요?

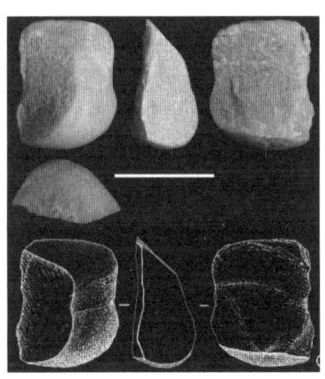

카푸친 원숭이가 만든 돌도끼들[사진 네이처]

원숭이 중에 어떤 녀석들은 돌을 깨뜨려 미량의 원소를 섭취하는데, 그 돌무더기와 구석기 돌무더기를 고고학자들이 구분하지 못한다고 합니다. 카푸친 원숭이가 만든 석기는 인류의 여러 석기 중

가장 초기 단계인 '외날도끼' 또는 '외날찍개'라고 불리는 형태로 볼 수 있다고 합니다. 카푸친 원숭이가 만든 외날 도끼의 연대 측정을 하면 제작 연대가 나올까요? 안 나옵니다. 그냥 돌의 구성원소 안의 방사성 동위원소만 측정하게 됩니다. 그래서 구분이 어렵다는 것입니다.

사람이 만든 구석기와 원숭이가 만든 돌무더기가 구분이 안 된다면 대체 무슨 근거로 그것을 구석기로 구분할까요? 천재지변으로 흙에 덮였다가 수천 년 뒤에 발굴한다면 고고학자들은 시대구분을 어떻게 할까요? 석기시대니 청동기, 철기시대니 하는 구분이 우리가 생각하는 만큼 분명하지 않다고 얼버무릴 것입니다.

문제는 그것뿐만이 아닙니다. 지층 구성상 구석기가 신석기 아래서 발견되는 것이 아니라고 합니다. 구석기가 밑에 있고 신석기가 위에 있는 것이 아니라는 것입니다. 저는 예전엔 당연히 구석기 유물은 신석기 유물 한참 아래를 파면 나오는 줄 알았습니다. 하지만 그렇지 않다고 합니다. 그냥 다른 지역에서 나올 뿐이라고 합니다. 마야 문명의 경우를 생각해 보면 될 것입니다. 500년도 안 되었다는 지층에서 1만 년 전 석기가 나오는 것입니다. 그때 이미 다른 지역에서는 철기제품을 사용하고 있었습니다.

만약 1만 년 뒤에 조사를 하게 되었다고 해볼까요? 그럼 어떻게 시대 구분이 될까요? 신석기와 구석기도 그냥 서로 다른 지역에서 발견된다고 합니다. 핸드폰과 카푸친 원숭이 돌더미가 다른 장소에서 발견되듯이 말입니다.

하지만 이런 것은 심각하게 검토되지 않습니다. 그냥 진화론적 시대구분에 따라 단순한 것은 오래된 것, 복잡한 것은 새로운 것 정도의 기준으로 구분할 뿐입니다. 교과서에는 신석기와 구석기가 과학적 팩트로 나옵니다. 그러나 실상을 좀 알려줘야 하는 것이 아닌가 생각합니다.

성경을 기초로 해서 구석기와 신석기에 대한 생각을 해보았습니다. 물론 상상입니다만⋯하나님께서는 노아와 그 후손들에게 생육하고 번성하라고 하셨습니다. 하지만 후손들이 그 명령을 잘 따르지 않았던 것 같습니다. 니므롯의 지휘를 따라 바벨탑을 쌓게 됩니다.

창세기 11:1-4 온 땅의 언어가 하나요 말이 하나였더라 이에 그들이 동방으로 옮기다가 시날 평지를 만나 거기 거류하며 서로 말하되 자, 벽돌을 만들어 견고히 굽자 하고 이에 벽돌로 돌을 대신하며 역청으로 진흙을 대신하고 또 말하되 자, 성읍과 탑을 건설하여 그 탑 꼭대기를 하늘에 닿게 하여 우리 이름을 내고 온 지면에 흩어짐을 면하자 하였더니

인간들은 흩어지기 싫었습니다. 그래서 벽돌을 구워 바벨탑을 쌓았습니다. 하지만 하나님께서는 언어를 혼잡하게 해서 이들을 흩으셨습니다. 아마 이들은 가족 단위로 급하게 먼 여행을 떠났을 것입니다. 변변한 도구가 없었던 그들은 바닷가에서 흔하게 잡히는 조개 같은 것을 잡아서 돌로 깨서 먹으면서 여행을 계속했을 것입니다. 그러다가 먹을 것이 풍부한 곳에 정착하게 되면서 여행하는 시간이 줄어들고, 그러면서 좀 더 정교한 도구가 필요해졌을 것입니다. 그래서 남는 시간에 화살촉도 만들고, 돌을 갈아서 칼처럼 만들었을 것입니다. 정착하기 좋은 지역에 사람들이 몰리자 청동기나 철기를 만드는 사람도 생겨났을 것입니다. 물론 이것은 다 상상입니다.

알타미라의 동굴 벽화를 아십니까?

이 벽화가 구석기 시대의 벽화입니다. 이것을 처음 발견한 사람은 사투올라라는 사람이었습니다. 그런데 이 벽화가 구석기 시대에 그려졌다는 것을 믿을 수가 없었습니다. 그래서 그것을 사기 친 것이라

고 했습니다. 발견자가 조작했다고 생각한 것입니다. 사투올라는 고소를 당했고, 거짓말쟁이라는 누명을 쓰고 쓸쓸히 죽었습니다. 그런데 그가 죽은 뒤 비슷한 동굴 벽화들이 발굴되기 시작했습니다. 결국 사투올라의 발견은 사기가 아니었던 것이 밝혀졌습니다.

그런데 애초에 사투올라를 사기꾼으로 몰아댄 이유가 무엇이었겠습니까? 진화론에서 알려진 구석기 시대의 인간들은 사실상 원숭이보다 좀 나은 지능을 가졌다는 믿음 때문이었습니다. 그 시절에는 기껏해야 빗살무늬 정도나 겨우 그릴 줄 알았다는 게 정설이었습니다. 그런데 빗살무늬와는 비교가 되지 않는 수준 높은 회화를 그렸다는 것입니다. 지금 일반인들에게 그렇게 그려보라고 해도 못 그릴 정도의 그림입니다. 다시 말해서 구석기라고 하는 시대의 사람들이 우리와 별 차이 없는 지능을 가졌다는 증거인 셈입니다. 그런데 그들이 겨우 돌을 깨서 사용했다고 하니 믿어집니까? 알타미라 동굴 벽화에서 구석기라는 선입관을 빼고 보면 대단히 훌륭한 그림이라는 것을 느끼게 됩니다.

06

이카의 돌

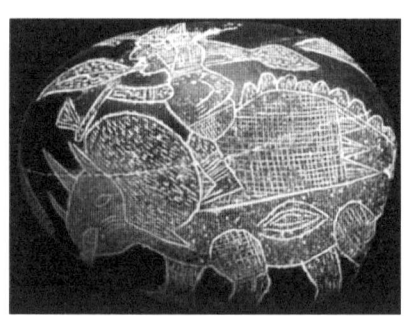

 이 사진은 아는 사람은 알고, 모르는 사람은 모르는 이카의 돌 사진입니다. 페루 남쪽 해변 이카(Ica) 지방의 무덤 같은 곳에서 출토된 돌입니다. 강변에서 나는 안산석에다 코팅을 한 뒤에 거기에 새김을 한 것입니다. 새겨진 그림이 천진난만하면서도 균형감이 있고 제대로 그림을 그릴 줄 아는 사람이 그린 것 같은 느낌을 줍니다. 만만치 않은 솜씨입니다. 그런데 좀 이상하지 않습니까? 사람이 공룡(트리케라톱스)를 타고 있습니다. 제대로 된 공룡의 모습은 20세기 들어와서야 알려지기 시작했습니다. 그런데 페루에 이런 그림이 있다니 신기합니다. 이 그림뿐만이 아닙니다. 다른 공룡의 그림도 많이 있다고 합니다.
 공룡은 6,500만 년 전에 멸종되었다는데 아기 공룡 둘리처럼 타임머신을 타고 날아왔을 리는 없습니다. 그러면 상상도일까요? 하지

만 이카 근처의 나스카에서의 나스카 문명은 주전 200~주후 700년, 이카에서는 주후 600~1200년에 번성했다고 합니다. 우리나라로 치면 삼국시대에서 고려시대 정도 되는 시절입니다, 그 시절에 TV에서 공룡 만화를 본 것도 아닐 테니 진화론적 입장에서는 뭔가 문제가 있는 돌로 분류되어야 마땅합니다.

이 돌에 대해서는 두 가지 추론이 가능합니다.

(1) 이 돌은 공룡에 대한 것을 알기 시작한 뒤로 제작된 것(20세기)으로 가짜입니다.
(2) 이 돌은 진짜로 그 시절의 상황을 묘사한 것으로. 다시 말해 진짜입니다.

그래서 진화론 진영에서는 이 돌은 무조건 가짜이며 만들어진 것이라고 우겼고, 심지어 그런 증언까지 나왔습니다. 알타미라 동굴 벽화처럼 진화론에서 보면 말도 안 되는 일이었을 겁니다. 그래서 결론은 가짜, 혹은 상상도라고 믿고 뭉개 버렸는데, 아직 의심이 남은 사람들이 이 돌에 대한 연대를 다시 조사한 모양입니다. 일단 돌을 세 가지로 분류했다고 합니다.

(1) 최근 제작된 돌이 있다. 이카의 돌이 이름을 얻으면서 관광객들에게 대놓고 속여서 파는 돌들이 있다.
(2) 전문가가 아닌 일반인이나 도굴꾼이 수집한 돌들도 있다.
(3) 최근에 고고학자들이 신중하게 발굴한 돌들이 있다.

결론을 말하면, 최근 제작된 돌과 오래된 돌은 분명히 조사로써 구분이 가능했답니다. 그리고 오래된 돌(정확한 연대는 알 수 없지만)들이 분명히 있었다고 합니다. 가짜와 진짜가 분명히 구분되고, 진짜는 이카 문명에서 만들어진 것으로 추정이 가능하다고 합니다. 결국은 이 동네에 TV가 들어오기 훨씬 전에 만들어진 진품이라는 것입니다. 유명한 대학 실험실 몇 곳에서 조사되었다니 믿어도 될 것 같습니다.

  물론 최근에 제작된 것도 있는 모양입니다. 자기가 만들었다고 하는 사람이 나서기도 했으니까요. 그는 돌에 그것을 새기고 불에 구웠다고 했습니다. 15,000개나 되는 돌에 그리고 굽고 파묻었다고 하면 엄청난 돈과 시간이 들어갔을 것 같습니다. 카브레라 박사는 이 유물의 조작설에 의문을 제기했습니다. 15,000여 개나 되는 돌에 조각을 새기는 일은 한 사람에겐 무리한 일이고, 돌에 새겨진 그림의 내용을 시골 농부가 알았다기엔 의문이 드는 여러 분야의 학문의 지식이 들어 있다는 이유 때문이었습니다. 카브레라 박사는 이후 독자적으로 이 돌 유물들에 대한 연구를 진행해 나갔고, 그 결과 공룡과 함께 산 인간들이 오래전 고도의 문명을 이루고 있었다고 주장했습니다. 이분은 12,000년 전의 것으로 추정하고 있습니다.

  이카의 돌의 진위에 대해서 조사한 사람은 카브레라 박사 한 사람만이 아닙니다. 지질학자인 에릭울프라는 분도 있었습니다. 그는 푸른색의 녹과 닳아진 것을 조사해서 오래된 것이라고 견해를 밝혔습니다. 그리고 그는 독일 본에 있는 실험실에서 이것을 다시 검토 받았습니다. 1969년 1월 28일 본 대학의 프렌첸 교수의 실험 결과는 역시 매우 오래된 것으로 나왔습니다. 아이오와 주립대학의 생물학자 라이언드럼은 입체 현미경으로 조사를 했습니다. 그 결과 역시 오래된 것으로 추정하였습니다. 그러니까 최근에 조작된 것이면 긁어낸 자국 안에 녹색의 녹이 끼어 있을 수가 없다는 겁니다. 이것은 그것을 긁어낸 시기가 최근이 아니라는 분명한 증거였습니다.

  이러면 이야기가 이상해집니다. 인간과 같은 시대를 살았던 공룡이라니??? 용에 관한 이야기는 전설이지만 세계 곳곳에 있습니다. 심지어 아프리카에도 있습니다. 인간과 공룡이 함께 살았다면 그 이유가 이해될 수 있습니다. 하지만 공룡은 6,500만 년 전에 멸종되었어야 합니다. 하물며 트리케라톱스에 사람이 올라타다니, 진화를 믿은 이들에게는 있을 수 없는 그림입니다. 이 그림 하나만으로도 진화론이 다 무너질 판입니다. 인간과 공룡이 함께 살았다면 여태껏 철석같이 믿어왔던 지층의 연대도 다 무너집니다. 공룡화석이 나오면 무조건 6,500만 년 이상이라고 하던 믿음이 사라지고, 극히 최근에 생성된 지층이 되어버릴 것입니다. 그리고 공룡에서 포유류, 조류가 나왔다는 믿음도 뒤죽박죽이 되어버립니다. 모든 연대가 망가지면 진화론 시나리오도 다 엉망이 됩니다.

어쩔까요? 그냥 넘어가나요? 과학이라면서, 스스로에게 불리한 증거들이 나오면 침묵하고 뭉개버려서는 안 됩니다. 단 한 개의 증거라도 가설과 달라지면 그 가설은 재고되어야 합니다. 그것이 과학의 기본입니다. 그것이 진화론이라고 해도 말입니다. 다음의 도표는 돌에 대해 몇 가지 실험을 했다는 도표입니다. 내용은 잘 몰라도 암튼 결론은 오래된 것이라는 것 같습니다.

	Description	Provenance	Patina Testing	Metallurgical Testing
Rio Grande Palpa Museum Stone	17.8 cm long, 24.1 cm wide, and 10.8 cm high. Weighs 8.79 kg. Mohs hardness of 5.	Found in situ by secular museum archaeologists	Heavy patina, extensive salt peter buildup and even a lichen growth	No relict abrasions, or metallo-oxide/hydroxides derived from iron or copper seen
Cabrera Stone of Unknown Provenance	21.6 cm long, 20.3 cm wide, and 17.1 cm high. Weighs 14.63 kg. Mohs hardness of 5.	Allegedly found in Paracas tombs by Huaqueros	Fine patina, embedded dirt, and natural oxidation	Weathered copper metallic fragments were recovered from a silver-bronze.
Souvenir Stone made by Basilio Uschuya	20.3 cm long, 12.7 cm high, and 5.7 cm high. Weighs 2.8 kg. Mohs hardness of 3.	Recently manufactured	no patina buildup and blue metal flakes seen under the microscope	Cursory exam showed a brushed on coating, but no metal recovered for analysis

07

전문성과 창조과학

　진화를 믿는 분들 중에는 창조론자나 지적설계론자의 전문성을 지적하는 분들이 있습니다. 한마디로 무식하니까 창조론을 믿는다는 말입니다. 그분들께 하고 싶은 말이 있습니다. "전혀 틀린 오해입니다." 전문성에 걱정할 이유는 없다고 단언하고 싶습니다.
　도킨스는 여러 가지 저서를 내었습니다. 그분이 박사학위를 받은 분야는 동물의 생태에 관한 것으로 알고 있습니다. 그런데 이분의 저서에는 신화를 비교하는 저서도 있습니다. 그중에 이러저러한 신화가 있으니 기독교 창세기도 그저 신화일 뿐이라는 식으로 써내려간 책도 있습니다. 그런데 그가 신화학의 전문가인가요? 신화에 정통하려면 그 나라의 역사와 문화에 해박한 지식이 있어야 가능합니다. 하지만 평생 진화론을 연구한 분이 신화에 그렇게 정통할지는 의문입니다. 그런데도 그는 거침없이 책을 써내려갔습니다. 그 책을 읽고 열광하는 분들도 꽤 되었습니다. 이분의 전문성을 믿어도 될까요? 아무도 이분의 전문성에 이의를 제기하지 않았습니다.
　기왕에 신화에 대한 말이 나왔으니 계속해 보겠습니다. 전 세계의 신화들 속에는 거대한 홍수에 대한 이야기들이 있습니다. 많은 경우에 이 홍수는 오직 한 명의 생존자나 한 그룹의 생존자만을 남깁니다. 오누이만 살아남는 경우도 있습니다. 예를 들어, 길가메시의 바빌로니아 서사시와 히브리 성경 모두 인류를 전멸시킨 전 세계적인 홍수와 배에 태워 지구의 종을 구한 한 남자에 대해 이야기하고 있습니다. 한 명의 홍수 생존자에 대한 비슷한 이야기는 그리스, 노르웨이, 아즈텍 신화뿐만 아니라 힌두교 신화에도 나타납니다. 중국의 신화에서도 마찬가지입니다. 거기에는 누아라는 인물도 나옵니다. 이런 신화들은 성경의 노아 대홍수를 연상하게 합니다. 도킨스가 신화에 정통하고 전문가였다면 이런 사실도 짚었어야 합니다. 그것이 학자다운 모습 아닌가요? 하지만 그런 모습은 없습니다. 그는 자기 입맛에 맞는 신화만 골랐습니다. 이런 식이면 전문성 이전에 학자다움의 문제를 지적하지 않을 수 없습니다. 전문적으로 아무리 많은 지식이 있다고 해도 객관적이지 못하면 모든 것을 아전인수격으로 해석하게 된다는 겁니다.

이미 앞서서 굴드가 '과학적'으로 인종차별을 정당화했던 연구들을 깨부순 것을 말했습니다. 당시 인종차별은 진화론적 선입관 때문에 생겼습니다. 과학자들 역시 그런 선입견으로 데이터를 선별했던 것입니다. 그들은 자기의 선입견에 합당한 것만 골라서 조사 연구하고, 선입견에 어긋나면 오염된 데이터이거나 비정상적인 것으로 분류했습니다. 도킨스도 그런 것 아닌가요? 전문성도 문제지만 선입견이 더 문제입니다.

그리고 창조론자들은 비전문가들의 집단이 아니라는 말도 하고 싶습니다. 제가 아는 한 창조론을 겸손하게 인정하는 분들은 최고의 학위를 받고 대학에서 강의하시는 분들이 대부분입니다. 그런 분들에게 전문성 운운할 이유는 없습니다. 세계 100대 과학자에 꼽히신 분도 있구요. 비록 창조과학 때문에 낙마를 하셨지만 박성진 포항공대 기계공학과 교수 같은 분도 있습니다. 제가 알기로 유수한 대학의 교수님들과 박사님들이 창조과학에 함께하십니다. 그러니 더 이상의 전문성을 어떻게 보여줘야 할까요? 저도 비록 석사학위일 뿐입니다만 관련 분야에서 기술사 자격증 시험도 통과하고 30년 넘게 종사하며 잔뼈가 굵은 사람입니다. 저는 노아 방주의 구조적 안정성을 직접 검토해 봤고, 그것은 나무 상자로서 지극히 합당한 구조물이라고 판단을 했습니다. 그리고 구조 안전성에 대해서는 세계적 석학인 도킨스가 와도 제 전문성을 당하지 못합니다.

그런데 어떤 유신 진화론자의 책에서는 목재로서는 그런 구조물을 만들 수 없다고 단언합니다. 저는 그 책을 보면서 걱정스러웠습니다.

어쩌다 인터넷에서 그 저자와 논쟁이 붙었습니다. 자기는 엔지니어로서 20년을 살아왔다고 했습니다. 제가 본 그분의 책은 자신의 전공과 아무 상관없는 분야들을 두루 언급하고 있었습니다. 복잡한 진화 계통도와 생물학 분야 전반을 다 넘나들고 있어서 매우 위험해 보였습니다. 너무 확신에 빠지면 위험해집니다. 그분이 저더러 배의 흘수선 이야기를 했습니다. 흘수선(吃水線, waterline)은 선박이 수면 위로 드러나는 선, 혹은 선체가 잠기는 한계선을 말합니다. 배가 싣고 있는 짐의 양에 따라 흘수선의 위치가 바뀌는데, 보통은 짐을 최대로 실었을 때의 흘수선인 만재 흘수선을 말합니다. 이분은 노아 방주가 5미터 정도 잠겼다고 하면 목재로 그 압력을 어떻게 견디겠느냐고 지적했습니다. 매우 훌륭한 지적이었습니다. 5미터 잠기면 평방미터당 무려 5톤의 압력을 받게 되는데 이 정도를 직접 견뎌낼 목재는 없을 것 같습니다. 그리고 130미터 정도나 되는 긴 배가 어떻게 목재로 가능하냐고 나에게 반문했습니다. 하지만 그분이 잘 모르는 게 있었습니다.

먼저는 흘수선은 깊어봐야 2미터도 안 될 것이라는 것입니다. 저는 노아 방주 3개층 모두에 자동차 하중을 적용하고 검토했습니다.

흘수선은 1.2~1.5미터 정도면 충분했습니다. 그것도 사실 많이 봐준 것입니다. 그런 하중이 작용한다고 해서 목재가 못 견딜까요? 아닙니다. 충분히 견딜 수 있습니다.

쉘구조라는 게 있습니다. 조개껍데기 모양으로 둥근 형태의 구조는 압력에 매우 잘 견디는 구조입니다. 수십 미터를 덮는 시드니 오페라하우스의 지붕들 두께를 보세요. 계란 껍질은 0.35mm 정도 됩니다. 아주 얇지만 안에 있는 내용물을 잘 보존합니다. 효율적이고 놀라운 설계지요. 이 계란을 손에 쥐고 순수하게 악력으로 터트릴 사람은 많지 않습니다. 소금을 살짝 바르면 간단하지만요. 선박의 하부가 직선이 아니고 곡선인 이유가 바로 그것 때문입니다. 노아 방주의 바닥이 그렇지 않다고 할 이유는 없습니다. 철갑을 씌우고 무거운 화포를 장착해서 왜구들을 멸절시킨 거북선을 생각해 보십시오. 군사들이 타고 노 젓는 사람들이 가득 메우고 있었지만 흘수선 때문에 바닥이 깨졌다는 기록은 없습니다.

130미터의 긴 배를 어떻게 목재로 유지하느냐고 합니다. 그것도 전혀 걱정할 이유가 없습니다. 트러스 구조라는 방식이 있으니까요. 이쯤에서 세세하고 전문적인 이야기를 할 필요는 없을 것 같습니다. 그 분야의 전문가로서 충분히 가능하다고 보장합니다. 노아 방주에 대해서 다른 것은 몰라도, 구조적 안정성만큼은 확실하게 답을 드릴 수 있습니다.

그런데 노아 방주 안전에 대해서 다른 분야 전문가들은 아니라고 하나요? 아닙니다. 이미 우리나라 해사기술연구소에서 그 안전성을 잘 밝혔습니다(〈국민일보〉(1993.2.17.)). 그 분야에서 최고 전문성과 경험을 지닌 분들이 다수 모여서 실험하고 검토해서 낸 결론입니다. 우리나라뿐 아니고 다른 나라의 전문가들도 비슷한 의견을 밝혔으니 노아 방주의 안전성과 안정성은 전문성 없는 사람들이 그냥 믿고 떠들는 소리가 아님을 알아주시길 바랍니다.

    제가 아는 분들만 해도 지질학 박사, 분자생물학 박사, 구약학 박사, 수리학 전문가들입니다. 이런 분들 외에도 국내외 천문학 박사도 있고, 각 분야 전문가들이 있습니다. 《지적설계론》을 쓴 뎀스키 같은 분은 박사학위가 두 개나 됩니다. 이런 분들이 모여서 성경의 창조가 옳다고 합니다. 대체 무엇으로 전문성이 없다고 말할 수 있겠습니까? 전문성에 관한 한 전혀 문제가 될 수 없다는 말입니다. 괜한 시빗거리에 휘말릴 이유가 없습니다.

08

부끄러운 역사, 그리고 타협의 바람

　일제강점기 36년은 우리 민족의 치욕의 시기이기도 했지만 정신(민족혼)을 더럽힌 기간이기도 했습니다. 안타깝게도 더럽혀진 것이 새로워지지 못한 채 해방이 되고 말았습니다. 그 여독은 아직도 대한민국에 남아서 더러운 풍습으로 남았습니다. 기회주의가 처세의 기본이 된 세상입니다. 진화론적 논리가 횡행하게 되었다고 봐야 합니다. 약육강식, 살아남은 자가 강한 자라는 식의 비겁하고 비윤리적 처신이 넘치게 된 것입니다. 교회도 친일 매국노 짓을 하고 신사참배한 목사들이 해방 후에도 교단의 주류로 남았습니다.

　해방 후에도 이들은 제대로 회개하지 않았습니다. 우물우물하면서 기회를 엿보다가 자기 자리를 그대로 다시 꿰차고 말았습니다. 한참 지난 뒤에 눈물 몇 방울 흘리고 어물쩍 기득권을 계속 유지했습니다. 하나님이 원하시는 회개가 그저 자기 맘 편하자고 눈물로 때우는 것은 아니라고 봅니다. 회개에 합당한 열매가 있어야 합니다. 이런 이들이 좋아하는 주장은 세상에서 복받고 부자 되라는 것이었습니다. 친일 매국노 짓은 그렇게 여전히 대한민국을 왜곡시키고 있습니다.

　프랑스에서는 독일에 협조한 자들을 사형시켰습니다. 독일은 나치에 협조한 자들을 지금도 찾아내어 처벌합니다. 최근에는 100세 넘은 노인을 찾아내어 처벌하기도 했습니다. 그 정도로 철저하게 처단

하고 있습니다. 그런데 우리는 어떨까요? 우리는 친일 매국노들 잡겠다는 사람들을 빨갱이로 몰아서 죽였습니다. 반민특위는 일제강점기 때 일본 앞잡이 노릇하던 친일 경찰에 의해 도리어 깨져버렸습니다. 만주 벌판에서 추위와 배고픔을 이기며 총을 잡았던 분들을 '비적 떼'라고 멸시를 당했습니다. 친일 매국노와 일본인들을 암살하던 의열단장 김원봉은 일본 앞잡이 형사 노덕술에게 따귀까지 맞는 치욕을 당하기도 합니다. 그는 김구와 함께 북한을 방문했다가 그곳에 남아 버렸습니다. 친일파들이 득실거리는 남한을 해방된 조국으로 인정할 수 없었을 것입니다. 당시만 하더라도 공산주의에 대해 지금처럼 나쁜 감정은 없었습니다. 6·25 동족상잔으로 공산주의에 대한 적개심이 극에 달하게 된 것입니다. 슬픈 역사입니다.

기독교도 마찬가지였습니다. 그냥 친일만 한 게 아니라 신사참배라는 배교를 했던 시기였습니다. 그냥 행사만 살짝 바뀐 것이 아니었습니다. 목사들이 불교 행사에 참석하고 중들에게 세례를 받기까지 완전한 우상숭배를 했다는 기록도 있습니다. 그리고 배교한 이들은 해방 후에도 목사라는 타이틀을 유지했습니다. 신사참배의 배교를 거부하고 순교당하셨던 분들은 그냥 버려졌습니다. 최근에 와서야(70년 지나서) 공식적인 회개를 했습니다. 분하기 짝이 없는 노릇입니다.

그런데 일본의 신사참배에 대해서 당시 배교한 분들에 대해 한편 이해가 가는 부분이 있습니다. 목사였던 배교자들이라고 신앙이 없었을까요? 위안부 문제에서 일본의 주장을 따르는 어떤 분의 말입니다. "전쟁이 나면 어쩔 수 없다. 2~3년 그런 일 겪었어도 살아남았으면 그것으로 감사해야 하지 않겠나. 남은 인생이 훨씬 긴데, 나는 저 한국인 할머니들처럼 평생 분노하며 헛되이 살 바엔, 그 2~3년은 잊고 새 출발해서 행복하게 살라고 야단칠 것이다!"

어떻습니까? 그럴싸하지요? 친일 매국노의 말도 늘 그럴싸합니다. 그럴싸하니까 넘어가는 것입니다. 한국 기독교가 친일 매국노들의 가치관에 오염되었으니 이런 현실론들이 쉽게 귀에 들어오는 것입니다. 배교의 논리도 그럴싸합니다. 그럴싸하지 않으면 목사들이 넘어갈 리 없습니다.

아론이 황금송아지를 만들었을 때 아론은 우상에 대해서 몰랐을까요? 거기에도 나름대로 고개가 끄덕여지는 이유가 있었을 것입니다. 모세는 40일 동안 사라져 보이지 않아서 죽었는지 살았는지 알 수가 없었습니다. 덜컥 애굽을 탈출했지만 애굽에서의 삶이라고 해도 금방 숨넘어가게 어려운 것만 있었던 것은 아니었던 것 같습니다. 나름대로 고기도 먹고 채소도 먹을 수 있었습니다. 그런데 막막한 광야에서 지도자가 사라져 버렸습니다. 애굽으로 다시 돌아가야 할지 어쩔지도 모르고, 광야에서 오도가도 못하는 처지가 되었습니다. 200만의 사람들은 당황하기 시작했습니다. 무언가 결집할 수 있는 것이 필요했고, 자기를 인도할 누군가가 필요했을 것입니다. 그래서 풍요의 신을 만들어낸 것입니다. 원래 목표지가 젖과 꿀이 흐르는 땅이었으니 풍요의 신이 그럴싸했을 것입니다. 그런 절박한 이유가 있었습니다. 배교한 목사들도 다 이유가 있었습니다. 다음의 글을 읽어보십시오.

"제군(주기철 목사)의 순교정신은 훌륭하다. 그러나 언제 우리 정부가(천황) 기독교를 버리고 신도로 개종하라고 강요했는지 증거를 대 보라. 국가는 국가 제사를 국민으로서의 제군에게 요구한 것에 지나지 않는다. (중략) 명치 대제가 만대에 미치는 큰마음으로 세계에 유례없는 종교의 자유를 부여하신 것을 함부로 가로막는 것은 모독이라 할 만한 것이다." -도미타 미쓰루(1938)

도미타 미쓰루는 일본 기독교회 대회 의장으로 주기철 목사를 찾아왔습니다. 신사참배가 종교가 아닌 국가행사이므로 그것을 거부하지 말라는 설득을 하기 위해 온 것입니다. 그는 신사참배가 기독교를 버리라는 것이 아니라고 강조합니다. 그의 말을 살펴보건대, 그는 자신의 영달을 위해 신사참배를 받아들이거나 한 것 같지 않은 느낌이 듭니다(느낌일 뿐 사실은 모름). 합리적인 통찰을 통한 자기 확신에 이른 것 같습니다. 신사참배는 그저 국민의례일 뿐이라는 결론 말입니다. 결국 친일 매국노들은 이런 논리를 100퍼센트 받아들였습니다.

입장을 바꿔서 생각해 봅시다. 기독교를 버리라는 것도 아니었습니다. 그저 국민의례라고 합니다. 게다가 한편으로는 일본도가 서슬이 퍼렇게 번득입니다. 일본도만 보이면 참고 어찌어찌 순교도 하겠는데, 개종하는 것이 아니라고 하니 마음이 약해졌을 겁니다. 교회도 그대로 유지가 된다고 합니다. 그래서 눈 딱 감고 신사참배를 받아들인 것입니다. 나중에 그들은 고뇌에 찬 결단이었다고 합니다. 왜 고뇌하지 않았겠습니까? 그래도 양심은 있었는데 말입니다. 신사참배를 하고 나니까 별 것 없었습니다. 하늘에서 벼락이나 유황불이 떨어지지도 않았습니다. 성경을 읽고 찬송가를 부르는 데 지장도 없었습니다. 그래서 나중에는 교회를 지키기 위한 행동이라는 희한한 확신까지 생겼습니다. 배교가 배교가 아니라는 것입니다.

장로회 총회 한 달 뒤인 그해 10월 서울에선 '시국대응 기독교장로회 신도대회'가 열렸고, 소속 신도들과 학생 등 3,000여 명이 모여 총독부 광장에서 미나미 총독의 격려사를 듣고, 행렬을 지어 조선신궁을 참배했습니다. 다음 해부터 장로회총회는 총회 시작 전에 일본 천황이 있는 궁성을 향해 궁성요배를 하게 되었습니다. 그들은 해방 후에도 목사직을 그대로 유지할 수 있었습니다. 아무도 뭐라고 하는 사람이 없었습니다. 자기들이 만약 신사참배를 받아들이지 않았으면 교회는 사라졌을 것이라는 주장을 퍼뜨리기도 했습니다. 그러면서 자신들은 도리어 교회를 위한 희생자인 것처럼 했습니다. 비록 잘못은 했지만 교회를 지키기 위한 고뇌에 찬 결단이었다고 주장합니다. 회개는 그저 눈물 몇 방울로 끝나버렸습니다. 그 밑에서 자란 목사들은 선배 목사들 눈치를 보며 그들의 철학을 익혔습니다. 그래서 대한민국 개신교 역사는 수치스럽습니다.

그런데 한 가지 질문을 해봅니다. 교회는 목사가 지키나요? 일곱 별을 붙드신 주님은 어디로 가셨나요? 그릇된 현실을 수용하는 버릇은 그대로 이어져서 단지 기독교인이라는 이유로 부정한 자들을 지지합니다. 해방 후 독재자들과 조찬회도 했습니다. 살인자들과도 조찬회를 하며 축복기도를 합니다. 그 자리에 참석하는 목사들은 영광스러워합니다. 그런 이들이 빨갱이 운운하며 지금도 목소리를 냅니다.

교회가 박해를 당할 때 그것을 막기 위해 박해자가 원하는 대로 해주었던가요? 베드로가 로마에서 도망칠 때 예수님을 만났다는 전설이 있습니다. 베드로가 무서워서 도망쳤다고 하면 그건 베드로를 너무 낮게 평가한 것입니다. 주변에서도 그랬고 양 떼를 위해서라고 생각했을 것입니다. 그런 베드로에게 예수께서 나타나셔서 네가 버린 십자가를 내가 지러 로마로 간다고 하십니다. 그래서 베드로는 회개했습니다. 그리고 거꾸로 십자가에 달려 죽었습니다. 그는 예수님의 직계 제자였고, 1대 교황으로 추대될 정도로 기독교에서 차지하는 비중이 컸습니다. 그런데 말입니다. 베드로가 죽어서 기독교가 망했나요? 목사가 교회를 짊어지지 못하고 순교한다고 교회가 망했을까요?

도미타 미쓰루의 배교를 위한 설득 논리는 대단합니다. 그리고 무시무시합니다. 배교의 논리와 확신은 그것을 거부하기가 만만치 않아 보입니다. 제가 그 시절을 살았어도 어쩌면 배교했을 것 같아서 소름이 끼칩니다.

영화 〈침묵〉을 보셨나요? 그것은 배교의 논리에 설득당한 사건의 기록입니다. 원래 《침묵》(沈默)은 엔도 슈사쿠가 17세기 일본의 역사적 사실과 기록에 기반해 창작한 역사소설입니다. 믿음의 절정에 있던 당시 선교사들조차, 일본의(막부) 설득에 의해 배교를 택했습니다. 안타까운 기록입니다. 왜 그랬을까요?

막부는 평신도를 바닷가 기둥에 묶어두고 선교사를 설득합니다. 호드리구 신부는 처음에는 배교를 거부합니다. 그는 이미 순교를 각오하고 있었습니다. 하지만 밀물이 들어오고, 밀물이 그들의 턱까지 차오릅니다. 그대로 내버려 두면 서서히 고통스럽게 죽어 갑니다. 이들을 앞에 두고 호드리구 신부는 그 죽어 가는 모습을 바라봐야 했습니다. 그들은 선교사를 설득합니다. 네가 지금이라도 말로만 그냥 배교를 선택하면 저들은 살 수 있다고 말입니다. "너 때문에 저들이 죽어 가는 것을 그냥 버려둔다면 너야말로 이기적인 인간이다. 신앙은 이타적인 것이라고 하더니, 너 혼자 순교자의 영광을 받기 위해 저 사람들을 죽음에 버려두는 게 맞느냐? 하늘나라를 위해 모든 것, 즉 너 자신의 순교자 영광조차도 버리는 게 진짜 희생적이고 이타적인 신앙이다. 그러니 버려라…."

선교사는 결국 배교합니다. 후미에를 결행합니다(후미에: 예수님상을 발로 밟는 행위). 아마 그것을 배교라 생각하지 않았을지도 모릅니다. 그야말로 고뇌 속에 내린 결단이었을 것입니다. 인류애의 발현이라고 생각했을 수도 있습니다. 그래도 양심은 괴롭습니다. 괴로워하는 그에게 배신자이며 밀고자인 키치지로의 얼굴에 예수가 나타나 말을 합니다. "나는 침묵하고 있던 것이 아니다. 너희들과 함께 괴로워하고 있었다", "약한 것(배교)이 강한 것(순교)보다 괴롭지 않았다고 누가 말할 수 있겠는가?" 물론 소설 이야기이긴 하지만 매우 그럴싸합니다. 이제 양심의 문제도 해결이 되었습니다. 그는 배교자로 아무이상 없이 살아갑니다.

얼마나 그럴싸합니까? 설득의 논리는 무섭습니다. 절대로 만만하지 않습니다. 만만하면 넘어가지도 않습니다. 얼마나 대단했으면 한국의 많은 목사들이 순순히 신사참배를 했을까요? 현대에는 이런 극적인 배교를 강요하는 곳은 없는 것 같습니다. 물론 아직도 중동이나 공산국가 일부에서 이런 일이 있기는 합니다. 하지만 OECD 국가들이나 세계를 선도하는 나라들에서는 그런 일이 없는 게 사실입니다.

하지만 이제는 또 다른 배교의 논리가 탄생했습니다. 과학을 등에 업고 나타난 진화론입니다. 그 진화론을 수용한 유신 진화론이 배교의 논리라고 보면 됩니다. 유신 진화론은 성경 말씀을 과학에 비추어서 재단하고 끼워 맞추는 신념입니다. 구약, 특히 창세기는 무오한 하나님의 말씀으로 보지 않습니다. 그러니 창세기 뒤에 나온 성경의 내용도 흐려질 수밖에 없습니다.

하지만 이들의 주장이 만만할까요? 아닙니다. 절대 그렇지 않습니다. 만만하면 넘어갈 사람이 없습니다. 이 시대의 사람으로서 6일 만에 하늘과 땅, 우주와 지구, 모든 생물이 순식간에 생겼다고 믿는 이들이 과연 몇이나 됩니까? 지구과학에서 지구의 나이는 45억 년 되었다고 '팩트'로 선포합니다. 우주는 빅뱅을 통해서 140억 년 전쯤에 시작되었다고 합니다. 그런데 6일 만에 창조라니요. 잘 안 믿기는 게 당연합니다. DNA의 돌연변이로 인해 여러 가지 생물이 생기고 진화되어 왔다고 합니다. 이들의 주장을 감히 누가 아니라고 할 수 있었겠습니까? 그들은 정교한 방식을 통해 자기들의 주장을 합니다.

이들의 전문성을 당할 신앙인이 몇이나 되겠습니까? 하지만 이들의 이야기는 성경과 다릅니다. 성경의 많은 부분은 과학과 맞지 않는 것처럼 보입니다.

이런 점을 잘 아는 신앙인들은 고민하게 됩니다. 과학이 말하는 진실을 거부할 수도 없고, 신앙도 버릴 수 없습니다. 고심 끝에 과학이나 이성과도 이빨이 맞는 신앙을 선택합니다. 이들도 나름대로 신앙을 지키려고 선택한 것입니다. 그게 유신 진화론입니다. 이들도 고뇌에 찬 결단을 하게 되는 것입니다. 하나님께서 진화에 관여하시고 그런 진화의 메커니즘을 통해서 사람을 창조하셨다고 합니다. 당연히 45억 년도 수용하고, 우주의 나이도 인정합니다. 창세기의 하루는 사실상 아주 오래된 시간을 문학적으로 쉽게 표현한 것이라고 생각하게 됩니다. 과학과 서로 잘 맞아떨어지는 것 같아 보입니다. 겉보기에 이들의 신앙은 매우 건전해 보입니다. 이 시대에 과학은 진실과 진리를 보여주는 학문으로 인정됩니다. 그런 과학과 신앙이 잘 어우러진 것처럼 보이니까요. 유신 진화론을 받아들여도 하늘에서 벼락이 떨어지거나 불덩이가 날아오지 않습니다. 그런 일은 없습니다. 교회 생활하고 기도하고, 성경 읽고 헌금하는 생활에 아무런 지장이 없습니다. 굳이 창조니 뭐니 안 해도 모여서 성경공부 하고 제자훈련 받고 그러면서 신앙생활은 잘 돌아갑니다. 그뿐입니다.

상식을 갖춘 건전한 신앙은 중요합니다. 하지만 성경을 적당히 지우고 이성과 과학을 끼워 넣는 것은 건전한 신앙이 아닙니다. 그래서 이들은 문자주의를 비웃습니다. 창조를 성경대로 믿으면 탈레반이라도 될 것같이 경계하기도 합니다. 스스로는 상식을 갖춘 건전한 신앙인 줄 압니다.

그런데 배교의 결과는 그냥 그것으로 끝일까요? 아닙니다. 그것으로 끝이 아니었습니다. 아론의 금송아지 때문에 수많은 사람들이 죽게 됩니다. 일본의 기독교화율은 지금 0.2퍼센트에 미치지 못합니다. 미전도 종족이 되었습니다. 땅끝까지 복음이 전파되어야 하는데 일본이 땅끝이 되었습니다. 0.2퍼센트조차도 속 내용을 보면 안타까운 상태입니다. 노인들이 대부분입니다. 신사참배로 인해 남북분단과 6·25 전쟁이 발발했고, 이단의 조롱, 국내 교파의 분열을 가져오게 됩니다. 유신 진화론의 수용은 어떤 결과가 될까요? 유신 진화론의 수용은 결국 예수님의 십자가 죽음을 대속이 아닌 것으로 바꾸게 됩니다. 죽음이 사람의 죄로 인해 들어왔다는 로마서의 말씀을 부인하게 되니까요. 이는 무서운 일이 아닐 수 없습니다.

>**로마서 5:12(새번역)** 그러므로 한 사람으로 말미암아 죄가 세상에 들어왔고, 또 그 죄로 말미암아 죽음이 들어온 것과 같이, 모든 사람이 죄를 지었기 때문에 죽음이 모든 사람에게 이르게 되었습니다

성경과 달리 진화론에서는 죽음이 처음부터 있었다고 합니다. 그리고 무수한 죽음으로 진화가 이루어지다가 결국에는 인간이 생겨났다고 합니다. 그러니 죄로 인한 죽음이라는 주장은 의미가 없어집니다. 죽음은 그저 자연현상일 뿐입니다. 당연히 예수님의 십자가 대속도 아닌 것이 되어버립니다. 그분의 죽음은 단지 인류애 최고의 발현 정도로 격하됩니다. 그래서 사랑 같은 윤리 덕목이 제일 중요하고, 죄에 대한 대속은 스멀스멀 사라집니다. 설교에는 십자가 구원은 사라지고 착하게 살자는 내용뿐입니다. 논리적으로 그런 결과에 이를 수밖에 없습니다. 그럼에도 불구하고 상당수의 젊은 신학생들은 유신 진화론에 빠져들고 있습니다. 그럴싸하니까요. 늘 그렇듯이 배교의 논리는 그럴싸합니다. 하지만 나중에 그 값을 치르게 됩니다. 신앙의 기준이 흐려졌는데 그 결과가 좋을 리 없습니다. 벌써 젊

은 층의 기독교화율은 떨어졌습니다. 향후 대한민국의 교회가 어떻게 될지 모르겠습니다.

진화론으로 인해 교회 안에도 동성애를 인정하는 분위기가 커져 갑니다. 성경 말씀보다 인류애 같은 것이 더 중요해진 결과입니다. 성경대로 동성애를 죄로 보지 않기 시작했습니다. 성경 말씀 대신 상식이 앞자리를 차지한 결과입니다.

마태복음 12:50 누구든지 하늘에 계신 내 아버지의 뜻대로 하는 자가 내 형제요 자매요 어머니이니라 하시더라

하나님의 뜻은 성경에서 드러나는데, 그 성경의 뜻을 슬그머니 바꾸는 자가 있습니다. 열심히 하나님의 뜻대로 행한다고 생각하지만 실제는 원수가 되는 짓을 할 수도 있습니다. 에릭 린네만 같은 자유주의 신학자도 그렇게 생각하며 살았습니다. 그녀는 이성으로 성경을 낱낱이 분해하고 찢으면서, 그것이 하나님께 올바른 신앙을 전하는 것으로 착각했습니다. 유신 진화론은 우리 안으로 몰래 들어온 자 같습니다. 물론 그것을 믿은 형제들은 우리의 원수가 아닙니다. 나름대로 신앙을 유지해 보려 했던 분들이라 생각합니다.

갈라디아서 2:4 이는 가만히 들어온 거짓 형제들 때문이라 그들이 가만히 들어온 것은 그리스도 예수 안에서 우리가 가진 자유를 엿보고 우리를 종으로 삼고자 함이로되

사도 바울처럼 힘써서 그들에게 복종하지 말아야 합니다. 성경이 과학과 어긋나 보이면 과학이 덜 성숙해진 것으로 보면 됩니다. 오직 성경입니다!(Sola Scriptura!)

09

믿기 힘든 사람의 뇌

잠언 28:26 자기의 마음을 믿는 자는 미련한 자요…

뇌가 자신을 속인다는 것은 이미 심리학에서 밝혀졌습니다. 감각과 의식의 이중구조 때문에 우리 뇌는 이야기를 꾸미는 천부적인 능력을 타고난다고 합니다. 특히 의식의 영역이 감각과 기억의 왜곡으로 객관성을 이루기 어렵다고 합니다. 우리가 본 것, 기억하고 생각하는 모든 것은 객관적이지 않고 '속임수'를 품고 있다고 합니다. 뇌는 진실보다는 효율성과 자기만족을 위해 작동한다고 합니다. 그래서 보통은 자기에게 좋은 정보만 취사선택하기도 하고, 자기 기억과 경험을 조작까지 한다고 합니다. 심지어 자기 몸 상태까지 조작을 합니다.

이런 증거는 여러 방면에서 확인될 수 있습니다. 정치, 역사, 문화, 의술, 과학 등등에서 볼 수 있습니다. 예를 들어, 역사학에서는 역사가의 관점이 역사가 된다고 합니다. "역사는 과거와 현재의 끊임없는 대화다"(E.H. 카)라는 유명한 말도 있습니다. 역사가는 역사를 쓸 때 어떤 관점을 무의식적으로 선택하게 되는데, 결국 그것이 역사서로 나타난다고 봐도 될 것입니다. 한·중·일 3개국의 역사가들이 똑같은 증거를 갖고 역사를 써도 서로 다른 내용이 될 수 있습니다. 누가 진실을 말하는지 알기 어렵습니다. 아마도 자기 마음을 믿은 것 때문이 아닐까요? 객관성은 도달하기 어려운 문제입니다. 어쩌면 사람들은 전부 자기의 마음에 속으며 살고 있는지도 모릅니다. 혹시 우리가 영화 〈매트릭스〉 같은 것 속에 살고 있는 것은 아닐까 하는 의심도 해봅니다.

하지만 기독교인들은 적어도 그런 점은 인정하고 사는 사람들이라 생각합니다. 자신의 판단보다 하나님의 판단을 따른다는 것이지요. 하나님의 말씀은 인간의 세상 밖, 우리의 생각 너머에서 계시로 주어진 것이니까요. 즉, 성경에는 인간이 아닌 창조주의 관점이 담겨 있기 때문입니다. 그렇다고 해서 기독교인들이 완전히 객관적이냐고 하면 전혀 그런 것 같지 않습니다. 하나님 말씀에 따라 철저하게 산다고 스스로 믿었던 바리새인들이 있었지만 예수님은 그들을 소경이 소경을 인도한다고 하셨고, 독사의 자식들이라고 하셨습니다. 하물며 어설프게 살아가는 우리들은 더 말할 것도 없을 것 같습니다.

자기 생각과 마음을 믿는 것은 어리석습니다. 그 어리석음으로 인해 부지불식간에 우리는 하나님 말씀의 본뜻을 벗어나곤 합니다. 스스로 선하다고 믿지만 사실은 죄를 짓고 있는 것입니다. 성경에 능통했던 바리새인들이 하나님의 아들이신 예수님을 죽였습니다.

자본주의 사회에서 부자는 부러움과 질시를 받습니다. 하지만 그들이 의식하지 못한 채 노동의 착취에 참여하고 있을 수도 있습니다. 대체 누가 구조화된 죄악에서 벗어날 수 있다고 자부하겠습니까? 사실상 악은 우리 삶에 일상화가 되어 있는 것인지도 모릅니다. 우리가 마시는 커피에도 불공정과 착취가 담겨 있지만, 우리는 그것을 우아한 커피숍에서 즐깁니다. 그것을 소비함으로 그런 불공정과 착취에 동참하고 있다는 말입니다. 소비자가 있으니 공급이 되는 것입니다. 하지만 누가 그것을 죄라고 생각할까요? 자본주의에서 이런 '죄 속에의 참여'는 비일비재합니다. 그것들은 우리의 의식주 곳곳에 스며 있습니다. 그것을 누리고 소유하면서 자기는 죄인이 아니라고 착각하며 살 뿐입니다. 로마서에는 분명히 모든 사람이 죄를 범하였다고 했습니다. 단순히 개인적으로 도적질하고 음란하거나 하는 도덕적인 차원의 죄만 짓고 있는 것은 아니었습니다. 우리 사회가 범하는 죄악에 자기도 모르게 참여하고 있었던 것입니다. 누가 하나님 앞에서 죄 없다고 할 수 있겠습니까? 양심의 가책이 없으니 죄 없다고 착각하는 것뿐입니다.

여러 가지 사상과 책들이 인간의 기원을 진화론에서 찾습니다. 그리고 세상을 해석합니다. 그런 해석은 정치인들에게 영향을 주고, 제도에 영향을 줍니다. 그 안에서 우리는 살아갑니다. 창조주 없는 사람의 생각이 자신도 모르게 우리 삶에 깊숙이 젖어 들어오게 됩니다. 진화론은 한때 제국주의 침략을 정당화시켜 주기도 했고, 인종차별을 정당화하는 이론으로 존재한 적이 있었습니다. 그 당시 숱한 기독교인도 그것이 옳다고 생각했을 것입니다. 약소국을 짓밟고 그 이득을 착취해 누리면서 그것을 하나님의 축복이라고 생각했을 것입니다. 그리고 인종차별과 제국주의 침략을 신앙적이라고까지 믿기도 했습니다. 그러니 스스로 죄 없다고 믿은 그들이 진짜 죄가 없었을까요? 지금 우리는 어떤가요? 우리가 사는 문화나 제도가 정말 하나님의 뜻에 맞은 것인지 알기 어렵습니다. 혹 안다고 해도 스스로 개선하거나 고치기 힘듭니다.

자기의 생각을 따라 스스로의 의로움을 믿는 것은 미련한 것입니다. 자기의 양심과 뇌(판단)를 너무 믿지 마십시오. 그것들은 자기 좋을 대로 작동하고 우리를 속이기도 합니다. 그러므로 성경에 비추어 봐야 합니다.

로마서 3:23-24(KRV) 모든 사람이 죄를 범하였으매 하나님의 영광에 이르지 못하더니 그리스도 예수 안에 있는 구속으로 말미암아 하나님의 은혜로 값 없이 의롭다 하심을 얻은 자 되었느니라

남은 것은 하나님의 은혜뿐입니다. 그것밖에는 답이 없습니다(아멘). 우리는 사망의 몸에 갇혀서 탄식할 수밖에 없는 존재입니다. 그리스도 예수 안에 있는 생명의 성령의 법에만 기대하고 의지하는 것 외에는 답이 없습니다.

10
바뀌는 한국의 교과서

"시조새와 말의 진화도가 사라졌다."
2012년, 한국 교과서에서 '시조새'와 '말의 진화도'가 삭제되었습니다(《서울신문》(2012.5.17.) 기사). 이것은 한국의 반진화론 단체에 의한 "시조새는 파충류와 조류의 중간종이 아니다", "말의 진화계열은 상상의 산물이다"라는 그들의 청원이 받아들여진 결과입니다.
탄원에 대해서 출판사는 "(교과서의) 저자가 이 청원에 대해 의논한 결과 학술적인 논의의 여지가 있다고 판단되어 고치기로 했다"라고 응답했던 것입니다. 이에 대해 진화론을 지지하는 장대익 교수(서울대 자유전공학부)도 "시조새나 말의 진화 등은 (전문)학회에서 논의되고 있고, 확인된 사실만을 가르친다는 교과서 집필진의 입장에서는 그 청원을 받아들일 수밖에 없었다"라고 하였습니다. 즉, "'시조새'와 '말의 진화도'는 확인된 사실이 아니다"라는 '사실'이 받아들여진 것입니다.
또한 장 교수는 "문제는 교과서 집필진이 과거 수십 년간 많은 변화가 있었던 진화론의 실태를 무시하고 아무런 수정도 하지 않았던 점에 있다"라고 잘못된 것이 수정되지 않고 계속 게재되는 교과서의 본연의 모습에 대해서도 근본적인 문제 제기를 하고 있습니다.
유감스럽게도 일본 중학교의 교과서에는 현재도 '진화의 증거'로서 시조새와 말의 진화도가 계속 게재되고 있습니다. 과거 일본에도 전쟁이 끝난 후에야 전쟁 이전 교과서의 잘못된 부분에 먹칠을 하는 일이 있었는데, 시대나 국내외를 떠나서 '교과서가 전하고 있는 정보가 반드시 사실이라고는 할 수 없다'는 참 사실을 우리들은 늘 염두에 둘 필요가 있습니다. '교과서에 쓰여 있으니 틀림없는 사실이다'라는 생각은 틀립니다. 선생님들도 그런 것을 미리 학생들에게 알려주었으면 좋을 뻔했습니다. 진리인 줄 알고 잘못된 생각을 하게 된 학생들이 너무 많았으니까요.

창조/진화

제5장

창조의 기록들

01

벌들의 언어

사람들은 이야기할 때 음파를 사용합니다. 성대를 조절하고 혀와 입술로 음파의 모양을 만들면서 늘리고 끊어서 자기 뜻을 전합니다. 단순히 음파의 형태만으로 의사를 전달하는 게 아니고 높낮이까지 더해서 뜻을 전달합니다. 중국어는 4가지 성조가 있어서 똑같은 발음에도 다른 뜻이 부여됩니다. 음파는 고막을 진동시킵니다. 그 진동을 느낀 상대방은 그 음파를 전기 신호로 바꾸어서 화학물질로 전달하고 뇌는 그것을 해석합니다. 드디어 대화를 이해하게 되는 것입니다.

여러분, 이게 간단한 것 같은데 그 안을 들여다보면 전혀 간단하지 않습니다. 엄청난 물리적, 화학적 과정이 포함되어 있습니다. 대단히 경이롭습니다. 그런데 너무 흔하니까, 우리의 일상이니까 전혀 기적 같아 보이지 않습니다. 그런 일은 너무나도 많습니다. 그런데 이런 경이로운 대화의 과정은 인간에만 국한된 것이 아닙니다. 곤충이라는 미물들조차 의사소통을 합니다. 군집생활을 하는 개미나 벌들의 경우가 그렇습니다.

벌들도 자기들끼리 이야기할 때 파장을 이용합니다. 그것은 음파뿐 아니라 몸으로 만드는 파장도 이용합니다. 이런 것을 몸파(?)라고 해볼까요? 그런 용어는 없지만 그냥 편의상 그렇다고 해봅시다(혹은 춤이라고 해도 좋습니다). 벌은 자기가 발견한 밀원의 장소를 동료들에게 알려주려고 합니다. 함께 가서 꿀과 꽃가루를 수집하려고 합니다. 그래서 몸을 떨거나 일정한 박자의 원형 춤을 춥니다(8자 형태). 빠르게 하기도 하고, 천천히 하기도 합니다. 빠르면 가까운 곳이라는 의미랍니다. '여기서 동남쪽으로 300미터쯤 떨어진 곳에 꽃밭이 있다'는 뜻을 전달할 수 있습니다. 동료 벌은 그 메시지를 이해합니다. 참 신기하죠?

대화를 할 때 상대방이 이해하지 못하는 언어는 의미가 없습니다. 단기선교에서 가장 곤혹스러운 장애는 언어입니다. 대체로 4영리를 그 나라 말로 외워서 전달하지만 대화라는 게 고정된 틀에서 벗어나기 마련입니다. 엉뚱한 질문을 하면 말을 못 알아듣게 되고, 답도 할 수 없습니다. 답답합니다. 대화가 가능하려면, 조금 유식하게 표현해서 나의 기표와 기의를 이해하는 상대가 있어야 대화가 되는 것입니다. 그리고 거기에 문법이라는 틀을 서로 갖고 있어야 합니다. 서로가 같은 것이어야 합니다. 사람 정도 되는 지능이라면 그럴 수 있다고 생각할 수 있습니다. 하지만 곤충이 대화를 하다니…. 벌이 몸파를 보여줄 때, 발화하는 벌은 그것을 수용하는 벌이 기표를 이해하리라는 것을 압니다. 즉, 춤 동작이 갖고 있는 의미를 알 것을 먼저 이해하고 있다는 것입니다. 벌이 사람 앞에서나 풍뎅이 앞에서는 몸파를 발산하지 않는다는 말입니다. 그래봐야 알아듣지 못하니까요.

이런 언어는 점진적, 우연적 과정을 통해서 습득이 불가능합니다. 예를 들어, 어떤 벌이 동남쪽에 있는 꽃밭을 발견했고 그것을 알려주려고 했다고 가정해 봅시다. 여덟 8자로 아무리 빙글빙글 돌아도 나머지가 몸파를 이해하지 못하면 그만입니다. 어쩌다 다른 녀석이 알았다고 해도 그것은 유전되지 않습니다. 경험적으로 체득된 것은 유전이 되지도 않지만 일벌은 자기가 알을 낳지도 않습니다. 여왕벌만 알을 낳습니다. 그러면 벌의 춤은 그것으로 끝이 납니다. 대체 무슨 수로 벌들은 서로의 춤의 의미를 알게 되었을까요?

　단순 비명의 의미조차 경험적으로 체득하게 됩니다. 하지만 그것이 언어라는 시스템으로는 점진적으로 발전하지 못한다고 합니다. 즉, 진화론적 과정인 점진적으로 쌓여서 가능해지는 것이 아니라는 것입니다. 이것은 제 주장이 아닙니다. 언어학자 노암 촘스키의 말입니다. 에이브럼 노암 촘스키는 미국의 언어학자, 철학자, 아나키스트, 정치활동가입니다. 유대계 미국인이며 무신론자로 과학적 방법론을 중시하는 분입니다. 그가 보편문법을 주장했습니다. 모든 인간은(장애가 없는 한) 타고난 보편적인 언어기능(faculty of language)을 갖추고 있으며, 모든 언어가 보편적인 문법으로 설명할 수 있다고 여기는 이론입니다. 쉽게 말하면, 인간의 언어 능력은 천부적인 것이라는 주장입니다. 습득의 산물이 아니라는 것입니다. 물론 그는 진화론자이지만 그럼에도 언어는 '장착된 모드'라는 주장을 합니다.

　이분의 주장이 맞다면 벌들의 언어도 배우고 습득된 것이 아니라 천부적으로 받은 것이라고 볼 수 있습니다. 누구로부터 받았을까요? 당연히 선조들이겠지요. 그러면 그 선조들은 어디서 언어능력을 받았을까요? 우연히, 점진적으로는 불가능함을 밝혔습니다. 그러면 누구로부터일까요? 당연히 창조주입니다.

　핸드폰의 앱은 불완전하지 않습니다. 완성된 상태로 장착이 됩니다. 앱 프로그램들이 우연히, 점진적으로 완성될 리 없습니다. 가장 단순한 것이나 가장 복잡한 것 모두 나름대로 완성된 것입니다. 미완의 중간 형태는 없습니다. 그런 것은 인위적으로 도태됩니다.

　게다가 벌들의 이타적 행위에 대한 설명도 진화론은 난감해집니다. 자기만 알고 자기만 맛있는 것을 먹고 자기 유전자를 많이 남겨야 하는 게 다윈의 주장입니다. 그러니 이타적 행위는 진화론의 고민거리였습니다. 그런데 포괄적합도나 유전적 근접성을 기준으로 이타심을 설명했다가 에드워드 윌슨은 그것을 포기했습니다. 한때 정교한 수학으로 완벽히 설명했다고 하던 가설을 말년에 스스로 버린 것입니다. 그의 《지구정복자》라는 책을 읽고 리처드 도킨스는 "온 힘을 다해 집어던져야 할 책"이라고 분노했습니다. 진화론자들의 고통과 분노를 일으킨 배신자가 된 것 같습니다. 그리고 이제 또 다른 가설을 찾아가는 모양입니다(다수준 선택?). 뭐가 되었든 상관없습니다. 그 거장들이 주장하는 내용을 정말로 이해하는 사람은 대한민국에 0.1퍼센트도 안 되니까요.

한 가지 더 짚고 싶은 게 있습니다. 벌이나 개미의 이타적 생태를 파악하고 분석했다고 해서 그게 진화를 규명하거나 진화의 증거라고 할 수 있을까요? 아닙니다. 많은 분들이 착각하는 게 '지금 존재하는 것이 진화의 증거'라는 일종의 순환논리에 사로잡힌 것 같습니다. 지금 벌이나 개미가 이타적 행태로 살아가는 것이 그냥 개체로 이기적인 삶을 사는 것보다 유리하다고, 그것을 수학으로 증명한 것은 **그냥 현재 상태를 해석한 것**에 지나지 않습니다. 점진적 변화의 과정을 규명한 것이 아니라는 것입니다. 유전적으로 가까운 친족을 구하려고 하는 습성이 있다면 생명을 유지하는 데 유리할 수 있습니다. 그런데 그게 왜 진화의 증거나 진화의 규명이 될까요? 저는 잘 모르겠습니다. 제가 아는 지식이 짧아서 그런가 싶기도 합니다.

혹자는 자본주의의 예를 들어서 설명하기도 합니다. 병원이 유지되고 삶이 좋아지는 이유는 자본주의 구성원들의 각자 이기적인 행동의 결과라고 합니다. 네, 맞습니다. 다들 이익을 남기고 부자가 되려고 노력하다 보니 병원도 유지되고, 인류의 생존에 도움이 되는 겁니다. 그냥 선행을 위해 의사가 되려고 하는 사람은 얼마나 될지 알지 못합니다. 각자가 이기적으로 행동했는데 그게 전체에 도움이 된 것입니다. 그런 식으로 벌이나 개미의 이타적 행위도 설명이 된다고 하는 말을 들었습니다.

그런데 이상합니다. 의사가 되고 엔지니어가 되려는 사람들은 그것을 달성하면 돌아오는 이익이 상당합니다. 벌이나 개미들도 그런가요? 아닌 것 같습니다. 여왕개미가 되면 일벌들의 시중을 받으며 오래 살고 편하게 삽니다. 하지만 일벌은 그렇지 않습니다. 외부 포식자에게 노출되어 짧은 생을 살기도 하고, 늘 다른 이들을 위해 움직여야 합니다. 피곤한 삶이죠. 그러니 굳이 일벌이 되고 싶어 할까요? **전체의 생존에 유리하니 너는 그렇게 살라고 명령하면 벌이나 개미가 듣겠습니까?** 누가 그런 지혜로움을 벌이나 개미들에게 설파할 수 있을까요? 설령 그것을 알려준다고 한들 그들이 듣겠습니까?

자본주의의 비유를 빌리자면 다들 여왕벌이 되고 싶어 해야 합니다. 그렇게 되면 이익이 많으니까요. 그러다 보니 서로에게 유익이 되었다고 해야 합니다. 그런 게 아니고 지금 상태로 살아가는 게 전체에 이익이 된다고, 그런 것을 규명했다고 해서 진화를 규명한 것일까요? 아닌 것 같습니다. 그냥 현재 상태에 대한 규명일 뿐입니다. 진짜로 해야 할 일은 '변화의 과정'을 규명해야 합니다.

원래 이기적 개체들이 어떻게 점진적으로 이타적이 되었는지 밝혀야 합니다. 대체 어떻게 자신들의 이타적인 행위가 전체에 도움이 된다는 걸 자각했는지 규명해야 합니다. 그것이 아니면 이기주의자들 사이에서 이타적 행위자가 융성하게 된 이유를 설명해야 합니다. 이기주의적 벌들은 다 죽고 이타주의적 벌들만 살아남았나요? 글쎄요, 그럴 것 같지 않습니다. 도리어 그 반대 아닌가요? 이타주의자들은 이용당하고 버림받을 가능성이 큽니다. 비록 그들이 칭송을 받기는 하지만 이기주의의 힘은 엄청나게 큽니다. 인간 세상을 보면 답이 나옵니다. 인류도 이타주의가 살아남고 이기주의자가 다 죽었다면 지구는 거의 천국이 되었을 것입니다. 하물며 곤충들이 무슨 생각이 있고 계산력이 있어서 이타적 행위로 자신을 내어줄 줄 알게 되었을까요?

파브르는 곤충들이 교육받지 않아도 서로의 언어를 통해 살아가는 방법을 잘 알고 있음을 기록했습니다. 그것은 처음부터 장착된 것이지 점진적으로 쌓여질 수 없음을 관찰하고 실험으로 밝혔습니다. 진화론적 과정을 적용해 보면, 그 중간과정이라고 할 수 있는 상태라면 다 멸종된다는 걸 그는 밝혔습니다. 그렇다면 그다음에는 무엇이 있을까요? 창조가 답입니다. 여기서 창조를 굳이 제외하고 생각하는 것이 이성적이고 합리적일까요?

진화론적 답은 없습니다. 그런데도 여전히 진화론적 해법만 고집해야 하는 것이 맞을까요?

> **욥 39:26-27** 매가 떠올라서 날개를 펼쳐 남쪽으로 향하는 것이 어찌 네 지혜로 말미암음이냐 독수리가 공중에 떠서 높은 곳에 보금자리를 만드는 것이 어찌 네 명령을 따름이냐

02

알비도(albedo)

　영화 〈다빈치코드〉에는 독특한 인물이 한 명 등장합니다. 온몸이 흰색인 알비노 수도사입니다. 얼굴도 몸도 눈처럼 희고, 눈썹과 머리털까지 다 하얀색입니다. 그런 특별한 체질을 물려받은 그는 〈다빈치코드〉에서 악역으로 나옵니다. 모든 알비노가 실제에서 그렇게 악역은 아닌데도 왠지 싸늘한 이미지가 남게 되었습니다. 눈썹까지 하얀색이라 차가워 보이니까요. 이미지는 힘이 센데, 현실에서 그런 왜곡된 힘이 발휘되는 일이 없기를 바랍니다.

　그런데 이런 알비노는 사람만 있는 게 아닙니다. 거의 모든 동물들에게도 알비노가 있습니다.

　알비노는 유전적으로 백피증에 걸린 생명체를 말합니다. 백피증은 돌연변이 유전병인데 동물이나 사람의 눈, 피부, 머리카락 등에서 멜라닌 색소가 합성되지 않는 질병입니다. 이것은 멜라닌을 생성하는 티로시나아제가 돌연변이에 의해 형성되지 않거나 부분적으로 형성되어 발생하는 선천성 유전 질환이라고 합니다.

　알비노와 비슷한 말인 알비도라는 용어가 있습니다. 반사도를 말하는 용어입니다. 이 용어는 천문학이나 지구과학에서 쓰입니다. 하늘에 빛나는 별 중에 반사를 통해서 반짝이는 것들에 대해서 말할 때 알비도를 이야기한다고 하네요.

　지구도 알비도가 있답니다. 구름이나 만년설, 대양 같은 것은 태양광을 반사하고, 내륙은 주로 흡수를 합니다. 이 반사율이 적당하지 않으면 지구에 생명이 존재하기 힘들다고 합니다. 반사율이 높아지면 추워질 테고, 낮아지면 태양열을 그대로 흡수해서 푹푹 찌겠지요. 다행스럽게도 지구는 자연적 피드백 시스템을 갖추고 있는데 일부는 해조류가 그 역할을 한다고 합니다. 날씨가 더워지면 황화디메틸이라는 물질을 생산하는 해조류가 왕성해지는데, 그 결과 구름의 생성이 많아지고(황화디메틸은 구름 방울을 생성하는 데 도움을 줍니다), 그 구름 덕택에 알비도가 높아져서 지구의 온도를 낮추게 된다고 합니다. 참 정밀한 순환 시스템입니다. 이런 것이 우연히, 저절로 갖추어졌을까요? 저는 전혀 그렇게 생각하지 않습니다.

생명을 유지하기 위한 지구의 기능은 이것뿐만이 아닙니다. 일단 물이 풍부해서 생명이 살기에 아주 좋은 조건을 갖고 있습니다. 지구의 70퍼센트 이상이 3억 2천6백만 입방마일의 물로 뒤덮여 있습니다. 이것은 지구가 평탄한 구형일 경우 2.55킬로미터(8,500피트, 1.6마일) 깊이로 지구를 뒤덮을 수 있는 양입니다. 대단하죠? 진화론자들의 모델로는 물이 어디서 왔는지 알지 못합니다. 그러나 성경은 처음부터 존재한 것으로 말합니다(창 1:2).

달이 적당한 거리에 있어서 적당한 인력으로 밀물과 썰물을 만들어냅니다. 지구의 축이 적당히 기울어진 것과 원형에 가까운 궤도를 유지하는 특이함 때문에 지구의 기온은 매우 안정적입니다. 적당한 크기의 위성인 달로 인해 지구는 지축의 각도를 유지하고 있으며, 적절한 위치로 인해 밀물과 썰물을 유지하고, 이것은 또한 생명을 유지하는 데 매우 필수적인 역할을 한다고 합니다. 지구의 조수 순환에 의한(달의 인력에 기인한) 밀물과 썰물은 전 세계의 대양들과 대륙 해안들을 정화시키고 있습니다. 생각할수록 신기합니다.

지구의 크기도 생명이 살기에 적당합니다. 대기에는 적정한 산소가 있어서(질소 78퍼센트, 산소 21퍼센트, 기타 1퍼센트) 호흡하며 살 수 있습니다. 산소가 지금보다 적거나 많아도 문제가 생깁니다. 그뿐만이 아닙니다. 지구에는 자기장이 있습니다. 밴알렌 방사능대(Van Allen radiation belts)가 있습니다. 이것과 내부 보호막인 오존층에 의해서 보완되고 있는 지구의 자기장(magnetic field)은, 우주에서 들어오는 유해한 입자들과 고주파 우주선의 폭격으로부터 우리들을 방어해 주고 있습니다. 우주 공간에는 먼 곳에서 날아온 해로운 방사선 입자들이 있습니다. 그런 것들을 막아서 생명이 살아가도록 하고 있다는 것입니다. 만약 지구 대기 위로 농도 짙은 수증기층이 있었다면 이런 것들은 더 잘 막아냈을 것입니다.

그 밖에도 지구와 태양의 거리도 아주 적절합니다. 자전축의 기울기 덕에 지구의 기후도 생명을 유지하기 좋은 기후의 변화를 이어갑니다. 우주에서 생물체들이 견딜 수 있는 한계 범위는 극도로 좁습니다. 게다가 앞서 이야기한 것들 중에 하나만 이상이 있어도 생명이 존재하기 어렵습니다. 그러니 이런 모든 것이 동시에 적절하게 구비되어야 합니다.

잠언 3:19 여호와께서는 지혜로 땅(the Earth)에 터를 놓으셨으며 명철로 하늘을 견고히 세우셨고

지구를 그저 우주에 존재하는 흔한 별이라고 하는 생각은 바꾸어야 합니다. 칼 세이건은 《코스모스》라는 책에서 10조 개의 별들을 품고 있는 은하가 10조 개 있는 광막한 대우주의 세계에서 은하수 은하의 변방, 자그마한 노란색 별 태양이 이끄는 태양계의 한구석에서 창백하게 빛나는 지구라고 했습니다. 하지만 지구는 그렇게 변방에서 빛나는 우주의 창백한 별이 아니라는 것입니다. 우리가 살

아가는 지구는 그야말로 면도날 위에 세워진 것처럼 아슬아슬한 균형 속에 존재합니다. 이게 그냥 우연일까요? 우연이라면 정말 찾기 힘든 우연인 것입니다. 천문학에서 지구 환경 같은 별을 찾는 모양인데, 비슷하기는 해도 지구처럼 생명이 숨 쉬고 살 수 있는 별은 없는 모양입니다. 진화론적으로 보면 그렇게 어려운 우연한 환경 속에서 또다시 엄청난 우연으로 생명이 탄생하고, 거기에 또다시 우연한 변이가 축적되어 현재 우리가 있다는 말이 됩니다. 과학이라는 이름을 달고 있으니 그냥 믿어야 할까요?

우연이 반복되면 우연이 아니라는 말이 있습니다. 계속해서 겹쳐지는 우연은 믿기 힘들죠. 우연이 겹치는 사건은 누군가의 의지가 숨어 있다고 보면 대체로 틀리지 않습니다. 문득 떠오르는 시편 구절이 있습니다.

> **시편 8:3-5** 주의 손가락으로 만드신 주의 하늘과 주께서 베풀어 두신 달과 별들을 내가 보오니 사람이 무엇이기에 주께서 그를 생각하시며 인자가 무엇이기에 주께서 그를 돌보시나이까 그를 하나님보다 조금 못하게 하시고 영화와 존귀로 관을 씌우셨나이다

우리는 그냥 우연히 던져진 존재가 아니라고 성경은 말합니다. 비록 육신은 흙과 같은 구성물로 조성되었지만 창조주께서 영화와 존귀로 관을 씌운 존재라고 합니다. 얼마나 감격스러운지요. 지구의 크기, 달의 크기, 자전축의 기울기, 달과 지구의 거리, 태양과의 거리, 태양의 크기…거기에 알비도를 비롯한 여러 디테일까지. 창조주께서 인류를 위해 계획하시고 만들어내신 증거들입니다. 성경은 인간을 그처럼 존귀하다고 말합니다. 창조주의 특별한 배려를 받은 존재입니다.

03

예수님의 부활

인류사에서 가장 큰 사기, 만약 사기가 아니면 가장 기적적인 사건은 예수 그리스도의 부활이다. 만약 사기라면 인류는 엄청난 사기극에 속고 있는 셈이다.

예수님의 부활은 기독교의 핵심적 사건입니다. 인류는 죄를 지어서 죽게 되었습니다. 죽음은 자연현상이 아니라 죄로 인한 결과입니다. 그래서 예수님께서 그 죄의 문제를 해결하시기 위해 죄 없는 자신의 생명을 내어 주신 것입니다. 죗값을 대신 갚아주신 것이지요.

거기까지는 그런다고 인정해 줄 수 있는 분들이 있을 것입니다. '착하게 살자. 그런데 예수님이 부활하셨다고? 그건 말이 안 되지. 왜냐하면 죽었으면 끝인데 무슨 수로 다시 살아나느냐?' 이렇게 생각하실 분들이 있습니다. 만약 예수님께서 부활하시지 않았다면 십자가 사건은 그냥 종교지도자의 안타까운 죽음이 되고 말았을 겁니다. 착한 일을 하다가 억울하게 죽는 경우도 있으니까요. 하지만 예수님이 부활하심으로써 인류 대속의 사건이 확증되어 버렸습니다. 도장을 찍었다는 말과 같습니다. 보증! 도장 쾅! 그러니 부활은 십자가 죽음과 짝을 이루어서 떼어낼 수 없는 사건입니다.

하지만 이게 좀 아리송합니다. 어떻게 죽은 사람이 다시 살아날까요? 그냥 기절했다가 회복된 것일 수도 있습니다. 가끔 심장마비에 걸려 사망 판정을 받았다가 살아난 사람들도 있으니까요. 그런 분들의 신기한 임사체험 글도 많이 있습니다. 예수님도 그런 종류의 가사상태는 아니었을까요? 하지만 예수님의 죽음은 상처 없는 심장마비와는 많이 달라 보입니다. 피를 흘리고 숨을 거두었습니다. 예수님의 부활은 진실일까요? 네, 진실입니다. 영생의 몸으로 다시 살아나셨습니다! 와우! 그런데 그것을 어떻게 알 수 있을까요? 눈으로 보고, 함께 음식을 먹었던 사람들이 있었습니다. 그들의 생생한 증언으로 알 수 있습니다.

흄은 기적에 대한 증언보다 그것을 사기라고 하는 대안이 더 기적적일 때(설명되지 않을 때) 기적에 대한 증언을 인정할 수 있다고 했습니다. 부활의 기적에 대해서 생각해볼까요? 아래의 내용은 성경의 증언을 기초로 풀어진 글입니다(리스트로벨의 책 참조).

1) 예수 그리스도는 십자가에서 죽으셨습니다

기절했거나 잠시 심장마비로 죽음과 비슷한 상태로 있었던 것이 아니고 분명히 죽으셨습니다. 심한 채찍질을 당하셨고, 손과 발에 못 박혀서 피 흘리다가 숨을 거두셨습니다. 예수께서 숨을 거두신 뒤에 로마 병정 롱기누스는 그의 창으로 십자가에 죽은 예수를 찔렀습니다. 가사상태였다고 하더라도 이것은 치명적인 행위입니다. 그것은 롱기누스가 잔인해서 찌른 것은 아닙니다. 처형당한 자가 다시 살아나면 담당 병정이 대신 죽어야 합니다. 그것이 당시 로마법이었기 때문에 그는 확인작업을 한 것입니다. 당연히 자기가 할 일을 한 것입니다. 성경의 기록은 역사적 사실과 어긋나지 않습니다.

요한복음 25:33-35(공동번역) 예수에게 가서는 이미 숨을 거두신 것을 보고 다리를 꺾는 대신 군인 하나가 창으로 그 옆구리를 찔렀다. 그러자 곧 거기에서 피와 물이 흘러나왔다. 이것은 자기 눈으로 직접 본 사람의 증언이다.

거기서 물과 피가 쏟아졌는데 의학적으로 이것은 죽은 상태라는 것을 보여줍니다(혈장과 적혈구의 분리). 사망을 하면 이렇게 된다고 합니다. 이것은 의학적으로 밝혀진 사실입니다. 기절한 것이 아니라는 것입니다. 그러니 여기까지 토를 달 사람은 없을 것 같습니다. 예수님은 분명히 사망했습니다.

2) 예수 그리스도의 무덤은 비어 있습니다

그가 어떻게 살아났는지에 대한 객관적인 관찰 증거는 없습니다. 하지만 무덤은 분명히 비어 있습니다. 빈 무덤! 그를 죽이려던 무리들 사이에서 혼돈이 있었고, 그들은 예수의 시체를 제자들이 훔쳐 간 것으로 소문을 내었습니다. 그 당시 예수를 죽인 유대주의자들은 "그가 사흘 만에 부활할 것이라"는 예언에 불안을 느꼈습니다. 그래서 만에 하나라도 제자들이 예수님의 시체를 훔쳐다가 예수 부활을 날조할지도 모른다는 의혹을 강하게 제기하였고, 로마 총독 빌라도의 인봉(印封)과 함께 로마 군대를 동원하여 철통같이 지키도록 했습니다. 로마 총독의 인봉을 건드린다는 것 자체도 당시 식민국가에서는 죽음을 각오한 일이었습니다.

어쨌거나 무덤은 비었습니다. 무덤이 빈 것은 제자들이나 바리새인들 무리도 인정하는 팩트였습니다. 훔쳐갔다고 소문이 났든 어쨌든 간에 무덤이 빈 것은 모두가 인정하는 팩트입니다. 그리고 지금도 기독교는 그의 빈 무덤을 자랑하고 있습니다. 이것이 다른 종교와 전혀 다릅니다.

덧붙이자면 예수님을 체포하려고 했을 때 제자들은 로마 병정과 바리새인들의 무리에 겁을 먹고 도망쳤습니다. 겉옷을 버리고 도망칠 만큼 완전히 꼬리를 내리고 도망쳤습니다. 수제자인 베드로는 예수님께서 십자가 죽음을 이야기할 때 말도 안 되는 소리 하지 말라고 항변했던 자였습니다. 제자들은 예수께서 정치적으로 이스라엘을 회복시킬 줄 알았습니다. 로마를 물리치고 직접 통치하는 나라를 세울 줄 알았던 것입니다. 그런데 아무런 저항도 없이 그 반대 세력에게 끌려가 버린 것입니다. 베드로는 예수께서 치욕을 당하는 모습을 몰래 훔쳐보았고, 그것이 들키자 세 번이나 거짓말을 하며 빠져나왔습니다. 계집종 앞에서 그런 비겁한 짓을 한 것입니다. 당시 여자이면서 종이면 상대적으로 매우 하찮은 계급이었습니다. 베드로는 그런 여종에게 벌벌 떨면서 거짓말, 맹세, 저주까지 하면서 예수님의 제자가 아닌 척했습니다. 그런 이들이 다시 뭉쳐서 당시 세계 최강의 힘을 자랑하던 로마 병정들과 싸움을 벌이고 시체를 훔쳐갔을까요? 어불성설입니다. 아마추어와 프로들 사이에 싸움이 붙으면 결과는 뻔합니다.

　실제로 그들은 예수님의 죽음 후에 모여서 벌벌 떨고 있었습니다. 낙담을 해서 어떤 제자는 낙향을 하기도 했습니다. 그런 무리가 로마 병정들과 싸웠을 것 같지는 않습니다. 어찌어찌해서 제자들이 그들과 싸워서 예수의 시체를 탈취했다고 해볼까요? 그 싸움 과정에서 어느 쪽이든 칼로 찔리고 다치는 등의 사고가 있어야 했습니다. 하지만 그런 보고나 기록은 전혀 없습니다. 아무도 죽거나 다치지 않았습니다. 그냥 빈 무덤만 남았습니다. 훔쳐갔다는 소문만 떠돌 뿐이었습니다.

3) 예수 그리스도의 부활을 여자들이 증언했습니다

　그 시절에 여자들의 증언은 법정에서 인정받지 못했습니다. 경제

권도 없어서 경제활동을 할 수가 없는 존재였습니다. 남편이나 아들이 없으면 유령같이 살아야 하는 존재였습니다. 사회적으로 결코 존중받는 존재가 아니었습니다. 그런데 부활의 최초의 증언자는 여자라고 성경은 기록하고 있습니다.

> **누가복음 24:7-10** 이르시기를 인자가 죄인의 손에 넘겨져 십자가에 못 박히고 제삼일에 다시 살아나야 하리라 하셨느니라 한대 그들이 예수의 말씀을 기억하고 무덤에서 돌아가 이 모든 것을 열한 사도와 다른 모든 이에게 알리니 (이 여자들은 막달라 마리아와 요안나와 야고보의 모친 마리아라 또 그들과 함께한 다른 여자들도 이것을 사도들에게 알리니라)

이게 아주 이상합니다. 말하자면 당시 아주 천대받는 계급, 아주 미미한 존재의 입으로 어마어마한 기적을 증언하게 한 것입니다. 자기 종교의 신비를 극대화하려 했다면 이런 기록은 무척이나 바보 같은 시도입니다. 그러니 의도적으로 그런 신비를 극대화하려는 의도가 없었다고 봐야 합니다. 만약 최초 증언자를 왕이나 고관대작 같은 사람으로 등장시켰으면 어땠을까요? 당시 종교 전파의 효과를 극대화할 수 있지 않았을까요?

예를 들어, 현재 대통령이 어느 날 갑자기 예수님을 만나서 믿게 되었다고 해볼까요? 천사들이 몰려오고 빛이 나고 엄청난 소리들이 들렸다고 하면 더 그럴싸할 것입니다. 그러면 그 충격의 여파는 엄청 컸을 것입니다. 고관대작들도 줄줄이 기독교를 믿겠다고 나설 것입니다. 국민들도 마찬가지구요. 그런데 당시의 왕족도 아니고 가장 비천한 계급인 여자들이 이 엄청난 기적의 첫 증언자로 나옵니다. 뒤집어 말하자면, 그 기록은 과장이나 왜곡, 혹은 포장하려는 목적으로 기록된 것이 아니라는 것입니다. 있었던 일 그대로 기록한 것일 가능성이 크다는 말입니다. 어마어마한 초자연적 사건을 웅장하거나 신비스럽게 꾸미려 했다면 결코 여자들의 입으로 증언하게 하지 않았을 것입니다. 만약 그런 의도였다면 복음서의 기록자들은 바보입니다. 당시 여자들은 증언자로서 너무 초라한 부류였습니다.

기록자는 있었던 일을 그대로 적은 것이 분명합니다. 부활의 사실성 여부와는 상관없이 말입니다. 물론 수제자들도 바보처럼 부활을 믿지 않는 모습도 나옵니다. 복음서의 이러한 기록은 여타 다른 종교와 비교하면 이상합니다. 다시 말해서 기록의 진실성은 확실하다는 것입니다.

4) 예수 그리스도의 부활을 목격했던 많은 사람들이 순교했습니다

과거 학생운동 시절에 데모를 주동하다가 잡히면 고문을 당하고, 그러다가 죽임을 당하기도 했습니다. 대개는 고문을 견디지 못하고 어쩔 수 없이 간첩이라고 강요된 자백을 하는 경우도 있었습니다. 그분들이 그렇게 목숨을 걸고 독재에 항거한 이유는 무엇이었을까요? 자기들이 믿는 바, 민주주의와 정의 같은 것들이 충분히 그럴만한 가치가 있다고 믿었기 때문이었을 것입니다. 자기희생을 마다하지 않는 분들은 자기가 헌신하는 가치의 중요성과 진실성을 믿어 의심치 않습니다. 그런데 예수의 제자들과 바울을 비롯한 목격자들도 거의 다 순교했습니다. 거의 다 죽임을 당했다는 것입니다. 사도 요한만 빼고 말입니다.

그 시절에 그들이 예수 그리스도의 부활을 증거해서 얻는 것은 고난뿐이었습니다. 지금은 조금 심하게 말해서, 교회당에서 설교 잘하면 헌금이 쏟아지고 자기의 이름이 높아집니다. 어떤 이는 세계적인 부흥사가 되는 꿈을 꾸며 신학을 공부하기도 합니다.

어쨌든 지금의 상황과 초대교회 당시는 비교할 수 없습니다. 예수 그리스도를 믿고 주로 인정하면 유대인 공동체에서 쫓겨나야 합니다. 그 시절에 공동체에서 쫓겨난다는 것은 사회적으로 사형선고였습니다. 예수 믿어 축복받고 부자가 되기는커녕 40에 하나 감한 매를 맞고, 굶주림과 암살의 위협이 있었고, 선교여행에는 도적들의 위험과 풍랑을 만나거나 굶주린 짐승들과 만날 수도 있었습니다. 그렇게 예수 십자가와 부활의 소식을 증거한다고 세상적 영광이 주어지지 않았습니다. 그런데 그들은 자기들이 본 것을 전하기 위해 기꺼이 그것을 감수했습니다. 왜 그랬을까요? 당연히 자기가 보고 듣고 만져본 것을 증언하지 않을 수 없었던 것입니다. 그 사실을 눈으로 목격했기 때문입니다. 부활하신 예수님을 목격한 것입니다. 그리고 그 의미를 확실히 알았기 때문입니다.

사도 바울은 최고의 기득권을 갖고 있었습니다. 바리새인 중에 바리새인이었고, 가말리엘의 문하에서 자랐습니다. 지금으로 보면 대한민국 0.01퍼센트의 사람으로 앞날이 창창했습니다. 가만히 있어도 현재로 치면 국회의원쯤은 따놓은 당상이었을 겁니다. 하지만 그것을 기꺼이 포기하고 예수 그리스도의 부활을 증언하다가 감옥, 난파, 곤장, 암살의 위협, 돌에 맞고 굶주림, 추위 등등을 당하다가 결국은 순교했습니다. 지금이니까 그를 위대한 사도로, 그의 순교를 고귀한 죽음으로 인정해 줍니다. 그러나 그때는 전혀 그렇지 않았습니다.

그는 애초에 예수 부활을 믿지 않던 사람이었습니다. 그런 그가 부활한 예수 그리스도와 만났습니다. 그것도 예수 믿는 자들을 죽이러 가던 도중에 만났습니다. 그리고 난 뒤 180도 달라졌습니다. 최고의 학벌과 유수한 가문으로부터 나올 수 있는 부귀영화를 버렸습니다. 그리고 기꺼이 온갖 고난과 역경을 감수했습니다. 그는 그가 가졌던 모든 것들을 배설물같이 여긴다고 했습니다. 그냥 무가치한 것으로 여긴다는 정도가 아니고 냄새나는 똥으로 여긴다는 것입니다.

> **빌립보서 3:8** 또한 모든 것을 해로 여김은 내 주 그리스도 예수를 아는 지식이 가장 고상하기 때문이라 내가 그를 위하여 모든 것을 잃어버리고 배설물로 여김은 그리스도를 얻고

이렇게 확언할 정도로 그는 확고했습니다. 그리고 예수 그리스도의 부활을 전하다가 기쁘게 순교합니다. 그가 전한 메시지는 예수 그리스도의 대속의 죽음과 부활이었습니다. 그가 순교한 자리에 기념 교회가 세워져 있습니다. 그는 자기 목숨을 기꺼이 바칠 정도로 자기가 보았던 부활하신 예수를 확실히 알고 있었습니다.

1)~4)번을 대신 설명하는 객관적이고 합리적인 대안이 있는지 저는 잘 모르겠습니다. 그들의 증언은 진실했고, 정황은 예수님의 부활이 사실임을 확실히 드러내고 있습니다. 흄의 말대로 빈 무덤과 부활에 대한 증언이 거짓이라는 것을 설명하려면 더 기적적인 방법이 필요해 보입니다. 하지만 여전히 부활은 불가능하다고 '믿는' 사람들이 더 많습니다. 이사야는 그런 이들에게 이렇게 예언했습니다.

> **요한복음 12:39-40(마 15:14)** 그들이 능히 믿지 못한 것은 이 때문이니 곧 이사야가 다시 일렀으되 그들의 눈을 멀게 하시고 그들의 마음을 완고하게 하셨으니 이는 그들로 하여금 눈으로 보고 마음으로 깨닫고 돌이켜 내게 고침을 받지 못하게 하려 함이라 하였음이더라

04
젖과 꿀이 흐르는 땅

　이스라엘 민족이 애굽에서 해방되어 가나안 땅으로 향할 때, 하나님은 그곳을 '젖과 꿀이 흐르는 땅'이라 하셨습니다. 그만큼 풍요의 땅이었습니다. 그런데 지금의 이스라엘 산지나 사진을 보면 아무리 봐도 젖과 꿀이 흐르는 땅처럼 보이지 않습니다. 젖과 꿀은커녕 그저 황량하기만 합니다. 요단 강이라고 하는 것도 우리나라 웬만한 강의 지류보다 못합니다. 나무도 듬성듬성 있고, 밭에는 돌들이 많아서 농사에 적합해 보이지 않습니다. 푸른 초장도 잘 보이지 않습니다. 먼지만 풀풀 날리는 것 같습니다. 그런데 왜 그런 곳을 젖과 꿀이 흐른다고 하셨을까요? 사실 그런 게 신앙에 중요한 문제가 아니라 생각했기에 별 관심을 두지 않았습니다.
　그런데 소소하게 스치는 의문들이 신앙의 밑바닥에 찌꺼기처럼 가라앉아 있었던 모양입니다. 이런 소소한 찌꺼기들이 영적 고원기에서는 아무런 문제가 되질 않습니다. 하지만 하락기나 혼란 속에 빠져 있을 때는 상당한 위력을 발휘합니다. 그렇다고 이런 의문이 들 때마다 장로님이나 목사님을 찾기도 사실 어렵습니다. 찾아가 봐야 명쾌한 답을 얻기 어려울 것이라는 생각이 들기도 하고, 괜히 이깟 것들에 헤매는 모습이 부끄럽기도 합니다. 남들은 순교적 삶을 어떻게 드릴 것인가 하는 수준 높은 고민과 기도를 하는데 고작 이따위 질문이라니⋯.

오늘 책을 읽다가 이 소소한 질문의 답을 받았습니다.

결론은, 그곳(가나안)은 정말로 젖과 꿀이 흐르는 땅이었다는 것입니다. 주전 1900년 이집트 사람 시누헤가 동쪽으로 피신을 가게 되는데, 그곳에서 만난 아모리 족속의 땅은 그야말로 젖과 꿀이 흐르는 땅이었습니다.

"그곳에는 물보다 포도주가 더 많았다. 꿀은 충분하였고 올리브 열매들은 넘쳐났다. 각종 열매들이 나무에 달렸고 보리가 있었다. 그리고 밀도 있었다. 셀 수 없는 가축이 있었다…."

비록 지금의 이스라엘 땅과는 거리가 있었지만 가나안도 만만치 않게 풍요로웠을 것이라는 추정을 할 수 있습니다. 이스라엘 땅은 빙하기에서 현재의 기온으로 돌아오는 사이에 상당한 변화가 있었을 것으로 추정됩니다.

빙하기라고 하니 몇만 년 전을 떠올리는 분들이 있으실 것입니다. 노아의 대홍수 이후에 발생한 빙하기와 이에 대한 이해가 있으면 성경의 여러 부분이 이해가 가능해집니다. 잘 모르시는 분들은 빙하기와 성경에 대해서 매우 생소하게 여기실 것입니다. 하지만 노아 홍수는 빙하기로 연결되고, 빙하기의 현상은 성경의 여러 기록들과 맞아떨어집니다. 예를 들면, 아브라함과 롯이 서로 헤어질 때 소돔과 고모라는 하나님의 동산만큼이나 풍요로운 곳이었습니다. 갈대아 우르를 떠나 함께 살았던 아브라함과 롯은 둘의 소유가 많아서 함께 있을 수 없었습니다. 그때 롯은 여호와의 동산처럼 좋아 보이던 소돔을 선택합니다.

창세기 13:5-6 아브람의 일행 롯도 양과 소와 장막이 있으므로 그 땅이 그들이 동거하기에 넉넉하지 못하였으니 이는 그들의 소유가 많아서 동거할 수 없었음이니라

창세기 13:10 이에 롯이 눈을 들어 요단 지역을 바라본즉 소알까지 온 땅에 물이 넉넉하니 여호와께서 소돔과 고모라를 멸하시기 전이었으므로 여호와의 동산 같고 애굽 땅과 같았더라

지금은 사해로 변해서 죽음처럼 황량합니다. 고농도의 소금기로 인해 생명이 살 수 없습니다. 하지만 아브라함 때는 전혀 달랐습니다. 오죽하면 여호와의 동산 같았다고 했을까요. 푸르고 기름진 들판과 온화한 기후, 그리고 풍요로운 물이 없었다면 그런 표현을 쓰지 않았을 것입니다. 그때는 그리 좋았던 곳이 어떻게 지금처럼 변했을까요? 당연히 하나님의 유황불 심판 때문에 그렇게 되었을 것입니다. 그냥 그렇게만 생각했지만 갑작스런 이런 변화는 좀 이상합니다. 소돔이 불탔다고 해서 주변 일대가 다 황량해질 리는 없기 때문입니다. 그러면 이런 기록은 그냥 착하게 살자 식으로 꾸며낸 옛날이야기일까요? 그렇지 않습니다. 이에 대한 상세한 내용은 이재만 선교사님의 동영상을 참조해 보시길 바랍니다. 빙하기의 내용을 간단히 요약해 보겠습니다.

(1) 빙하기라고 해서 지구 전체가 꽁꽁 얼어붙는 것은 아닙니다.
(2) 빙하는 많은 눈으로 형성됩니다.
(3) 지구 전체가 꽁꽁 언다면 물의 증발이 줄어들어 많은 눈은 생성되지 않습니다.
(4) 그러므로 물의 증발이 일어나려면 바닷물은 따뜻해야 합니다.
(5) 노아 홍수와 그 후로 많은 지각 변동이 있었습니다. 화산 폭발과 대륙의 갈라짐 등등.
(6) 그래서 바닷물 온도는 높아졌고 많은 증발이 일어났습니다. 그로 인해 극지방의 폭설이 계속되었고, 빙하가 형성되었고, 빙

하기가 온 것입니다.
⑺ 빙하가 커지고 지구의 냉각 등으로 인해 현재와는 다른 기후 지역들이 형성되었습니다.
⑻ 현재의 사해 지역이나 사하라 사막도 그때는 건조하지 않고 좋은 기후대였습니다.

대략 이렇게 요약이 됩니다. 빙하기에는 당연히 소돔 지역은 여호와의 동산 같았을 것입니다. 성경은 누가 일부러 짜맞춘 것처럼 앞뒤가 잘 맞고 있습니다. 완전한 사실의 기록이었던 것입니다. 욥기에서도 묘한 것이 보입니다. 뜨거운 중동지방에 살던 욥의 친구들이 서리, 눈, 얼음 같은 이야기를 합니다. 그들은 이것에 아주 익숙합니다. 지금은 평생에 눈이라는 것을 한 번도 보기가 어려울 겁니다. 그런데 그들은 그런 이야기를 아주 당연하게 끄집어냅니다. 그 이유를 이제 알 것 같습니다. 그들의 말도 경험적이고 사실적이었다는 것입니다.

빙하기에 대한 올바른 이해를 하게 되니 개인적으로 뭔가 뻥 뚫리는 느낌이 있었습니다. 창세기 기록은 그냥 구전되어 오던 설화를 엮어둔 옛날이야기가 아니었습니다. 지금과는 뭔가 달라 보이는 점들이 도리어 성경 기록의 정확성을 드러내는 것 같습니다. 노아 홍수와 그 이후의 기록들은 분명한 일관성과 짜임새를 갖고 있습니다. 노아가 포도주에 취한 것부터 시작해서 인간의 수명은 급격히 줄어듭니다. 이런 것은 현재 우리의 상태에서 바라보니 이상할 뿐입니다. 이재만 선교사님의 빙하기 강좌를 다시 한번 강력 추천합니다. 구글에서 '이재만 빙하기'로 검색해 보시면 좋은 자료들이 쏟아져 나옵니다.

그래서 구약의 말씀을 함부로 시, 비유 혹은 설화 등으로 격하해서 이해하려는 자세는 그다지 좋지 않은 것 같습니다. 물론 시적 표현도 있지요. 당연히 비유도 포함되어 있을 겁니다. 그런 것들은 쉽게 구분이 가능합니다. 성경은 쉽게 읽히도록 쓰인 책입니다. 묵시록 같은 일부 예외를 제외하고는 말입니다. 다른 종교의 경전처럼 심오하지도 않아 보입니다. 그러니 현재를 살아가고 있는 우리의 생각과 환경을 기준으로 성경을 함부로 재단하지 말자는 것입니다.

베드로후서 3:16 또 그 모든 편지에도 이런 일에 관하여 말하였으되 그 중에 알기 어려운 것이 더러 있으니 무식한 자들과 굳세지 못한 자들이 다른 성경과 같이 그것도 억지로 풀다가 스스로 멸망에 이르느니라

그냥 자신의 무지를 먼저 인정하고 성경을 받아들이는 게 차라리 나을 것 같습니다. 우리의 이성이나 상식이 대단하기는 해도 사실은 별것 아닙니다. 그래 봐야 사람의 생각일 뿐입니다. 우리가 3차원 이상에 대해서 얼마나 생생하게 알 수 있을까요? 어떤 이단은 창세기에서 말하는 뱀을 뱀이 아닌 '나쁜 사람'으로 풀기 시작한다고 합니다. 뱀이 말을 할 수가 없는 게 지금의 상식이니까 그런 상식에 근거해서 성경을 풀어가는 것이지요. 신약에서 바리새인들을 독사의 자식들이라고 하셨으니, 에덴의 뱀은 진짜 뱀이 아니라 악한 사람이라는 식으로 풀어갑니다. 현재의 우리 상식과 맞아떨어지니 솔깃하게 들릴 것입니다.

그렇게 풀기 시작하면 아담과 하와 외에도 다수의 사람들을 인정해야 합니다. 이렇게 나아가다 보면 성경 전체가 이상하게 변하기 시작합니다. 부디 모르는 것은 모르는 것이라고 인정합시다. 창조과학을 하면서 느끼는 게 있습니다. 앞서 인용한 베드로전서 3장 16절의 말씀처럼 억지로 풀어보려고 하다가 망한다는 겁니다.

문체가 좀 바뀌었다고 선지자들의 글을 제1 ○○○, 제2 ○○○

하면서 성경을 나누기도 하고, 빅뱅 가설과 다르다고 해서 창세기의 24시간을 뜻하는 yom을 오래된 기간으로 해석하거나, 예언이 포함된 것은 무조건 그 사건 후에 첨가된 것으로 판단하는 것 등등이 그런 예입니다. 이런 것이야말로 자기의 이성을 성경에 앞세우는 태도입니다. 성경은 성령께서 감동하여 쓰신 것이니 일부 우리가 풀지 못할 수도 있습니다. 3차원에 매인 우리가 어떻게 하나님의 모든 말씀을 다 이해할 수 있겠습니까?

> **디모데후서 3:16-17** 모든 성경은 하나님의 감동으로 된 것으로 교훈과 책망과 바르게 함과 의로 교육하기에 유익하니 이는 하나님의 사람으로 온전하게 하며 모든 선한 일을 행할 능력을 갖추게 하려 함이라

그러므로 의문 나는 사항이 있으면 기도하면서 기다리는 것이 가장 올바른 태도라고 생각합니다. 저자이신 성령께서 빛을 비춰주시면 깨닫게 되는 날이 올 것입니다. 저는 그런 경험을 종종 합니다. "이상합니다. 대체 이건 뭐죠?"라고 질문하면 저에게 가장 합당한 답을 감동으로 알려주시곤 합니다. 무척 감사하고 즐거운 경험입니다. 물론 아직도 답을 주시지 않는 질문도 있습니다. 아마도 그런 건 몰라도 교훈과 책망과 의로 교육받는 데 아무런 문제가 없다고 판단하시기 때문이 아닐까 생각합니다. 후히 주시고 꾸짖지 않으시는 하나님께서 풍성하게 지혜를 주실 것을 믿고 가면 됩니다. 모른다고 억지로 자기 상식으로 꿰어맞추지 말고 그냥 두시면 됩니다.

05

보석이 말해주는 진실

혹시 보석을 좋아하십니까? 저는 보석을 좋아합니다. 투명하고 예쁘고 반짝거리는 것이 무척 탐이 납니다. 게다가 보석은 귀해서 가격이 비싸니까 더 좋아합니다. 그래서 개인적으로 소유하고 있는 보석은 없습니다. 보석은 커팅된 단면에서 빛을 반사합니다. 반사되는 빛은 완성된 무엇을 보는 느낌을 줍니다.

그래서 어쩌다 백화점 같은 곳에 가면 꼭 보석 판매점을 한번 들러 봅니다. 손님으로 오해받을까 봐 좀 떨어져서 얼쩡대기는 하지만 어쨌거나 예쁜 보석들을 보고 있으면 기분이 괜히 좋아집니다. 보석들은 빛에 대한 반사율 같은 게 남달라서 더 반짝여 보입니다. 자체 색이 아름답기도 하지만 희귀성 때문에 더 좋아하는데, 특히 다이아몬드는 보석의 여왕이라 할 만합니다. 브릴리언트 컷으로 잘 다듬어진 다이아몬드는 빛의 반사가 최고여서 별처럼 반짝입니다.

그런데 다이아몬드는 탄소로 구성되어 있습니다. 성분 자체는 석탄이나 연필심과 같습니다. 이것이 높은 압력으로 인해 결정구조가 달라진 것입니다. 그런데 다이아몬드를 구성하고 있는 탄소 중에는 ^{14}C, 즉 방사성 동위원소 탄소가 들어 있다고 합니다. ^{14}C가 담겨 있다는 것은 의미가 깊습니다. 진화론에는 또 다른 충격을 주는 사실입니다.

이전까지 다이아몬드는 30~10억 년 전에 킴벌라이트에서 생성된 것이라고 알려져 왔습니다. 그래서 다이아몬드가 발견되는 지층과 주변은 당연히 그 정도 연대를 추정했습니다. 그런데 그 안에 ^{14}C가 들어 있는 것이 알려지면서 연대에 대한 이야기들이 쏙 들어가 버렸습니다. ^{14}C의 존재는 길어봐야 8만 년 이내임을 알려주는 지표이기 때문입니다. ^{14}C의 반감기는 대략 5천 년쯤 되는데 8만 년이면 ^{14}C는 처음 생성 시 담겨 있던 양의 $1/2^{16}$만 남게 됩니다. 대략 6만 5천분의 1만 남게 되어 측정이 어려워지게 됩니다. 수십 억 년 된 것이라고 하면 신비감이 더해질 텐데 길어봐야 8만 년도 안 되었다고 하니 그 신비가 한꺼풀 사라져 버린 느낌입니다. 다음의 표는 창조과학회(RATE그룹)에서 조사한 것입니다.

Sample ID	Geological Setting	Country	$^{14}C/C$ (pMC)
Kimberley-1	kimberlite pipe (Kimberley)	South Africa	0.10±0.03
Orapa-A	kimberlite pipe (Orapa mine)	Botswana	0.14±0.03
Orapa-F	kimberlite pipe (Orapa mine)	Botswana	0.11±0.03
Letlhakane-1	kimberlite pipe (Letlhakane mine)	Botswana	0.12±0.03
Letlhakane-3	kimberlite pipe (Letlhakane mine)	Botswana	0.15±0.02
Kankan	alluvial deposit	Guinea	0.11±0.03

조사한 결과 6개 표본 모두 비슷한 양의 측정 가능한 방사성탄소(《58,000년)가 남아 있었다고 합니다. 이제 다이아몬드 광산 주변은 무조건 젊은 지층으로 인정해야 할 판입니다. 다이아몬드가 성경이 말하는 짧은 역사를 증언하는 것 같습니다.

다른 보석들의 경우도 이야기가 비슷하답니다. 그 안에 있던 소량의 우라늄이 붕괴하면서 나온 헬륨(알파선)이 그 보석에서 빠져나오지 않고 그대로 잔존하는 것들이 있어서 수억, 수십억 년 연대 이야기가 곤란해졌습니다. 그 정도 연대면 이미 헬륨이 다 빠져나와 버렸어야 한다는 건데, 아직도 60퍼센트 가까운 헬륨이 존재한다는 것입니다. 이를 근거로 추정하면 짧은 연대가 되어버립니다. 이렇게 예쁘고 아름다운 보석들도 젊은 지구를 지지합니다. 젊은 지구를 지지하는 증거는 이외에도 여러 가지가 있습니다.

계시록에는 새 하늘과 새 땅, 그리고 새 예루살렘 성에 대한 묘사가 나옵니다. 그것은 귀금속과 보석으로 장식된 성입니다.

요한계시록 21:18-20 그 성곽은 벽옥으로 쌓였고 그 성은 정금인데 맑은 유리 같더라 그 성의 성곽의 기초석은 각색 보석으로 꾸몄는데 첫째 기초석은 벽옥이요 둘째는 남보석이요 셋째는 옥수요 넷째는 녹보석이요 다섯째는 홍마노요 여섯째는 홍보석이요 일곱째는 황옥이요 여덟째는 녹옥이요 아홉째는 담황옥이요 열째는 비취옥이요 열한째는 청옥이요 열두째는 자수정이라

그때 가서 아름다운 보석의 빛을 마음껏 즐기고 누릴 수 있을 것입니다. 예수님께서 예루살렘에 입성하실 때 바리새인들은 사람들이 떠들지 못하게 하라고 했습니다. 그랬더니 예수님께서 말씀하시기를, 그러면 돌들이 소리 지를 것이라고 하셨습니다. 하나님의 창조에 대해서 그저 종교적인 우화이고 문학적인 표현이라고 눌러버렸지만 이제는 돌들이(보석) 소리를 지르고 있습니다. 하나님의 창조는 진실이라고 말입니다. 그저 놀라울 따름입니다.

06

북편 하늘을 허공에 펴시고

욥 26:7(개역한글) 그는 북편 하늘을 허공에 펴시며…

욥 26:7(공동번역) 북녘에 있는 당신의 거처를 공허 위에 세우시고…

북쪽 하늘은 텅 비었다는 의미인데, 이게 그냥 시적인 표현이라고 생각했던 분들은 생각을 바꾸는 게 좋을 것 같습니다. 진짜 그렇다고 하니까요. 기사의 내용을 볼까요?

미국의 3대 천문대에서 망원경을 사용해 관측한 결과, 우리가 관측할 수 있는 우주의 거의 1퍼센트에 해당하는 거대한 부분이 다른 부분과는 달리 비어 있음이 확인된 것이다. 불가사의한 우주공간 발견에 참여했던 미국 독립 키트픽 천문대의 '폴 셰크터' 박사는 "우주의 이러한 빈 공간이 있다는 사실은 현재로서는 이해하기 어려운 문제다"라고 전제하고, "우주생성 이론이 근본적으로 흔들릴지도 모른다"라고 말하고 있다. 그런데 이번 관측에서는 키트픽 천문대를 비롯, 애리조나 주의 마운츠 홉킨즈 천문대, 캘리포니아 주의 팰러마 천문대 등이 참가했는데, 3개 천문대에서의 관측 결과가 모두 동일한 것으로 나타났다.

이 기사가 나온 것이 1980년대였습니다. 지금 그것이 해결되었다는 뉴스는 본 적이 없습니다. 그냥 갭(gap)으로 남아 있습니다. 언젠가 풀릴 것이라는 희망으로 남아 있습니다. 이것은 빅뱅이론을 망가뜨리는 증거 중 하나이기도 합니다. 하지만 빅뱅 이론은 여전히 존재합니다. 이미 40여 년이 지났지만 그 희망은 그대로 남은 듯합니다.

그런데 성경은 하나님의 거처를 그 북편의 공허 위에 세우셨다고 합니다. 성경 다른 곳에는 그 자리를 탐하는 존재가 있었다고도 합니다. 누구였을까요?

이사야 14:12-15 너 아침의 아들 계명성이여 어찌 그리 하늘에서 떨어졌으며 너 열국을 엎은 자여 어찌 그리 땅에 찍혔는고 네가 네 마음에 이르기를 내가 하늘에 올라 하나님의 뭇 별 위에 내 자리를 높이리라 내가 북극 집회의 산 위에 앉으리라 가장 높은 구름에 올라가 지극히 높은 이와 같아지리라 하는도다 그러나 이제 네가 스올 곧 구덩이 맨 밑에 떨어짐을 당하리로다

07

우연의 겹침은 우연이 아니다

명수와 입뿐이는 우연히 복잡한 홍대 앞에서 우연히 만났다.
"야, 이거 얼마 만이냐?"
그들은 지나간 시간들에 대한 회포를 풀기 위해 그날 홍대 앞에서 저녁도 먹고 노래방도 가고 재미있는 시간을 보냈다. 그다음 주 이들은 또 대학로에서 우연한 조우를 한다.
"세상에…이거 재미있는데?"
두 사람은 반가운 마음에 또 대학로에서 저녁을 먹고 헤어졌다. 그런데 그다음 주에 건대 앞에서 또 한 번의 우연한 만남을 갖게 된다.
"야…옷깃만 스쳐도 인연인데 이런 경우도 다 있네."
명수와 입뿐이는 그날 건대 앞 분위기 좋은 레스토랑에서 아주 좋은 시간을 가졌다. 그리고 일주일 후, 명수와 입뿐이는 강남역에서 또 다른 우연의 조우를 갖게 된다. 명수는 "오빤 강남 스딸~" 하면서 노골적으로 입뿐이에게 사귀자고 했다. 하늘의 운명이라는 것을 느낀 김입뿐은 할 수 없이(?) 그와 사귀기로 했다. 겹쳐지는 우연이 운명을 만든 것이다.

부엉이는 숲속의 제왕입니다. 동그란 눈과 친근한 용모를 갖고 있지만 사냥을 할 때는 실수를 허용하지 않는 맹금류입니다. 부엉이는 상위 포식자로서 놀라운 재능을 갖고 있습니다. 어둠 속에서 먹잇

감을 찾아내는 타고난 재주를 갖고 있습니다. 사람의 3~10배 정도 되는 시력으로 어두운 숲을 응시하며 먹잇감의 움직임을 포착합니다. 그러나 그것만으로 낙엽 뒤, 혹은 풀숲 밑으로 살금살금 돌아다니는 먹잇감을 찾아내기는 힘듭니다. 그래서 시력 외에 청력으로 먹잇감의 위치를 잡아냅니다. 양쪽 귀는 3천만분의 1로 양쪽 귀에 도달하는 소리의 차이를 감지하고 방향을 계산합니다. 놀랍습니다. 귀의 위치에 따른 시간 차이를 계산하고, 그것으로 위치를 잡아내다니, 우리로서는 상상하기 어렵습니다.

부엉이의 청력에 대한 놀라움은 여기서 끝나지 않습니다.

양쪽 귀는 비대칭으로 되어 있다고 합니다. 그래서 상하의 위치(3차원 좌표)를 찾아낼 수 있게 되어 있답니다. 이것도 상상하기 어려운 연구 결과입니다. 극도로 민감한 안테나를 극도로 효율적으로 배치하고, 그로부터 입력되는 데이터를 컴퓨터로 멋지게 해석해 내는 것처럼 느껴집니다. 그런데 이런 것이 우연에 의한 변이 축적으로 가능해졌다고 진화론은 주장합니다. 글쎄요, 저는 믿기 어렵습니다.

그 주장이 맞다고 하면 그전에는 먹잇감과는 다른 엉뚱한 위치로 곤두박질치거나 나뭇가지에 머리를 들이박는 사고가 숱하게 발생했을 것입니다. 그랬으면 숲의 제왕인 부엉이들은 살아남기 힘들었을 겁니다. 그런데 놀라운 것은 그뿐만이 아닙니다. 부엉이는 넓적한 솥뚜껑 같은 얼굴을 갖고 있습니다. 이 얼굴은 일종의 안테나 판처럼 소리를 모아서 귀로 들어가기 쉽게 한다고 합니다. 부엉이 얼굴이 괜히 그리 된 것이 아니었습니다. 일반적으로 다른 새들의 뾰족한 머리와는 다른 이 모양도 우연히 가능해졌다고 진화론은 주장합니다.

놀라운 것은 또 있습니다. 부엉이의 날개 앞쪽은 부드러운 털이나 있어서 소리 없이 날아가 먹잇감이 위험을 알아채기 전에 접근할 수 있도록 되어 있답니다. 공기의 흐름을 부드럽게 한다는 것입니다. 이런 것들이 그저 우연의 결과라고 하면 왠지 좀 답답해집니다. 너무 많은 우연 때문입니다.

욥기 39:1(개역한글) 산 염소가 새끼 치는 때를 네가 아느냐 암사슴의 새끼 낳을 기한을 네가 알 수 있느냐

욥기 39장에서 하나님은 욥의 지혜와 지식을 물어보십니다. "너 이런 것 알고 있니?"라고 하십니다. 그러면서 땅의 기초를 놓은 일부터 해서 온갖 동물들의 살아가는 생태를 물어보십니다. 스스로 지혜와 지식이 있다고 하지만 그게 어느 정도냐고 물으십니다. 지금 부엉이에 대해서 새롭게 알게 된 것을 하나님은 처음부터 계획하셨습니다. 이제야 그것을 알고 우리는 놀라워합니다. 들판의 새와 짐승들에 대해서 우리가 아는 것은 무엇일까요? 얼마나 안다고 신학과 철학 혹은 과학적 지식을 들이대며 하나님에게 대들고 있는지 생각을 좀 해봅시다.

현대의 과학과 그로 인한 지식이 대단합니다만 여전히 우리는 모르는 것 투성이입니다. 우주 구성 물질의 4퍼센트만 우리는 알고 있

을 뿐입니다. 그것도 제대로 다 안다고 할 수 없습니다. 지식이 사람을 교만하게 합니다. 그렇다고 하나님 앞에서 머리를 들 정도는 아닌 것 같습니다.

명수와 김입뿐이가 순전히 우연으로 서울의 도로에서 조우할 확률을 100분의 1이라고 가정해 봅시다. 아주 후하게 준 확률입니다. 그 동안 우연으로 두 사람이 연속으로 마주친 확률은 1억분의 1 정도가 됩니다. 평생 사는 날이 1억 날이 되지 않으니 사실상 두 사람의 연속되는 만남은 우연히 발생되지 않을 사건입니다. 확률을 아는 사람이면 이런 우연을 가장한 만남이 명수의 기획과 의도였다는 것을 눈치채게 될 것입니다. 우연이 겹치면 누군가의 의도를 의심해 보는 게 합리적입니다. 낮은 확률은 누군가의 의도와 맞닿아 있습니다.

진화의 기반이 되는 우연은 너무 많이 겹쳐져 있습니다. 그래서 이미 말했듯이 수학자들은 생명의 자연발생을 믿지 않습니다. 확률이 낮아도 너무 낮기 때문입니다. 도킨스조차도 확률의 문제를 인정했습니다. 그래서 그는 나름대로 확률에 대한 극복 '가설'을 제안했습니다. 그 가설이 말이 안 되는 억지이지만 추종자들은 열광을 했습니다. 그러거나 말거나 진화론은 확률의 문제가 있다는 것을 어쨌든 그는 부인하지 않았습니다.

그가 제안한 가설이요? 억지스러운 점이 많아서 인정하기 어려운 가설입니다. 예를 들어 보겠습니다.

A. 일본 정부는 전쟁범죄를 사죄하지 않고 있다

A라는 문장을 생각해 볼까요? 자판의 키 숫자는 106개입니다. 원

숭이가 우연히 이 문장을 컴퓨터 자판으로 쳐낼 확률은 $1/106^{55}$입니다. 계산이 잘 안 되죠. 비현실적인 확률입니다. 하지만 그는 꾀를 내었습니다.

B. 일????

B라고 친 문장에서 '일'이라는 글씨가 있으니 다른 아무것도 비슷하지 않은 문장보다 더 낫다(자연선택에 유리하다)고 말합니다. 과연 그럴까요? 아무런 비교 대상도 없는 상태에서 '일'이라는 글자 하나가 들어 있다고 더 유리하다는 것은 말이 안 됩니다. 유리한 것처럼 보이는 것은 애초에 A라는 문장을 알고 있기 때문에 그렇게 생각할 뿐입니다. B의 문장이 자체적으로 유리할 것은 없습니다. 그냥 다른 쓰레기들과 동급입니다. 그나마 이 정도만 일치하려고 해도 106^3입니다. 생명체는 버리지 않고 쓸데없는 에너지를 들여가며 자기 몸에 지니고 있어야 합니다. 그러면 남들보다 자연선택에서 불리할 수밖에 없습니다. 그래도 그는 이어서 억지 주장을 합니다. '일'이 들어간 B 문장이 다른 것보다 유리하니 그다음부터는 '일'이 들어가지 않은 문장은 제쳐진다고 합니다. 그럴싸합니까? 그래서 다음에는 다음과 같은 문장이 우연히 발생한다고 합니다.

C. 일본××××

이러한 C문장도 B 문장과 발생확률이 같습니다. 그러면 여기까지 오는데 도킨스 식으로 하면 106^3의 두 배가 됩니다. 즉 $1/(2 \times 106^3)$입니다. 원래대로 하면 $1/106^6$이었지만 엄청나게 확률이 커진 것입니다. 그의 말이 맞다면 현실 세계에서 우연에 의한 변화가 늘 일어나야 합니다. 하지만 그런 것은 없습니다. 바이러스는 변이를 쉽게 일으키지만 늘 바이러스일 뿐입니다. 도킨스의 주장대로라면 벌써 바이러스가 박테리아로 진화하는 현상을 목도했어야 합니다. 개체 수도 어마어마하니까 그 중간 단계의 것들이 숱하게 보여야 합니다. 하지만 그런 것은 없습니다. 그냥 바이러스일 뿐입니다.

바이러스의 예뿐만이 아닙니다. 자연에서 그런 예가 발견되었느냐는 점입니다. 없습니다. 진행 중인 장기도 없고, 쓸모없는 DNA도 없습니다. 흔적기관, JUNK DNA는 유력한 진화의 증거로 인용되곤 했습니다. 마치 B, C 문장처럼 말입니다. 이제는 진화론에서 이런 용어를 입에 올리지 않습니다. 유력한 진화의 증거라고 하던 것이 알고 보니 무지 때문인 것으로 밝혀졌기 때문입니다.

도킨스가 자신의 가설이 맞다는 것을 증명했느냐 하면 그렇지 않습니다. 그냥 말빨로 끝났습니다. 이런 것은 과학도 아니고, 팩트도 아닙니다. 그래도 권위 있는 학자가 말했으니 많은 사람이 귀 기울이고 그것을 믿습니다. 그러나 그렇지 않습니다. 과학자들도 틀린 말을 할 때가 있으니까요. 아인슈타인도 양자역학을 절대 인정하지 않았습니다. 아무리 노벨상을 수상했어도 틀린 것은 틀린 것입니다. 과학자는 신이 아닙니다.

'우연히'라는 단어로 성경을 검색해 봤습니다. 여러 개의 성경 구절들이 뜹니다. 그중에 눈에 띄는 게 하나 있습니다.

> **열왕기상 22:34(개역한글)** 한 사람이 우연히 활을 당기어 이스라엘 왕의 갑옷 솔기를 쏜지라 왕이 그 병거 모는 자에게 이르되 내가 부상하였으니 네 손을 돌이켜 나로 군중에서 나가게 하라 하였으나

아합은 치열한 전쟁 중에 어디선가 날아온 화살에 치명상을 당합

니다. 그리고 그는 죽습니다. 그것을 '우연히'라고 적었습니다. 그런데 그의 죽음은 이미 예언되어 있었습니다. 그의 우상숭배의 죄와 나봇이라는 의인을 죽게 한 죄입니다. 아합 왕 부부는 의로운 나봇을 누명을 씌워 죽게 합니다. 그리고 그의 포도원을 뺏기까지 했습니다. 억울한 사람을 죽게 한 것을 하나님은 그냥 두시지 않았습니다. 엘리야를 통해서 그의 죽음을 예언하셨고, 또 미가야 선지자를 통해서 말씀하셨습니다. 그의 죽음은 계획되어 있었습니다. 활을 쏜 자는 무심코 쏘았지만 하나님은 계획대로 하신 것입니다. 화살의 방향이 1도만 틀어졌어도 아합은 죽지 않았을 것입니다. 하지만 하나님은 무심코 쏜 그 활로 하나님의 징벌을 이루십니다. 하나님의 계획 안에서 우연히 이루어지는 일은 없습니다.

'하나님의 뜻으로'라고 검색하니 에베소서의 구절이 눈에 띕니다.

> **에베소서 1:1** 하나님의 뜻으로 말미암아 그리스도 예수의 사도 된 바울은 에베소에 있는 성도들과 그리스도 예수 안에 있는 신실한 자들에게 편지하노니

바울은 자기가 사도가 된 것은 우연히, 혹은 인간의 계획으로 되었다고 한 적이 없습니다. 늘 하나님의 뜻으로 그렇게 되었다고 합니다. 그의 사도성을 의심하는 자들에 대한 답이기도 했지만, 그가 사도가 된 것은 자기의 의지도 아니었고 계획도 아니었으며, 우연은 더더욱 아니었습니다. 우리의 구원 또한 우연한 것처럼 보여도 사실은 하나님께서 창세 전부터 계획하신 일이라고 믿습니다.

08

송골매에 담긴 놀라운 설계

송골매라는 그룹사운드를 아십니까? 만약에 알고 있다면 청춘을 지나 꼰대 소리를 듣는 나이의 사람이 거의 분명합니다. 이들의 전성기가 1980년대 초였으니까요. 암튼 송골매라는 이름은 콧수염 배철수 씨가 하던 보컬밴드로 알게 되었습니다.

그런데 이 송골매가 속을 알고 보니 너무나 대단합니다. 이 녀석이 최고 시속을 낼 때가 있습니다. 먹이 사냥할 때이겠지요. 지금껏 관측된 최고 속도는 390킬로미터라고 합니다(위키백과). 어마어마한 속도입니다. 고속버스 4배 정도 되는 속도입니다. 서울에서 부산까지 1시간 정도면 갈 속도이니 KTX와 달리면 나란히 달릴 만한 속도입니다.

엄청난 속도인데 이때 송골매는 몸체를 물방울처럼 만들어서 공기의 저항을 최소화합니다. 그리고 뒤쪽의 깃털을 엇갈리게 해서 공기의 와류를 최소화한다고 합니다. 뒤쪽에서 일어나는 와류를 최소화해서 최고의 속도를 만들어냅니다. 대단합니다. 위대한 설계가 느껴집니다.

놀라운 것은 또 있답니다.

그 속도로 하강하다가 먹이를 낚아채서는 가볍게 방향을 틀어서 날아간다고 합니다. 그게 뭐 대단하냐고 생각하시겠지만 정말 대단합니다. 가속도, 즉 속도의 변화 때문입니다. 이때 가속이 무려 27G. 중력가속도의 27배 변화를 가볍게 감당한다고 합니다. 숙련된 전투기 조종사도 9G에서 정신을 잃어버린다고 합니다. 앞으로 최첨단 비행기를 만들어서 순간 속도를 엄청 빠르게 한다고 해도 이런 문제는 쉽게 풀지 못할 것입니다. 그런 면에서 보면 송골매가 인간보다 뛰어난 조종을 하는 셈입니다.

그런데 책에서는 송골매의 깃털 배치나 엄청난 중력 감당 능력이 '그렇게 진화되었다'고 쉽게 말하고 끝입니다. 우연히 일어난 변화 덕에 송골매는 유체역학적으로 최고의 효율과 능력을 얻었다고 합니다. 이럴 때는 힘이 빠집니다. 과학책답게 어떻게 해서 그런 엄청난 능력을 갖게 되었는지 알려줘야 합니다. 하지만 그런 게 없습니다. 그냥 '그렇게 진화되었다'라는 말로 끝냅니다. 그냥 넘어가시는 분들도 있지만 저는 이런 걸 그냥 못 봅니다.

우연은 엄청난 설계자보다 뛰어난 능력을 갖추었다는 말로 들립니다. 믿기 어려운 말입니다. 세상 곳곳에 너무나 많은 우연이 너무나 엄청나게 정교한 업적을 이룬 것처럼 보입니다. 정말 그렇다면 삼성 반도체 생산라인의 우연한 오류가 쌓여 새 세대의 반도체로, 그리고 인공지능 칩을 생산하는 것도 가능하지 싶습니다. 그런데 그럴까요? 믿을 수 없습니다. 반도체의 진보는 엔지니어와 학자의 피땀 어린 연구와 경험을 통해서 설계됩니다. 지성의 개입 없이는 불가능합니다.

> **욥기 39:26-27** 매가 떠올라서 날개를 펼쳐 남쪽으로 향하는 것이 어찌 네 지혜로 말미암음이냐 독수리가 공중에 떠서 높은 곳에 보금자리를 만드는 것이 어찌 네 명령을 따름이냐

고난받는 욥에게 하나님은 창조에 대한 이야기를 하십니다. 아무리 생각해도 자기가 고난을 당해야 할 이유를 모르겠다고 불평하는 욥에게 하나님은 반문하십니다. 네 작은 머리로 모든 신비를 다 알

수 있겠느냐고 말입니다. 그중에 매와 독수리 이야기도 있습니다. 성경에서는 그저 한마디로 끝났지만 내용을 자세히 살펴보면 엄청난 설계를 볼 수 있습니다. 지혜로운 학자들은 이것을 열심히 연구하고 적용을 하고 있습니다[생체모방(Biomimicry, 바이오미미크리)]. 건축 같은 곳에서 적용하려는 시도도 있습니다. 자연 속에 최고의 지성이 남겨두신 흔적을 모방만 해도 인간에게는 대단한 성과가 될 것입니다.

  앞의 내용은 《깃털, 가장 경이로운 자연의 걸작》이라는 책의 내용을 발췌한 것입니다. 더 많은 내용을 알고 싶으면 일독을 권합니다. 물론 이 책은 창조론자의 책이 아닙니다. 진화론을 믿는 분의 글입니다. 자연 속에 남겨진 위대한 설계를 보면서 창조주를 생각하게 되는 것은 아주 자연스러운 일입니다. 그렇지 않은 게 이상한 것이지요.

09

조롱박벌에 담긴 놀라운 설계

　이래즈머스 다윈은(찰스 다윈의 아버지) 산책길에서 조롱박벌의 사냥을 목격합니다. 허리가 잘록하고 날씬한 조롱박벌은 사냥의 천재입니다. 이 벌은 땅에 굴을 파고 거기에 풀벌레나 애벌레를 잡아서 집어넣습니다. 그리고 거기에 알을 낳고 굴 입구를 막아 버립니다. 그 안에서 알이 부화되고 애벌레가 자라게 됩니다. 그런 조롱박벌이 다윈의 눈앞에서 파리를 잡아서 머리와 배를 떼어내고 날개 달린 가슴만 가지고 집으로 돌아가려 합니다. 이때 바람이 불어와 비행이 어렵게 되자 벌은 파리의 날개를 떼어내고 남은 것만 가지고 집으로 돌아갑니다. 다윈은 이러한 예를 들어 곤충도 추리력이 있으며, 지성은 인간의 고유한 특성이 아니라는 가설을 제기합니다. 상당히 그럴싸합니다. 늘 그렇듯 말입니다.
　하지만 파브르는 다윈의 관찰이 틀렸다고 주장합니다. 일단 조롱박벌은 죽은 먹이를 갖고 가지 않으며, 살아 있는 먹이를 마취시켜서 가져갑니다. 유충의 부화 시에 신선한 고기로 제공하기 위함입니다. 말벌은 처음부터 날개를 잘라내고 사냥감을 집으로 가져갑니다. 다윈은 그냥 말벌을 본 것입니다. 그리고 말벌이 날개를 잘라내는 것은 바람과는 아무 상관이 없습니다. 그저 본능대로 할 뿐입니다. 파브르는 곤충 같은 미물을 격상시켜서 사람의 수준에 맞추려는 시도를 비판합니다.

파브르는, 곤충들은 스스로의 지능으로 판단하고 일을 처리하는 것이 아니라는 예들을 보여줍니다. 조롱박벌은 애벌레나 풀벌레를 죽이지 않습니다. 신경절에 정확히 자기의 침을 찔러 넣고 독을 주사합니다. 만약 그 주사하는 위치나 독의 주사량이 잘못되면 문제가 생깁니다. 만약 주사량이 많아서 조롱박벌의 알이 깨어나기 전에 풀벌레가 죽어버리면, 조롱박벌의 유충은 죽어서 썩어버린 먹이를 먹어야 하고, 그러면 죽게 됩니다. 그 반대의 경우는 어떨까요? 주사량이 적어서 죽지 않고 깨어나게 되면 풀벌레는 굴을 빠져나오려고 몸부림을 쳐서 조롱박벌의 유충은 알에서 나오지도 못하고 죽게 됩니다. 또 신경절이 아닌 곳에 찔러대도 마찬가지입니다. 해부학적으로 정확한 위치를 찾아서 독침을 찔러야 합니다. 조롱박벌은 그것을 정확하게 할 줄 압니다. 참 신기한 일을 해냅니다. 만약 그렇게 하지 못하면 어떤 경우라도 조롱박벌은 멸종의 위험을 겪게 됩니다.

그뿐만이 아닙니다. 그 알에서 깨어난 조롱박벌 유충은 자기의 먹이를 먹을 때 아무 곳이나 먹지 않습니다. 먹이가 최대한 살아 있을 수 있게 먹기 시작합니다. 이건 또 누가 가르쳐 주었을까요? 아무도 가르쳐 준 적이 없습니다. 스스로 보고 배운 적도 없습니다. 그게 아니면 스스로 고안해서 터득한 것일까요? 아닌 것 같습니다. 그래도 조롱박벌은 멀쩡히 대를 이어가며 잘살고 있습니다. 멋진 일이지요.

아, 괜한 감정이입으로 끔찍한 상상은 금물입니다. 성경적으로 이런 곤충들은 코로 숨을 쉬지도 않고 피도 없습니다(생명으로 취급되지 않는다는 말입니다). 게다가 마취된 상태이니 고통도 더욱 없다는 점을 생각하시기 바랍니다. 어쩌면 조롱박벌이 포식자가 된 이유가 인간의 타락과 연관이 있을 수도 있지 않을까 싶습니다. 죄 때문에 만물이 탄식하는 상태가 된 것입니다.

로마서 8:19-22 피조물의 고대하는 바는 하나님의 아들들이 나타나는 것이니 피조물이 허무한 데 굴복하는 것은 자기 뜻이 아니요 오직 굴복하게 하시는 이로 말미암음이라 그 바라는 것은 피조물도 썩어짐의 종 노릇한 데서 해방되어 하나님의 자녀들의 영광의 자유에 이르는 것이니라 피조물이 다 이제까지 함께 탄식하며 함께 고통을 겪고 있는 것을 우리가 아느니라

동굴에서 애벌레 시절을 보내고 밖으로 나온 조롱박벌은 성충이 되면 사냥을 나갑니다. 자기 조상이 했던 사냥법을 정확히 알고 있습니다. 먹잇감을 찾아서 신경절에 정확히 주사를 찌릅니다. 그리고 정확한 양의 마취제를 주사합니다. 만약 엉뚱한 곳을 찌르면 사냥은 실패합니다. 한 번도 배운 적 없지만 조롱박벌은 그 주사 위치와 주사량을 정확히 알고 있습니다. 마취당한 먹이는 죽지 않고 산 채로 조롱박벌 유충의 먹이가 됩니다. 싱싱한 먹이가 되어 조롱박벌이 멸종하지 않고 자연 속에서 자기 역할을 할 수 있게 합니다. 이런 것은 이래즈머스 다윈의 생각처럼 지능이 있어서 그렇게 하는 것이 아닙니다. 본능을 따라서 그렇게 하는 것입니다. 어떤 면에서 본능은 인간의 지능보다 더 뛰어난 역할을 합니다.

생물들은 본능이라는 것이 있습니다. 어미가 하는 것을 보고 배운 것이 아니라도 그들은 그것을 갖고 있습니다. 병아리들은 비둘기 같은 모델을 보여줘도 별 반응을 하지 않습니다. 하지만 송골매 같은 맹금류 모델이 나타나면 재빠르게 피합니다. 그들의 본능이 시키는 대로 하는 것입니다. 어미 닭이 알려주지 않아도 압니다. 뻐꾸기는 남의 둥지에 알을 낳습니다. 그리고 알에서 깨어나면 다른 알들을 밀어내고 어미새가 가져다주는 먹이를 독차지합니다. 못된 놈입니다. 뻐꾸기는 다른 엄마의 보호로 무럭무럭 자라서 둥지를 떠납니

다. 그렇게 하라고 알려준 사람도 없고, 어미도 없습니다. 그냥 본능입니다. 이 녀석들은 남의 부모의 보호를 받으며 자라다가 때가 되면 또 남의 둥지에 알을 낳습니다. 남의 둥지에 알을 낳는 법을 배운 적은 없지만 그렇게 합니다. 본능입니다. 본능은 대단합니다. 조롱박벌의 경우도 그랬지만 본능이 없었다면 지구상의 생물들은 한참 전에 멸종되었을 것입니다.

그러면 본능은 어디서 왔을까요?

예를 들어, 조롱박벌이 신경절을 정확히 찾아내어 주사량을 정확히 하지 못하면 멸종됩니다. 아무도 가르쳐 주지 않았어도 이들은 능숙하게 자기 일을 합니다. 어쩌다 한 놈이 우연히 그런 기술을 습득한다고 해도 그것은 유전되지 않습니다. 후천적으로 습득된 경험은 유전자에 새겨지지 않고, 후대로 전달되지 못합니다. 그런데 그들에게는 본능이 있어서 멸종되지 않습니다. 이렇게 중요한 본능은 어디서 올까요?

본능은 처음부터 장착된 것이라고 보는 게 합당합니다. 즉 본능을 장착하게 하신 위대한 설계가 있었다는 것입니다. 이외에 또 다른 설명이 가능한지 알려주시면 고맙겠습니다. 조롱박벌은 자기에게 장착된 본능을 따라 자기의 할 일을 훌륭하게 합니다. 그 후손들도 역시 프로그램된 대로 할 일을 할 것입니다. 독수리가 높은 곳에 집을 짓는 것은 누가 가르쳐 준 것이 아니라 하나님께서 가르쳐 주신 것입니다.

파브르는 곤충기를 썼습니다. 그는 창조론자였습니다. 그의 글에는 창조의 놀라운 모습들이 기록되어 있습니다. 그는 진화론자들의 학문 방식을 좋아하지 않았습니다. 예를 들면, 보호색 같은 경우, 보호색이 있는 새들이나 곤충들은 눈에 잘 띄지 않습니다. 그러면 진화론자들은 자연선택에 의해 그렇게 진화되었다고 주장합니다. 하지만 자연에는 보호색은커녕 그 정반대의 경우들이 즐비합니다. 그런데 진화론자들은 이것 또한 진화의 결과라고 합니다. 이래도 진화의 결과이고, 저래도 진화의 결과라고 합니다.

파브르는 벌뿐 아니라 쇠똥구리, 송장벌레, 나비, 나방 등 다양한 곤충을 관찰하고 실험하며 기록했습니다. 그의 기록에는 미물들이지만 창조주의 솜씨를 드러내는 훌륭한 관찰들이 듬뿍 담겨 있습니다.

> **욥기 39:1-4** 산 염소가 새끼 치는 때를 네가 아느냐 암사슴이 새끼 낳는 것을 네가 본 적이 있느냐 그것이 몇 달 만에 만삭되는지 아느냐 그 낳을 때를 아느냐 그것들은 몸을 구푸리고 새끼를 낳으니 그 괴로움이 지나가고 그 새끼는 강하여져서 빈 들에서 크다가 나간 후에는 다시 돌아오지 아니하느니라

10
장수거북에 담긴 놀라운 설계

필립 얀시는 그의 책에서 코스타리카 해변의 장수거북 산란 과정을 감동적으로 기록하고 있습니다. 장수거북은 대략 1시간에 걸쳐 모래를 파내고 산란 장소를 만듭니다. 그리고 그곳에 60여 개의 알을 낳고 또다시 무정란 몇 개를 더 낳아서 알 더미를 덮습니다. 무정란 알은 나중에 혹 포식자에게 발견되더라도 그것을 먼저 먹도록 하기 위한 것이라고 합니다.

세상에나! 대체 이런 건 누가 가르쳐 준 걸까요? 우연히 터득한 것일까요, 아니면 거북이가 지능이 높아서 그런 상황을 예측한 것일까요? 진화론을 믿는다면 답을 궁리해 볼 일입니다.

산란이 끝나면 다시 근 1시간에 걸쳐 힘겹게 모래를 덮습니다. 그리고 탈진된 몸을 이끌고 몇 번을 쉬어가면서 다시 바다로 돌아갑니다. 이 산란과정은 그 어미로부터 배운 적이 없으며 본능을 따라 이루어집니다. 이 본능이 아니면 장수거북은 멸종되었을 것입니다.

필립 얀시는 장수거북이 보여준 본능을 통해 위대한 자연의 모습, 경이로움, 자연의 순환, 인간의 왜소함을 느끼며 창조주 하나님께 예배를 드렸다고 합니다. 창조주를 알고 자연을 바라보면 자연의 경이로움으로 가득하게 보입니다. 생각하고 알수록 창조주 하나님의 솜씨에 놀라고 그분 앞에 꿇어 엎드리게 됩니다.

본능은 좌충우돌하면서 저절로, 우연히 습득될 수가 없습니다.

좌충우돌하는 과정에서 멸종만 있을 뿐입니다. 게다가 어쩌다 후천적으로 학습된 것은 유전자에 남겨지지 않습니다. 그러나 자연은 생명체들의 본능을 통해서 정교하게 조절되고 유지되며 순환되고 있습니다! 본능은 놀라운 설계입니다. 거북이가 사는 법, 독수리가 사는 법은 누구도 가르쳐 준 적이 없습니다. 곤충 같은 미물들도 정확하게 자기의 일을 합니다. 이런 것은 대체 누가 가르쳐 준 것입니까?

욥기 39:27-30 독수리가 공중에 떠서 높은 곳에 보금자리를 만드는 것이 어찌 네 명령을 따름이냐 그것이 낭떠러지에 집을 지으며 뾰족한 바위 끝이나 험준한 데 살며 거기서 먹이를 살피나니 그 눈이 멀리 봄이며 그 새끼들도 피를 빠나니 시체가 있는 곳에는 독수리가 있느니라

11
자가격리를 명하신 하나님

레위기 13-15장은 각종 전염병들에 대한 말씀입니다. 이 말씀의 핵심은 진찰과 격리입니다. 이는 공동체를 보호하기 위한 것입니다.

레위기 13:4-6 …그 환자를 이레 동안 가두어둘 것이며 이레 만에 제사장은 그를 진찰할지니…그를 또 이레 동안을 가두어둘 것이며 이레 만에 제사장이 또 진찰할지니…

7일간 격리 후 진찰하고 다시 7일 후에 확정한다는 내용입니다. 성경을 읽을 때 그냥 지나쳐 갔던 본문입니다. 요즘 코로나 시대를 겪으면서 이 본문이 새롭게 눈에 들어옵니다. 말하자면 새삼스럽게 놀라고 있는 중입니다. 특별할 것 없는 당연한 조치처럼 보입니다만 아주 정확한 처치입니다. 레위기는 모세오경 중 하나입니다. 쓰여진 시기가 주전 15세기경이었습니다. 고구려의 시조 고주몽(高朱蒙)의 출생은 기원전 58년이었습니다. 시대로 따지면 그보다 훨씬 앞섰습니다. 고조선 시대입니다. 그런데 그런 시절에, 지금으로부터 3500년 전에 어떠한 미신적인 조치도 없이 전염병을 격리하고 확정하는 방법을 택한 것입니다. 21세기인 지금 우리가 하는 방식과 마찬가지입니다. 14일간의 자가격리, 놀랍지 않습니까?

우리의 경우 한 가지 예를 들어보겠습니다. 단오인 5월 5일에는 오시(午時: 오전 열한 시부터 오후 한 시까지)에 들판에 나가 쑥을 뜯고, 이 쑥 다발을 태워 집 문 앞에 세워두는 것으로 나쁜 기운을 내몰고 역병 귀신을 쫓아내려 했습니다. 홀수는 양의 성질을 띠고 있다고 믿었으며, 5라는 숫자가 둘 겹치는 날의 정오를 근방으로 하여 양기가 가장 세다고 생각했습니다. 따라서 이때 양기의 도움을 받아 귀신의 접근을 막는다는 의미를 갖고 있었던 것입니다.

자, 전염병에 대한 이런 접근 방식과 성경의 처치 방식을 비교해 보십시오. 우리의 전통 방식에는 미신과 오류가 가득합니다. 그런데 성경에는 일절 그런 것이 없습니다. 군더더기 없이 정확한 처치법을 알려줍니다. 미신도 없고, 오류도 없습니다. 마치 의학 상식이 높아진 현대인이 그 시절에 할 수 있는 조치처럼 보입니다. 그 시절에 할 수 있는 아주 적절한 방법입니다. 놀랍지 않습니까? 생각하고 알아갈수록 하나님의 말씀은 정말 놀랍습니다. 사람의 작품이 아니라 성령의 감동하심으로 쓰여진 결과이기 때문이라 생각합니다. 성경은 오류가 없는 말씀으로, 늘 읽고 가까이해야 하겠습니다.

디모데후서 3:16-17 모든 성경은 하나님의 감동으로 된 것으로 교훈과 책망과 바르게 함과 의로 교육하기에 유익하니 이는 하나님의 사람으로 온전하게 하며 모든 선한 일을 행할 능력을 갖추게 하려 함이라

12

세포와 다윈

최철희 교수가 일반인들을 대상으로 썼던 '세포'에 관한 책을 읽었습니다.

좀 어려운 부분도 있지만 읽어갈수록 생명의 경이로움이 느껴집니다. 세포는 기본적으로 DNA에 담긴 코드를 읽고 번역하고 단백질을 생산하며 그것의 모양을 만들어냅니다. 이동시키고 청소하며 이웃의 세포와 교신하기까지 한답니다. 정말 정교한 생명의 자동기계 같습니다. 우리 몸에는 이런 놀라운 작품들이 60조 혹은 100조 개가 모여서 자기 일을 열심히 하고 있습니다.

누군가가 이것을 흉내내서 기계를 만들어낼 수 있다면 신개념의 로봇을 창조할 수 있을 것입니다. 실제로 과학자들은 자연을 열심히 모방하고 따라잡으려 하고 있습니다. 하나님께서 설계하신 작품을 모방하기만 해도 대단한 성과가 될 것입니다. 개인적으로는 늘어나는 인구를 위해 나뭇잎에 작동하는 광합성이 인공적으로 성공하길 원합니다. 식량문제를 완벽하게 해결할 수 있기 때문입니다.

물과 햇볕만 있으면 온갖 먹을거리가 나오는 것입니다. 완전 무공해에다가 탄소가 아닌 산소까지 만들어냅니다. 그러나 아직 과학은 거기에 도달하지 못한 것 같습니다. 자연에는 흔하디흔한데 말입니다. 너무나 흔해서 별로 이상할 것도 신기할 것도 없습니다만, 정말 놀라운 설계라 아니할 수 없습니다. 기적 같은 일이 너무 많아서 기적처럼 느껴지지 않는 것 같습니다.

　책을 읽다가 문득 다윈을 생각했습니다. 만약 그가 진화론을 발표하기 전에 이런 책들을 읽었다면 어땠을까요? 지금 고등학교 수준의 생물학과 유전에 관한 지식이 있었다면 아마도 그는 진화론을 포기하지 않았을까 싶습니다. 그는 불충분한 자료와 지식으로 너무나 거대한 통찰을 하려다가 잘못된 판단을 낸 사람이라 생각합니다.

　그가 배를 타고 다니면서 관찰한 것들에 대해 호기심을 갖게 되었습니다. 그는 훌륭한 과학자였습니다. 하지만 지금과 비교해 보면 그는 생물학 지식이 부족했습니다. 지금은 갈라파고스의 다양한 생물군에 대해서 아는 사람은 다 압니다. TV를 통해서 일반인들도 다 알고 있습니다. 그리고 학문을 한 사람들은 그 다양성의 이유를 잘 알고 있습니다. 진화와 상관없이 그런 다양성의 이유는 생물이 본래 갖고 있던 유전정보의 발현이라는 것을 잘 압니다. 없었던 유전정보가 새로 생겨난 것이 아니라는 것입니다. 진화라고는 할 수 없고, 가축이 사람에 의해 인위적으로 선택되어 육종되듯 고립된 환경에 의해 특정 유전자만 유전이 된 것뿐입니다. 자연선택의 결과로 내부의 유전정보는 다양성을 잃어버리거나 작동을 멈춘 것입니다. 진화보다는 퇴화의 가능성이 큰 것으로 보입니다.

　다윈은 센트럴 도그마(Central Dogma)라는 개념도 갖고 있지 않았습니다. 당시 과학으로는 엄두도 못 낼 사실이지만, 지금은 관련 분야를 아는 사람들에게는 상식입니다. 센트럴 도그마는 유전정보의 방향이 DNA에서 RNA로, RNA에서 단백질로 진행된다는 원리입니다. 당연히 그의 지식은 현재의 고등학생보다 훨씬 부족합니다. 그런 분이 진화라는 판단을 내렸습니다. 그런 판단에 따라야 할까요?

　다윈은 말년에 자기 이론에 대해 그 신념이 흔들렸습니다. 결국에는 그것을 풀지 못했습니다. 지금도 못 풀고 있고, 앞으로도 풀리지 않을 것 같습니다. 《종의 기원》 출간은 1859년입니다. 그는 이 책에서 "자연선택은 극히 미미한 유전적 변화가 보존되고 축적되었을 때만 일어날 수 있다"라고 주장했습니다. 하지만 말년에 그는 혼란에 빠지고 초조해했습니다. 1879년 다윈은 영국의 큐 왕립식물원의 조셉 후커에게 보낸 편지에 "최근의 지질학적 연대기 내에서 모든 고등식물들의 급속한 진화는 하나의 '지독한 수수께끼'"라고 썼습니다. 분명 다윈이 '고등식물'이라고 표현한 꽃식물(속씨식물, 현화식물이라고도 불린다)의 갑작스러운 등장은 다윈을 혼란에 빠뜨렸습니다(BBC 2019.8.11). 그는 속씨식물의 진화가 매우 빠르고 거대한 규모로 일어날 수 있다는 주장에 충격을 받았습니다. 자신의 주장과 전혀 다른 증거였기 때문입니다.

지금의 학자들은 이것을 "'자연은 대약진하지 않는다'는 개념에 가장 극단적인 예외"라고 편하게 생각하고 말아버립니다. 예외라구요? 과학의 이론에 예외가 있다니 좀 이상합니다. 유럽에서는 백조는 하얗다는 믿음이 가득했었습니다. 그런데 호주에서 검은 백조가 발견되었습니다. 이것은 백조는 하얗다는 명제의 예외일까요? 아닙니다. 그 명제는 틀린 것이었습니다. 한정된 지식과 경험한도에서 백조는 하얗다는 명제가 맞았던 것입니다. 검정색 백조가 발견되었는데도 그냥 예외일 뿐이고 여전히 백조는 하얗다는 명제가 맞다고 주장하는 것은 전혀 비과학적이고 비논리적입니다. 아무튼 하버드대학교의 유기 진화생물학과 윌리엄 프리드만 교수는 "꽃식물을 설명할 수 있는 한 가지 가능한 가설은 꽃 식물이 '창조됐다'는 것"이라고 말했습니다. 진화론자가 보기에도 창조 외에는 설명이 불가능하다는 말입니다.

다윈 같은 당대의 과학자들이 세포에 관한 제대로 된 지식이 있었다면 아마 《종의 기원》 같은 책은 아마도 없었을 것입니다. 150년이 지난 현대의 과학기술은 진화는 없다고 알려줍니다. 다윈이 꽃식물에 대한 솔직한 성찰을 계속했다면 어쩌면 자신의 진화가설을 포기했을지도 모르겠습니다. 다윈은 말년에 신앙인으로 돌아왔다는 이야기가 있습니다. 물론 진화론자들은 극구 부인하며 이런 이야기들을 공격합니다. 하지만 유력한 증언이 있습니다. 다윈의 죽음을 몇 달 앞둔 시기에 켄트의 다운(Downe)에 있는 그의 저택을 방문했던 '호프 여사'의 증언입니다. 이에 관련해서는 잘 정리된 글이 있습니다.

(https://truthnlove.tistory.com/entry/%EB%8B%A4%EC%9C%88%EC%9D%80-%EB%A7%90%EB%85%84%EC%97%90-%EC%8B%A0%EC%9E%90%EA%B0%80-%EB%90%90%EB%8A%94%EA%B0%80)

('다윈은 말년에 신자가 되었는가?'로 검색해 보세요.)

호프 여사의 증언에 다윈의 말이 나옵니다. 다윈의 말입니다.

"저는 미숙한 신념의 젊은이였습니다. 모든 것에 대해 늘 의혹을 가지면서 물음과 착상을 던지곤 했는데, 나 자신도 놀랍게 그 신념들은 산불처럼 번져갔습니다. 사람들은 그것을 하나의 종교로 삼았더군요."

절대 사실이 아니라고 하는 분들도 있습니다. 하지만 그녀의 증언은 다른 분들의 교차 증언으로도 확인이 된다고 합니다. 그러니 신빙성이 높다고 보여집니다. 다윈은 말년에 분명히 자신의 가설에 대해서 회의가 있었습니다. 이것은 기록으로도 남아 있고, 공식적으로도 확인된 사실입니다. 거기에 신앙인으로 돌아왔다는 증언이 있으니 나름 이야기의 앞뒤가 맞는 느낌입니다. 그는 분명히 말년에 자기의 가설에 대해서 확신하지 못한 것은 분명해 보입니다. 학자답게 자신의 가설에 회의를 느낀 것 같습니다. 하지만 안타깝게도 너무나 많은 사람들이 이런 사실은 알지도 못하는 것 같습니다.

자연에서 수천, 수만 년 만에 있을까 말까 한 일을 실험실에서 시도해 봤지만 진화 실험은 모두 실패했습니다. 성공한 것은 단 한 건도 없습니다. 잘해봐야 방사능을 쪼여서 비정상적이고 약한 개체를 만든 게 고작입니다. 그런 것들은 자연 속에서 그야말로 도태되어 버립니다. 앞서서 중간화석에 대한 예측이 틀렸음도 이야기했습니다. 실험도 증거도 없는데 믿음은 강고해서 현재 살아 있는 모든 것이 진화의 결과라고 단정합니다. 다윈의 말대로 종교화되어 버린 것 같습니다. 진화를 의심하면 마치 신성불가침의 영역을 침범한 것 같은 대접을 받게 됩니다.

하지만 과학자들은 무의식적으로 현재의 상태가 우연과 무질서의 조합이라고 믿는 것 같지 않습니다. 자연에 담긴 놀라운 질서를 찾아내고 모방하려고 하니까요. 자연은 놀라운 설계가 담긴 작품이라는 것도 보여주고 있습니다. 자연은 과학자들이 자신의 기술로 간절히 모방하고 싶은 최고의 설계품입니다. 그 안에는 모든 질서와 경이로움, 정밀함, 효율성 같은 것들이 담겨 있습니다. 설계하신 분의 놀라운 능력이 넘칩니다. 이 경이로운 작품을 만드신 창조주 하나님은 그것만으로도 마땅히 경배와 찬양을 받으셔야 합니다.

시편 136:5-9(새번역)

지혜로 하늘을 만드신 분께 감사하여라. 그 인자하심이 영원하다.
물 위에 땅을 펴 놓으신 분께 감사하여라. 그 인자하심이 영원하다.
큰 빛들을 지으신 분께 감사하여라. 그 인자하심이 영원하다.
낮을 다스릴 해를 지으신 분께 감사하여라. 그 인자하심이 영원하다.
밤을 다스릴 달과 별을 지으신 분께 감사하여라. 그 인자하심이 영원하다.

그런 분께서 우리를 생각하신다는 것 하나만으로도 감동의 떨림이 느껴집니다. 하나님을 모르는 사람들이 우주를 연구하면 인간은 먼지처럼 느껴지고 맙니다. 하지만 창조주를 아는 사람들은 감격해합니다. 당연한 결과라고 생각합니다.

시편 8편
여호와 우리 주여 주의 이름이 온 땅에 어찌 그리 아름다운지요
주의 영광이 하늘을 덮었나이다
주의 대적으로 말미암아 어린아이들과 젖먹이들의 입으로 권능을
세우심이여 이는 원수들과 보복자들을 잠잠하게 하려 하심이니이다
주의 손가락으로 만드신 주의 하늘과 주께서 베풀어 두신
달과 별들을 내가 보오니
사람이 무엇이기에 주께서 그를 생각하시며
인자가 무엇이기에 주께서 그를 돌보시나이까
그를 하나님보다 조금 못하게 하시고 영화와 존귀로 관을 씌우셨나이다
주의 손으로 만드신 것을 다스리게 하시고 만물을 그의 발아래 두셨으니
곧 모든 소와 양과 들짐승이며
공중의 새와 바다의 물고기와 바닷길에 다니는 것이니이다
여호와 우리 주여 주의 이름이 온 땅에 어찌 그리 아름다운지요

창조와 진화에 관한 소소한 묵상
창조 vs 진화

1판 1쇄 인쇄 _ 2022년 3월 21일
1판 1쇄 발행 _ 2022년 3월 26일

지은이 _ 강철
펴낸이 _ 이형규
펴낸곳 _ 쿰란출판사

주소 _ 서울특별시 종로구 이화장길 6
편집부 _ 745-1007, 745-1301~2, 747-1212, 743-1300
영업부 _ 747-1004, FAX 745-8490
본사평생전화번호 _ 0502-756-1004
홈페이지 _ http://www.qumran.co.kr
E-mail _ qrbooks@daum.net / qrbooks@gmail.com
한글인터넷주소 _ 쿰란, 쿰란출판사
페이스북 _ www.facebook.com/qumranpeople
인스타그램 _ www.instagram.com/qrbooks
등록 _ 제1-670호(1988.2.27)
책임교열 _ 신영미·최진희

© 강철 2022 ISBN 979-11-6143-694-4 03230

책값은 뒤표지에 있습니다.
이 출판물은 저작권법에 의해 보호를 받는 저작물이므로 무단 복제할 수 없습니다.
파본(破本)은 구입처에서 교환해 드립니다.